江苏高校"青蓝工程"、常州大学学术著作出版基金以及常州大学马克思主义学院
学术著作出版基金资助项目

网络空间
马克思主义话语权建构研究

吕峰 著

南京大学出版社

图书在版编目(CIP)数据

网络空间马克思主义话语权建构研究/吕峰著.
—南京：南京大学出版社，2023.11
ISBN 978-7-305-27334-6

Ⅰ.①网… Ⅱ.①吕… Ⅲ.①马克思主义－意识形态
－研究 Ⅳ.①A811.63

中国国家版本馆 CIP 数据核字(2023)第 218958 号

出版发行 南京大学出版社
社　　址 南京市汉口路 22 号　　　邮编　210093
WANGLUO KONGJIAN MAKESIZHUYI HUAYUQUAN JIANGOU YANJIU
书　　名 **网络空间马克思主义话语权建构研究**
著　　者 吕　峰
责任编辑 刘慧宁

照　　排 南京开卷文化传媒有限公司
印　　刷 江苏凤凰数码印务有限公司
开　　本 718 mm×1000 mm　1/16　印张 18.75　字数 270 千
版　　次 2023 年 11 月第 1 版　2023 年 11 月第 1 次印刷
ISBN　978-7-305-27334-6
定　　价 88.00 元

网　　址 http://www.njupco.com
官方微博 http://weibo.com/njupco
微信服务 njupress
销售热线 025-83594756

序

　　自 20 世纪 90 年代正式接入国际互联网以来,历经近三十年的跃迁式发展,互联网已经成为继报纸、广播、电视之后的第四大传播媒介,引发了中国社会舆论生态、媒介格局和传播模式的深刻变革与调整。网络化的生存推动着社会生产方式和生活方式的剧烈变革,深刻影响和形塑着我国网民的思维方式和价值观念,进而塑造着全新的话语权力平台。网络空间日益发展成为多元利益群体竞相发声、谋取和维护权益的新兴场域,演变成为各种意识形态话语博弈的主战场和前沿阵地。

　　当前,西方国家借助话语资源和传播技术上的霸权地位,将承载其利益诉求和价值倾向的意识形态话语融入网络传播的全过程,对我国的网络空间进行文化入侵和意识形态渗透;信息网络化传播呈现出的多元虚拟、即时交互等特征正在干涉和冲击着马克思主义话语原有的表达方式和话语权力生成的逻辑;现实问题网络化与网络问题现实化的交织,致使马克思主义话语权建构承受着虚拟问题与现实矛盾融渗叠加的压力;同时,多样化的社会思潮在网络舆论场的肆意传播,干扰着网民的思想认知和价值判断,逐步侵蚀挤占马克思主义网络话语空间。马克思主义话语在网络空间面临着被边缘化、空泛化、标签化的风险。在如此时代境遇之下,研究如何掌握、维护和捍卫马克思主义在网

1

络空间的话语权,对于巩固马克思主义在意识形态领域的指导地位,巩固全党全国人民团结奋斗的共同思想基础具有重要意义。

《网络空间马克思主义话语权建构研究》的作者吕峰同志,近年来聚焦网络意识形态等问题进行持续的跟踪研究,主持了国家社科基金等多项科研项目,该著作是其学术研究的阶段性总结。全书逻辑严谨、文笔流畅、史论结合、经纬交织,不仅在学理上具有厚重的科学性、学术性和思想性,而且在实践中具有较强的政治性、导向性和可操作性,对于守好网络意识形态阵地,做好网络意识形态工作,巩固马克思主义在网络空间的主导地位具有重要的参考价值,是网络意识形态研究领域的一部力作。

总体来看,该著作以马克思主义意识形态理论和党的二十大精神特别是习近平总书记关于网络意识形态工作的相关论述为指引,遵循提出问题、分析问题和解决问题的基本思路,以网络空间马克思主义话语权的建构为研究对象,从理论之维、本体之维、历史之维、现实之维、实践之维等多个维度对其进行动态性、前瞻性、针对性和可行性的整体性研究,实现了形上之思与现实关切、合目的性与合规律性的有机统一。具而言之,该著作的理论之维重在挖掘和汲取马克思主义经典作家、中国共产党历届中央领导集体等相关论述的思想精华,为研究奠定思想基础和提供可资借鉴的思想资源;本体之维着眼于对网络空间马克思主义话语权内涵、特征及功能的描述,检视其内部结构要素及相互关系,揭示了其生成的逻辑与规律;历史之维则致力于考察和把握网络空间马克思主义话语权建构的历史进程,在动态中提炼和确证了其中蕴含的历史经验和现实镜鉴;现实之维立足于对现实问题的呈现与剖析,为研究标定了时代方位和问题坐标;理论之维、本体之维、历史之维、现实之维,四维发力共同指向实践之维,合力绘制了马克思主义话语权在网络空间的建构策略,所提出的建构策略具有一定的指导性、实用性、创新性和前瞻性。

该著作针对核心议题进行了一些创新尝试,主要体现在以下三个方面：一是研究视角具有一定的综合性。著作研究坚持时间视域、空间视域与问题视域的有机融合，以马克思主义意识形态理论作为研究分析的基本理论框架，综合运用了哲学、政治学、传播学、语言学、社会学等多学科交叉的方法予以关照，避免了视角单一而造成研究的缺陷。二是研究内容具有一定的系统性。该著作将网络空间马克思主义话语权的生成视为一个遵照特定的运行机理，由多元要素耦合而成的，相互联系、相互作用的系统工程，整体性地研究网络空间马克思主义话语权的理论基础、内涵结构、生成逻辑、历史进程与经验、现实问题与成因以及建构策略等，彰显了研究的系统性和完整性。三是学术观点具有一定的创新性。著作将中国共产党建构网络空间马克思主义话语权的历史进程分为三个阶段，即初步探索，加强意识形态信息网络管理阶段；推进发展，发展中国特色的网络文化阶段；全面提升，营造日益清朗的网络空间阶段。并在此基础上进一步提炼出了可资借鉴的历史经验。著作对话语主体、话语对象、话语内容、话语方式、话语语境等话语权内部结构要素及相互关系进行了剖析，提出了网络空间马克思主义话语权生成必要性在于多元话语的网络自由言说，生成可能性在于话语与权力的同构性，生成过程性体现为话语主体间的对话理解，生成策略性体现为同异质话语的自觉博弈等话语权的生成逻辑。著作从优化结构要素的视角绘制了培育话语主体，构建多元协同的话语格局；活化话语内容，彰显体用兼修的话语优势；优化话语载体，锻造联动融合的话语矩阵的网络空间马克思主义话语权建构策略。以上三个方面既体现出了作者扎实的理论功底和较强的科研能力，也体现出了其强烈的问题意识、责任意识和较强的创新能力。

党的二十大擘画了全面建设社会主义现代化国家、以中国式现代化全面推进中华民族伟大复兴的宏伟蓝图，吹响了奋进新征程的时代号角。面向新时代新征程，可以预见的是：统一思想、凝聚人心和汇聚力量的任务艰巨，特别是伴随着我国综合国力不断攀升，国际国内、网上网下意识形态斗争的形势更加复杂，网络化、数字化、智能化深入演进的时代浪潮同样会给做好网络空间马克思主义话语权研究不断提出新的课题和新的要求。这些都需要理论工作者时刻关注,跟踪研究,久久为功。期待吕峰同志以此本著作的出版为新的起点,潜心研究,攻坚克难,勇于创新,研究出更高水平、更有价值的学术成果。

王永贵

2023 年 10 月于南京

目　录

绪论　理论与实践的双重关照

　　自 20 世纪 90 年代正式接入国际互联网以来,历经近三十年的跃迁式发展,互联网已经成为继报纸、广播、电视之后的第四大传播媒介,引发了中国社会舆论生态、媒介格局和传播模式的深刻变革与调整。网络化的生存推动着社会生产方式和生活方式的剧烈变革,深刻影响着中国网民的思维方式和价值理念,进而塑造着全新的话语权力平台。网络空间不仅成为各种利益群体竞相发声、谋取和维护权益的重要场域,而且也成为各种意识形态话语俘获人心、进行权力博弈的主战场和前沿阵地。"我们必须把意识形态工作的领导权、管理权、话语权牢牢掌握在手中,任何时候都不能旁落,否则就会犯无法挽回的历史性错误。"[1]马克思主义能否在国际舆论场有效抵制西方霸权话语的强力网络化渗透,能否在国内舆论场众说纷纭的网络话语乱象中发挥主导作用,能否实现网民对其话语的普遍认同和自觉支持,形成网上网下的同心圆,事关马克思主义在网络空间的主导地位,事关国家主权与政权的安全稳定。因此,系统地研究网络空间马克思主义的话语权建构问题,无论在理论层面还是实践层面都是当前一项重要而紧迫的课题。本著

---

　　[1]　《习近平关于社会主义文化建设论述摘编》,北京:中央文献出版社,2017 年,第 21 页。

作以网络空间马克思主义话语权为研究对象,整体性的对其理论基础、存在方式、历史与现实的境况以及建构策略等问题进行动态性、前瞻性、针对性和可行性的综合研究,以期为网络空间马克思主义话语权建构的实践提供理论与方法指导,维护马克思主义话语在网络空间的话语优势地位。

一、研究的逻辑缘由与价值蕴涵

著作研究的选题依据与意义既是开展研究的出发点,也在一定程度上影响研究的视野和研究的具体思路。选择研究网络空间马克思主义话语权的建构问题,不是突发奇想的主观臆造,而是对意识形态领域现实问题的关照与回应,在选题的依据与意义方面都有着很强的现实性。

(一)研究的逻辑缘由

第一,网络空间马克思主义话语权问题是意识形态研究的重要议题。

意识形态是阶级利益的理论表达,以明确的社会理想和政治主张,旗帜鲜明地指向现实,具有进入和指导实践的强烈意向。意识形态的这种实践指向性是通过对人的思想的把握实现的。这一过程蕴含着一条清晰的逻辑线索:意识形态借助话语将反映自身利益的思想与价值传播给作为实践主体的人,人在认识和改造世界的实践中将思想与价值对象化。意识形态通过内蕴着思想的话语实现了对人和实践的把握。话语在这一过程中发挥的重要功能,决定了在阶级社会中话语和权力必然要结合到一起而形成话语权,并为特定的阶级服务。谁掌握了话语权,谁就掌握了传播本阶级思想与价值的主导权,谁就占据了引导社会舆论的主导地位。换而言之,意识形态话语权不仅表现为解释和理解世界的一种手段和方法,更是意味着掌握和控制世界的一种工具和武器。因此,网络空间马克思主义的话语权事关马克思主义在网络空间的主导地位,是意识形态问题研究不容忽视的重要课题。

第二,网络空间马克思主义话语权研究是对实践问题的理论关照。

问题是时代的口号,理论研究应把握时代脉搏,关照现实问题。当前,"互联网日益成为舆论生成的策源地、信息传播的集散地、思想交锋的主阵地、成为人们社会生活的一个最大'变量'"。[1] 互联网的飞速发展不仅给马克思主义话语的网络化传播提供了丰富广阔的载体与平台,也带来了严峻的挑战:一是西方国家依托网络话语资源优势和强大的传播能力,将承载其利益诉求和价值倾向的意识形态话语融入网络传播的全过程,渗透到全球网民日常生活的方方面面,强力压缩挤占马克思主义在网络场域的话语空间,歪曲、攻击和解构马克思主义的真理与价值性,使其在网络空间饱受质疑和诘难;二是网络化传播呈现出的多元性、虚拟性、即时性、交互性等特征,带来了网络话语表达的碎片化、非理性化,马克思主义话语的整体性和权威性在网络空间面临被解构的挑战。三是网络空间现实性与虚拟性的融渗,"两个舆论场"和"三个舆论地带"的存在,现实问题网络化与网络问题现实化的交织,极易诱发现实社会矛盾的激化,社会共识更难达成,马克思主义弥合社会不同群体思想鸿沟的难度不断增大;四是新时代背景下,人们的利益诉求、思想观念的多元、多样、多变特征更加凸显,社会不同思想意识激荡交锋,一系列的社会思潮在网上暗流涌动,竞相发声,整个网络空间意识形态情势和舆论氛围面临着极为复杂的局面,等等。历史和现实都警示我们,网络意识形态阵地,马克思主义不去占领,非马克思主义就会去占领。如果任由上述状况继续恶化和发展,马克思主义在网络空间的主导地位就会有丧失的危险。在这种境况下,如何有效地掌握和

---

[1] 习近平:《坚持正确方向 创新方法手段 提高新闻舆论传播力引导力》,《人民日报》2016年2月20日。

巩固网络空间的马克思主义话语权既是党和政府要着力研究和解决的重大问题，也需要理论工作者予以探索、研究和总结。

第三，网络空间马克思主义话语权研究是对党中央决策部署的现实呼应。

党的十八大以来，以习近平同志为核心的党中央高度重视意识形态工作，在国家层面先后召开全国宣传思想工作会议、文艺工作座谈会、新闻舆论工作座谈会、网络安全和信息化工作座谈会以及哲学社会科学座谈会等，从不同的领域作出了一系列重大决策、提出了一系列重大举措，为做好意识形态工作谋篇布局。这些新要求新观点新论断为网络空间马克思主义话语权的理论研究和实践探索指明了清晰的方向。在战略定位上，习近平基于"过不了互联网这一关，就过不了长期执政这一关"①的战略考量，强调互联网已经成为舆论斗争的主战场，成为意识形态斗争的最前沿，掌控网络意识形态主导权，就是守护国家的主权和政权；在使命任务上，习近平强调"凝聚共识工作不容易做，大家要共同努力。为了实现我们的目标，网上网下要形成同心圆"②；在工作策略上，习近平站在网络治理能力现代化的高度，从互联网内容、技术、制度、人才、综合治理等维度作出了重要战略部署，为我们进一步做好网络意识形态工作，掌握网络空间意识形态话语权提供了原则遵循和实践引领。因此，以习近平总书记关于网络意识形态工作的相关论述为指导，对网络空间马克思主义话语权建构进行全面系统的研究是对中央决策部署的现实呼应，研究的成果也有助于为党和政府做好网络意识形态工作提供理论和实践参考。

（二）研究的价值蕴涵

第一，有助于拓展马克思主义意识形态研究的理论视域。

① 《习近平关于社会主义文化建设论述摘编》，北京：中央文献出版社，2017年，第42页。

② 《习近平谈治国理政》（第二卷），北京：外文出版社，2017年，第335页。

　　毋庸置疑，意识形态问题研究作为一门显学，在当今学界引发了学者们的广泛关注，取得了一大批理论与实践意义兼备的研究成果，极大地丰富和发展了意识形态研究理论体系。但从现有的研究成果来看，学者们围绕此问题的探讨主要从经济发展与意识形态、多元文化与意识形态、国家治理体系与意识形态、全球化网络化与意识形态、马克思主义意识形态的理论阐释等视角展开，从话语权的视角展开探讨的比较少，在这个方面还有许多值得开垦的"荒地"。站在网络空间的视角来研究马克思主义意识形态话语权的论著则更少，仅有的期刊文章也多是把互联网视为一个影响话语权实现的参数，探讨由它带来的机遇和挑战等，并未对网络空间中马克思主义意识形态话语权的内涵特征、结构要素、生成机理以及建构的历史进程、建构的策略等问题进行深入的探讨，这应该说是目前意识形态问题研究中一个现实而又亟须加强的环节。

　　同时，马克思主义话语权实际上是一种比较权力，是建立在网民普遍认同和自觉接受基础上的话语优势地位和优先权，具有明显的动态性和相对性的特征：从时间维度看，在某一时间段内拥有话语权并不意味着永远掌握话语权；从空间维度看，在某一场域掌握话语权并不代表在另一场域也掌握话语权；从话语权力的客体维度看，在某一群体内拥有话语权也不意味着在另一群体内拥有话语权。因此，网络空间作为话语传播的新生场域，马克思主义话语权不会自然生成，也不会一劳永逸，对其话语传播和权力生成的规律进行研究，是马克思主义意识形态理论研究的崭新课题。

　　总而言之，汲取借鉴已有的理论研究基础，解剖和分析网络空间马克思主义话语权的实质、特征、结构、功能、生成机理等问题，破解网络空间马克思主义话语权建构理论难题，有利于建构和完善马克思主义意识形态理论体系，不断提高理论的时代感和生命力。

　　第二，为掌握和巩固网络空间马克思主义话语权提供思路与对策。

　　首先，有助于深刻理解网络空间马克思主义话语权获得的重要性。马克思主义话语权与领导权和管理权不同，是一种思想"软权力"，决定权力的关键因素是话语受众的心理认同。意识形态的领导权和管理权是一种强制权力,是基于政治统治权延伸获得的在意识形态领域的领导管理权力和地位。占据了统治地位,掌握了政治统治权,也就名正言顺、自然而然地获得了意识形态的领导和管理权。然而,意识形态的话语权是一种说服性的软权力,拥有领导权不必然掌握话语权,领导权和话语权不一致的情况是经常发生的,话语权既可以助力获取、捍卫巩固意识形态的领导权,也可以架空、悬置和解构领导权,这既是统治阶级重视掌握意识形态话语权的奥秘所在,也凸显了实践层面意识形态话语权研究的重要性。

其次,有助于应对网络空间意识形态斗争的复杂局面。当前,在网络空间马克思主义话语与非马克思主义话语的博弈异常激烈,特别是围绕重大社会变革和突发事件的不同理论与舆论之间的较量更是关乎人心向背、政权的安全和社会的稳定。从对核心议题的研究中探寻理论支撑、经验启示,揭示内在规律,思考建构策略,有助于我们应对网络空间意识形态话语权斗争更加复杂的局面。

最后,有助于应对国际话语霸权的挑战。"西方反华势力一直妄图利用互联网'扳倒中国',多年前有西方政要就声称'有了互联网,对付中国就有了办法','社会主义国家投入西方怀抱,将从互联网开始'。"[1]不可否认,当今世界不同文化、不同制度、不同国家之间的意识形态话语冲突一刻也没有停止。以美国为代表的西方国家妄图通过对他国网络意识形态的渗透实现文化的殖民和谋取全球霸权。对网络空间马克思主义话语权的研究有助于我们认识网络空间意识形态话语斗争的实质,掌握开展意识形态话语国际斗争的方法和本领,避免陷入西方国家设置的意识形态话语陷阱,捍卫马克思主义国际话语权,在国际意识形态话语权斗争中立于不败之地。

----

① 《习近平关于社会主义文化建设论述摘编》,北京:中央文献出版社,2017 年,第 28 页。

二、国内外研究现状综述

（一）国外研究现状

马克思主义是以一种与西方资本主义主导意识形态相对立的状态存在的，所以在国外与网络空间马克思主义话语权直接相关的研究成果较少。西方国家的学者多是站在反对的立场上，研究如何消解马克思主义的话语权，诸如甚嚣尘上的"马克思主义过时论""不战而胜论""意识形态终结论"等。但是网络空间的马克思主义话语权终究是一种意识形态现象，意识形态的思想要负载在话语的表述之中，因此，基于知己知彼、交流对话抑或是批判借鉴的维度考量，国外学者将意识形态置于文化、话语、科学技术、网络传播的视域予以审视的丰富成果对于网络空间马克思主义话语权的研究同样具有启发意义。

第一，从文化学视角关照意识形态问题。在一些西方学者看来，伴随着工业资本主义的发展和成熟，西方社会进入了崭新的阶段，阶级因素在社会运行与发展中的作用式微，文化逐渐成为社会发展运行的支配性力量。因此，从文化的视角关照意识形态问题，从文化与意识形态关联的视角研究意识形态的生成、内涵、类型、功能、运行等问题成为国外意识形态研究新的时尚。英国的汤普森，美国的格尔茨、詹姆逊等西方著名学者都从文化的视角提出了自己的意识形态理论。汤普森认为"文化是体现于象征形式（包括行动、语言和各种有意义的物品）中的意义形式"①，文化分析就是对象征形式中的意义加以阐释，"研究意识形态就是研究意义服务于建立和支撑统治关系的方式"②。汤普森分析

---

① ［英］约翰·B.汤普森：《意识形态与现代文化》，高铦等译，南京：译林出版社，2005年，第146页。

② ［英］约翰·B.汤普森：《意识形态与现代文化》，高铦等译，南京：译林出版社，2005年，第62—63页。

了象征形式服务合法化、虚饰化、统一化、分散化和具体化等意识形态运行模式的具体方式和建构策略。汤普森的文化意识形态理论揭示了文化同意识形态以及统治关系的建立、维持和再造之间的关联,对于我们注重从文化建设的角度建构意识形态话语权具有启发意义;格尔茨同样将文化系统视为意识形态来理解,在他看来强调社会系统的利益论和强调人格分析的张力论都因为忽略了文化系统而陷入了意识形态研究的困境,克服现有研究的缺陷就应该在社会和心理之间架起文化的桥梁,建构"社会—文化—心理"的三维结构以揭示意识形态的意义。格尔茨认为文化和社会的矛盾,赋予行动价值的意义结构和社会组织结构之间的矛盾是社会发展变化的动力,而文化的作用在于既按照现实塑造自身,又能够遵照自身来塑造现实。[①] 美国学者詹姆逊在意识形态的文化学研究中认为"文化现象就是被思想体系中介了的意识形态"[②],他关于文化现象中"政治无意识"的研究很具现实意义。詹姆逊认为,与传统意识形态的显性特征相比,当代社会的意识形态隐性的特征更加明显,现代社会意识形态作用的方式是渗透于文化之中,人们很难感知它,却在悄无声息中受到影响。詹姆逊提出的文化现象中"政治无意识"理论,对于我们分析网络文化的隐性意识形态功能,以融入渗透的方式建构话语权具有启迪价值。

第二,意识形态研究的语言学转向。意识形态是对现实生活的映射,这种映射借助语言符号的形式得以实现。国外学者关注了意识形态与语言的关联性,认为意识形态实质上就是一种表征意义的语言符号系统,进而实现了意识形态研究的语言学转向,拓展了意识形态研究新的视域。苏联学者巴赫金早在《马克思主义与语言哲学》一文中就强调语言作为意识形态创作中特殊的物质活动,其作用应该予以充分

---

① [美]克利福德·格尔茨:《文化的解释》,韩莉译,南京:译林出版社,2008年,第95、229页。

② 范树成:《国外意识形态新变化对中国的影响及其对策研究》,北京:社会科学文献出版社,2007年,第147页。

的重视。话语之所以能够成为一种独特的意识形态现象,是因为"话语永远都充满着意识形态或生活的内容和意义"①,对于意识形态的研究离不开对于话语的研究。巴赫金认为,"统治阶级总是力图赋予意识形态符号超阶级的永恒特征"②,并且不遗余力地对不利于自己的语言和评价予以消灭,从而使统治阶级的声音成为社会话语系统中单一的重音符号。福柯、麦克里兰、齐马等学者着重尝试用话语分析对意识形态与话语、语言、文本之间的关系进行了研究。福柯分析了话语与权力的关系,话语符号是权力的媒介,人们通过话语赋予自身权力,话语内蕴着权力。权力依托话语实现,"凡是不允许的性行为就被贴上'不正当'的标签,而为常规所不能接受的知觉形式就被标上'癫狂'的名号,会动摇社会制度的行为则被标记为'犯罪',那些不属于种族霸权范围的人被标记为'堕落的'"。③ 显而易见,权力正是通过语言、身体符号的运作,支配和压制人们的思想,达到统治的目的。英国学者麦克里兰认为语言作为负载意义的符号系统与意识形态之间有着千丝万缕的联系,"意识形态要在语言中寻找。意识形态的信息包含在潜在的结构之中,它隐藏于言语中"。④ 因此对语言和句子结构进行话语分析,能够揭示隐藏在其中的意识形态蕴涵。无独有偶,奥地利学者齐马的"文本社会学"与麦克里兰的思想有着异曲同工之意,他也认为通过对文学文本中的词汇、语义和句法进行分析,可以揭示社会的意识形态问题。意识形态语言学的研究启示我们,意识形态以文字、图像、视频等话语符号的形式弥散在网络空间,建构马克思主义网络空间的话语权要善于运用

①　巴赫金:《巴赫金全集》(第二卷),周边集等译,石家庄:河北教育出版社,1998年,第416页。

②　巴赫金:《巴赫金全集》(第二卷),周边集等译,石家庄:河北教育出版社,1998年,第365页。

③　汪民安、陈永国:《后身体、文化、权力和生命政治学》,长春:吉林人民出版社,2003年,第127页。

④　[英]大卫·麦克里兰:《意识形态》,孔兆政、蒋龙翔译,长春:吉林人民出版社,2005年,第89—90页。

灵活多样的话语符号负载意识形态信息,在潜移默化中增强话语的感染力和说服力。

第三,科学技术的意识形态化研究。国外学者的研究是围绕"科学技术是不是意识形态"的问题而展开的。一种代表性的否定观点,认为科学技术不是意识形态。如阿尔都塞认为,科学技术是对客观现实真实的反映,意识形态则是以神话、虚假的方式遮蔽客观现实。科学技术无涉利益,承担的是理论、认知的功能,意识形态则为利益服务,行使社会和实践的职能。另一种代表性的观点主张科学技术即是意识形态。代表性的人物有马尔库塞、哈贝马斯等。凡是把人的思想和行为引向顺从的物质和精神因素都是意识形态。马尔库塞正是基于这样的理解而把科学技术视为一种意识形态。在马尔库塞看来,发达工业社会中,技术的发展不仅改变了人们的劳动强度和劳动条件,而且在表层次大大满足了人们的利益和需要。"发达工业文明对人们生活中的超越因素进行技术征服和政治征服的特征,在本能领域内表现了出来:使人屈服并削弱抗议的合理性的满足"[①],技术合理性成为资本主义统治的合理性,生活在资本主义社会中的人被同化而丧失了否定和批判的维度。马尔库塞同时认为,技术弥合了理想与现实的鸿沟,理想的超越性不复存在,资本主义社会成为没有反对派的单向度的社会。尽管科学技术渗透到政治、文化、社会、语言和思想等各个领域,实现了对这些领域的控制,但是技术不仅仅是中性的工具,越是认同和顺从,越论证了科学技术履行了意识形态的功能。法兰克福学派的另一位代表人物哈贝马斯在继承和借鉴前人思想的基础上,围绕科学技术成为意识形态的必要性和可能性,科学技术如何履行意识形态的职能等问题进行持续的探索与思考。在哈贝马斯看来,科学技术并不是一经生成就成为意识形态,是有条件的。一方面,晚期资本主义社会经济危机频发,社会矛

---

① [美]赫伯特·马尔库塞:《单向度的人》,刘继译,上海:上海译文出版社,2006年,第70页。

盾重重,资本主义国家放弃了放任自由的经济政策,实行国家干预主义,自由竞争机制下形成的传统意识形态被瓦解,资本主义世界亟需一种新的意识形态为统治的合法性辩护,这为科学技术成为意识形态提供了可能。另一方面,科学技术在经济社会发展中上升为第一生产力,人们为科学技术所显示的巨大的物质和精神威力而倾倒,潜移默化地实现对科技理性和现有统治秩序的认同,这是科学技术成为意识形态的关键条件。在哈贝马斯看来,科学技术即意识形态的实质是科学技术的合理性变成政治统治的合理性,并为政治统治的合法性论证。科学技术被泛化、绝对化和神圣化,能够决定一切、操纵一切,可以解决一切问题并成为新的社会价值标准,影响人们的思想意识。科学技术以有形的"物质解放"实施对人无形的"精神奴役",显示出了比传统意识形态更隐蔽的特征,更明显的效果。科学技术意识形态化的研究对于我们重视科学技术对人们思想观念的影响,重视网信技术的意识形态属性,实现网信技术与马克思主义的良性互动具有启示意义。

最后,网络化传播视角的意识形态研究。网信技术的发展造成网络传播媒介的兴盛,人类进入网络化生存时代,国外学者也纷纷将研究的目光聚焦于网络化背景下的意识形态现象。主要的话题围绕以下两个领域展开:一是传播媒介的发展与意识形态关系维度。西方学者立足于网络作为一种新兴大众化传播媒介的实质,对其给意识形态的表现形式和认同带来了新的变化和影响进行了研究。英国学者约翰·B.汤普森在其著作《意识形态与现代文化》中,从现代社会大众传播媒介发展的视角揭示了意识形态与大众传播的联系,认为大众传播媒介的发展扩大了意识形态在现代社会的运作范围,意识形态现象才得以成为大众现象,因此,"现代社会中的意识形态分析必须把大众传播的性质与影响放在核心位置"[1];曼纽尔·卡斯特在代表作《认同的力量》

---

[1] [英]约翰·B.汤普森:《意识形态与现代文化》,高铦等译,南京:译林出版社,2005年,第286页。

中,阐释了网络社会的崛起解构群体原有认同和新的认同形式建构的过程。"在流动的网络世界中,历史才是重新建构意义、重新组合形象以及重新赋予意义的基础"①,原有的认同在流动的文化信息中被消解,一种建立在"抵抗性认同"原则上的新的文化社群认同形成,人们的身体在有意识的信息化网络化抵抗中,无意识地被信息化网络化了。西方学者大卫·里昂基于现代社会大数据监控模式、后果和风险的角度对意识形态风险的管理监测进行了研究。他认为,大数据与网络和信息技术存在差异,其关联数据集成与分析功能对于感知意识形态风险和定性变化具有显著优势。② 二是网络信息技术的意识形态权力意蕴维度。国外学者关注网络信息技术发展和意识形态的网络化传播造成的话语权力关系的深刻调整和分配。未来学家阿尔温·托夫勒敏锐地体察到信息技术的发展引发了世界政治权力的转移,掌握了信息就掌握了支配世界的权力,他在《权力的转移》中深刻指出:"世界已经离开了暴力和金钱控制的时代,而未来的世界的政治魔方将控制在拥有信息强权的人手里,他们会使用手中掌握的网络控制权、信息支配权,利用英语这种强大的文化语言优势,达到暴力、金钱无法征服的目的。"③《2.0版:数字化时代的生活设计》一书的作者埃瑟·戴森重笔墨描绘了意识形态在数字化时代的新景象,数字化引发了政治参与的新变化,原有的权力平衡在生产者与消费者、政府与民众、大众传媒与接受者之间正在发生深刻的转移。④

毋庸置疑,意识形态内在运行机制的复杂性以及意识形态与社会

---

① [美]曼纽尔·卡斯特:《认同的力量》,夏铸九等译,北京:社会科学文献出版社,2003年,第68页。

② David Lyon." Surveillance, Snowden, and Big Data: Capacities, Consequences, Critique." *Big Data & Society*, 2014,1(2):205.

③ [美]阿尔温·托夫勒:《权力的转移》,刘红译,北京:中国中央党校出版社,1991年,第465页。

④ [美]埃瑟·戴森:《2.0版:数字化时代的生活设计》,胡泳等译,海口:海南出版社,1998年。

其他要素之间联系的复杂与多样性决定了意识形态的研究应该是从不同的视角,运用多样的方法,进行的整体性、全面性、系统性研究。随着社会的发展变迁和意识形态理论研究的深入,国外学者对意识形态的研究也从认知学、政治哲学等领域,逐渐转向了文化学、语言学、解释学、心理学、经济学等诸多领域。他们的研究聚焦微观与宏观、理性与非理性、个体与群体、政治生活与日常生活,极大地拓展了意识形态研究的视野,超越了传统的研究范式。研究的视角、方法和取得的成果,为我们探索囊括网络空间马克思主义意识形态话语权建构研究在内的意识形态问题研究新的理论增长点和实践路径提供了新的思路。同时不可否认,国外学者的研究也存在着泛化意识形态内涵、弱化意识形态的政治性与阶级性等局限性,我们在吸收与借鉴中,应当坚持马克思主义的立场、观点和方法予以正确和全面的认识。

（二）国内研究现状

近年来,网络空间中关于意识形态话语权的博弈日益激烈,国内学界也将研究的重点逐步聚焦到此类问题。我们在审视已有的成果时,会发现我国学者更多是站在马克思主义的立场上来对网络意识形态话语权问题进行研究的。因此,我们在进行学术成果梳理时,就不能将关注的目光仅仅局限在网络空间马克思主义话语权的研究上,而应该从更广阔的视野对学界关于网络意识形态话语权的成果都要予以关照。这样既可以为网络空间马克思主义话语权的研究奠定宽厚的理论基础,也可以为进一步研究准确定标。

第一,关于网络意识形态话语权的内涵研究。网络意识形态话语权是对网络意识形态研究的进一步深化和细分。目前,学界关于网络意识形态话语权内涵的研究还处于起步阶段。国内学者侧重于从概念、特征、功能和影响因素等方面透视意识形态话语权的内涵。

一是网络意识形态话语权相关概念的界定。概念是对事物内部本质联系的揭示,学术研究离不开对概念的精准把握。国内学者对网络意识形态话语权概念的揭示主要有以下几种思路:部分学者从话语主体的视角,侧重于话语资源生产与支配对概念进行厘清。如郑元景认为,网络意识形态话语权主要是指在网络社会中,权势集团、信息传播主体依据自身的地位和影响力,不仅仅满足于通过网络媒体享有发声的自由和构建自身话语体系的权力,更在于通过虚拟世界中意识形态的生产和支配,获取潜在的对现实社会的影响力,依靠权力体系压制其他话语的表达,使隐含主流价值的话语通过网络平台渗透到大众中,从而引导和掌控现实社会思想舆论的权力。① 部分学者基于话语接受与认同的视角对概念进行了尝试性的界定。如李江静认为,网络意识形态话语权的实质是在网络空间中确立意识形态话语权威,使其所承载的思想价值观念获得网民的普遍认同和自觉支持,从而对网民的思想和行为产生持续稳定的影响力、支配力和凝聚力。② 也有少数学者立足"以权解权",对网络意识形态话语权的内在蕴含进行引申释义。如陈娜指出,掌握网络意识形态话语权就是掌握网络技术主控权、网络议题设置权、网络舆论引导权、网络交锋主动权。③ 从已有的研究成果看,目前,国内学者关于网络意识形态话语权概念的界定还十分薄弱,究竟何为网络空间意识形态话语权在学界还没有呈现出清晰的图景。

二是网络意识形态话语权特征、功能与影响因素的考察。网络意识形态话语权特征映射和凸显着其内在质的规定性。学者们主要基于网络、意识形态自身以及网络意识形态内部要素的视角进行了探讨。如冯茜、黄明理认为网络意识形态呈现出"发布主体的全民性与目的的多元性、传播方式的高科技性和实效的快捷性,社会动员方式的民粹化

---

① 郑元景:《当代我国网络意识形态话语权的变迁与重构》,《社会科学辑刊》2015年第6期。

② 李江静:《网络空间主流意识形态话语权的国际挑战探微》,《思想教育研究》2018年第1期。

③ 陈娜:《论提升网络意识形态话语权的四重维度》,《思想理论教育》2017年第6期。

和泛道德化"。① 吴满意等认为网络意识形态呈现出"生成的技术性、成长互动性、信息符号化、内容融渗性和效果的累积性"。② 也有的学者在研究中着重揭示了网络意识形态话语权的阶级性、文化性、不平等性等特征。功能是事物满足自身和对象需要的属性,是对事物效用性的展示和描述。关于网络意识形态的功能,学界主要将意识形态的功能与网络传播特点结合起来进行研究。如谭九生、杨建武认为,网络意识形态话语权具有通过引导和辩护维护国家政治安全的政治功能,整合社会资源、规范社会发展轨迹的社会功能,还有支配价值观、信仰、思想观念的文化功能。③ 吴满意、黄冬霞将其概括为"引导功能、聚合功能、转化功能"等。④ 陈建波从传播的视角归纳了网络意识形态的"信息传播、表达阐释、互动凝聚和监督纠错"等功能。⑤ 郑元景认为其具有"维护与批判、引导与整合、动员与激励"等功能。⑥ 少数学者对网络意识形态的影响因素进行了探索研究,认为技术力量、资本力量、行政力量以及用户力量是网络意识形态博弈的主要影响因素。⑦

第二,关于网络意识形态话语权的现实境遇研究。网络意识形态话语权是网上虚拟社会与网下现实社会深度交融耦合生成的全新话语权力样态,一经生成就面临着复杂的态势。国内学者对现实境遇的研究在充分肯定机遇和取得的成绩的基础上,重点基于全球化、信息化、

---

① 冯茜、黄明理:《中国网络主流意识形态面临的挑战与应对》,《华南师范大学学报》2017 年第 4 期。

② 参见吴满意等:《网络意识形态相关问题初探》,北京:人民出版社,2019 年,第 89—91 页。

③ 谭九生、杨建武:《国家政治安全视角下网络意识形态话语权建构研究》,《广东行政学院学报》2018 年第 1 期。

④ 参见吴满意等:《网络意识形态相关问题初探》,北京:人民出版社,2019 年,第 92—94 页。

⑤ 陈建波:《作为意识形态技术的互联网:执政党的视角》,《新闻与传播研究》2016 年第 11 期。

⑥ 郑元景:《当代我国网络意识形态话语权的变迁与重构》,《社会科学辑刊》2015 年第 6 期。

⑦ 奉鼎哲等:《网络意识形态博弈的力量分析》,《新闻界》2017 年第 5 期。

市场化、现代化等维度对争夺网络意识形态话语权的现实困境和挑战进行了探究,主要有以下几种代表性的观点:

一是基于网络自身特征探讨网络意识形态话语权面临的现实挑战。学者们一致认为网络的即时性、开放性、共享性以及互动性等特征具有"双刃效应",既给意识形态话语权的建构带来了机遇,也带来了挑战。王永贵认为,网上意识形态多元化削弱马克思主义意识形态的主导地位,网络新媒体冲击马克思主义传统的传播方式和引导能力,网络舆论的难控性威胁马克思主义的指导地位。[1] 朱效梅认为,网络的去中心化削弱国家意识形态话语权的掌控力,网络的资本化削减我国意识形态话语权的影响力,网络自由化削减我国意识形态话语权的整合力。[2] 赵丽涛认为"网络的拟态环境容易造成意识形态传播偏离本真状态,催生碎片化风险"。[3]

二是基于国内国外两个舆论场的视角进行探讨。如李江静从技术、资本、信息和话语等角度着重分析了网络空间意识形态话语权面临的国际挑战。她认为,以美国为首的西方国家以核心技术为支撑,实施网络信息安全侵略,以资本优势为主导,制造网络舆论生态危机,以信息强权为利器,展开网络意识形态攻势,以话语霸权为压制,导致主流话语危局。[4] 郑元景认为在国际方面,发达国家的网络技术霸权、信息垄断和网络文化帝国主义严重挑战和冲击我国网络意识形态话语权;在国内方面,经济市场化引发社会阶层出现分化与信息和文化多元化,

① 参见王永贵等:《意识形态领域新变化与坚持马克思主义指导地位研究》,北京:人民出版社,2015年,第340—348页。
② 朱效梅:《网络意识形态话语权建构研究》,《社会主义核心价值观研究》2016年第3期。
③ 赵丽涛:《我国主流意识形态网络话语权研究》,《马克思主义研究》2017年第10期。
④ 李江静:《网络空间主流意识形态话语权的国际挑战探微》,《思想教育研究》2018年第1期。

削弱和冲击了我国的意识形态话语权建设。①

　　三是基于网民意识形态话语认同的视角。如,张振等认为执政党网络意识形态话语体系建设滞后,表达形式过于高大上,话语传播途径单一,传播广度和范围不够等严重弱化了意识形态话语权。② 陈联俊强调,网络空间马克思主义话语失声、错误思潮的渗透以及现实社会的贫富分化等因素严重侵蚀着网民的话语认同根基。③ 四是从网络空间话语权构成要素的视角。如侯天佐详细论述了网络意识形态话语权弱化的具体表现,概括为话语主体引导力分化、话语内容说服力淡化、话语方式吸引力弱化以及话语环境调控力虚化,等等。④

　　第三,关于网络意识形态话语权建构策略研究。学者们从不同的视角对网络意识形态话语权建构的对策进行了探讨,其中代表性的观点主要有:

　　从话语权构成要素的视角。持这一视角研究的主要观点是从创新话语体系、拓展话语平台、转换话语传播模式、抢占话语空间等方面来强化意识形态话语权。如侯天佐认为,提升参与主体素质与能力,优化话语主体;创新意识形态话语体系,升华话语内容;改进网络宣教渠道与方法,活化话语方式;健全网络监管与调控机制,净化话语环境。⑤ 吴满意等认为,应该加强主体建设,增强话语主体的作用力;加强内容建设,增强话语内容的亲和力;加强话语载体建设,增强话语载体的传

---

　　① 郑元景:《当代我国网络意识形态话语权的变迁与重构》,《社会科学辑刊》2015年第6期。

　　② 张振等:《新媒体时代中国共产党强化意识形态话语权的多维路径》,《江苏社会科学》2016年第5期。

　　③ 陈联俊:《网络空间中马克思主义认同的挑战与应对》,《马克思主义研究》2017年第6期。

　　④ 侯天佐:《网络空间中提升马克思主义意识形态话语权的对策》,《思想理论教育导刊》2018年第1期。

　　⑤ 侯天佐:《网络空间中提升马克思主义意识形态话语权的对策》,《思想理论教育导刊》2018年第1期。

播力;加强场域建设,增强话语传播的获得感。① 赵丽涛认为,"阵地建设"与"议题设置"并重,以法治思维推进意识形态网络话语权建设,尊重网络意识形态话语传播规律,创新话语方式。②

从话语权内在机制的视角。刘秉鑫从网络话语权的调控体系构建出发提出要建立具备理念、理论、人力条件的话语权生成机制;创建措施、技术、内容三要权介入机制;建立具有环境、互动、保障及监测的话语权运行机制;③卢黎歌、李英豪基于网络空间与社会主义意识形态凝聚力和引领力机制建构的内在关系,提出要建立"整合优化、目标导向、动态研判、风险防范、利益引导五大机制"。④ 储著源从互联网时代意识形态建设社会化的根本动力、先决条件、组织保障、战略目标等维度探讨了互联网时代意识形态建设社会化的生成机制。⑤

从破解现实问题的视角。基于对网络多种思潮批判角度捍卫主流意识形态的网络话语权,如刘力波认为,"网络无政府主义的肆意传播导致人们对我们党产生疏离感,加深对主流意识形态的偏见……为此,应从民生建设、基层民主建设、思想教育和法治建设等方面系统施策,综合治理网络无政府主义,捍卫网络话语权"。⑥ 基于某一具体的场域或群体的网络意识形态话语权建构,如齐俊斌认为"构建高校网络意识形态话语权,亟须推进主流意识形态话语体系与时俱新,提升意识形态话语主体的媒体涵养和互动能力,构筑高校'网上精神家园'暨发挥网

① 吴满意等:《网络意识形态相关问题初探》,北京:人民出版社,2019 年,第 155—163 页。
② 赵丽涛:《我国主流意识形态网络话语权研究》,《马克思主义研究》2017 年第 10 期。
③ 参见刘秉鑫:《我国网络社会话语权生成、运行及调控研究》,上海大学,2018 年,第 162—171 页。
④ 卢黎歌、李英豪:《论增强网络空间意识形态凝聚力引领力机制建构》,《学术论坛》2018 年第 6 期。
⑤ 储著源:《互联网时代意识形态建设社会化:机制、结构与对策》,《学术论坛》2019 年第 2 期。
⑥ 刘力波:《网络无政府主义对我国意识形态安全的威胁及我们的应对》,《马克思主义研究》2019 年第 2 期。

络意见领袖的正能量作用"。① 基于大数据等技术维度提升网络意识形态话语权,如陈丽荣、吴家庆认为,大数据包含的超强的数据处理和分析能力有助于把握网民的深层心理特征和思想动态,"应着重从以下方面增强党的意识形态话语权建设:大数据的低密度价值性要求意识形态建构主体重视数据的深层挖掘与深度关联,化'无用'信息为宝贵资源;大数据的高生成速率要求提前预防和及时处理意识形态问题,化被动为主动;大数据的高容量性要求增加和优化党的意识形态话语内容供给,化不利为有利;大数据的精确性要求增强意识形态话语权建构的针对性,化低效为高效"。②

第四,对网络意识形态话语权研究情况的评述。习近平总书记深刻指出,在当前的意识形态工作中,马克思主义意识形态话语存在被"边缘化、空泛化、标签化"以及"失声、失踪、失语"的境况和风险。网络空间的意识形态风云激荡,致使在这一场域建构马克思主义意识形态话语权成了重要迫切的理论和实践问题。基于以上综述性的梳理可以看出,学界已经对此场域的现实问题给予了较多的关注与探讨,这些成果为本书的研究奠定了基础。但是应当承认已有的研究成果还只是初步和阶段性的,把握不足及尚须突破的问题,能够为进一步研究界定清晰坐标和指明深入探讨的方向。

一是网络意识形态话语权基础理论还需要进一步廓清。概念是对事物本质属性的厘定,是一事物从万事万物中脱离并区别开来的内在规定性。学术研究总是离不开对概念的剖析,把握住基本概念既能够把握住事物内在的、本质的联系,又能够把握其与他事物之间的关联。目前学界关于网络意识形态话语权概念的概括和界定仍然模糊,描述性的概念分析远远多于规范性的概念界定。网络意识形态话语权、网络意识形

①　齐俊斌:《高校网络意识形态话语权构建的难题及应对策略》,《社会科学家》2017 年第 8 期。

②　陈丽荣、吴家庆:《大数据时代党的意识形态话语权探析》,《思想理论教育导刊》2018 年第 6 期。

态、网络意识形态治理等概念虽有相似和交叉之处,但也存在鲜明的差异,需要进一步理清。即使是网络意识形态话语权与网络空间马克思主义话语权两者之间也有显著的差异。有人简单地将二者等同明显不妥,因为在当代中国,马克思主义掌握网络意识形态话语权是一种应然状态,在实然状态下不可否认存在着各种各样的异质理论思潮也在与马克思主义争夺意识形态话语权。在功能和特征的研究方面,需要从空间、话语和权力的角度,将其同意识形态、意识形态话语权、网络意识形态区分开来。此外,目前学界对于网络意识形态话语权概念的把握,或者从话语权力主体出发将网络意识形态话语权界定为一种网络空间的精神生产与支配权,或者从话语的接受主体出发将网络意识形态话语权理解为接受主体的自觉认同与普遍接受,但是事实上网络空间的意识形态话语权是一种动态的、相对的关系权力,反映的是网络场域中某种意识形态话语的优势地位与比较权力,应该在"话语权力主体—话语—话语接受主体"三者的动态博弈关系中予以把握。这样的理解有助于反映网络意识形态话语权的动态性与相对性的特征,也有助于从话语的生产、传播、接受等诸环节出发建构网络空间的马克思主义话语权。

二是网络意识形态话语权研究范式还需要进一步拓展。当前网络意识形态话语权的研究范式主要隅于以问题为导向,遵循"问题—回应"的模式,一般性地界定内涵,提出建构面临现实问题,再针对问题提出对策的思路,研究的同质化倾向明显。此种研究方式呈现出以下几个特征:一是整体性的概括研究。即将网络意识形态话语权视作浑然一体的整体性概念,多是主题宏大的逻辑推演、归纳演绎,以及开药方式的对策研究,对其内部的要素构造、形态功能以及相互作用的内在运行机制很少做深入的探究。二是背景式的透视研究。将网络意识形态话语权放置在全球化、信息化、市场化、现代化的背景之下,关注时代背景给网络意识形态话语权带来的机遇与挑战,而较少涉及二者之间相互同构、有机联动的内在逻辑。三是管控防御视角的研究。基于"谈网色变"的守势心理,从单纯战略防御的视角探讨如何把握网络空间的马克思主义意识形态话语权。对这一问题的研究范式和研究内容有待进一步的拓展。譬如,研究可以基于内部结构要素和外部影响因素分析,深入探讨和揭示网络意识形态话语权的生成逻辑,在揭示内在矛盾规律基础之上,立足于本体有效建构,进而实现网络意识形态话语权的有效把握。此外,党的十八大以来中央高度重视网络意识形态工作,习近平总书记围绕网络意识形态工作发表了一系列的重要论述,这些论述为破解网络空间意识形态话语权难题提供了新的实践指南,对其进行认真梳理和学理性的研究,有助于从较高战略层次更好地推进网络意识形态话语权研究工作。

三是网络意识形态话语权研究的方法亟待创新。目前关于网络意识形态话语权的研究群体主要是高校和理论工作队伍中的中青年专家,由于专家缺乏网络意识形态工作"实战"经验和计算机、网络安全等专业技术背景,研究主要采取的是理论性的定性研究和经验性的描述研究,比较研究法、历史分析法、实证研究法、案例研究法等相对缺乏,需要从研究方法上予以突破和创新。一是比较研究法。西方国家作为网络技术的诞生地,在网络意识形态治理、网络话语权争夺、网络意识形态渗透与反渗透等方面积累了丰富的经验,特别是在全球一些地区所谓的"颜色革命"中,都渗透着网络意识形态的踪影。坚持全球视野与本土立场相结合,从全球视野出发将西方发达国家和我国网络意识形态话语权建构的理论与实践进行梳理和考察,对比研究建构理念、建构模式、运行机制等,批判吸收合理因素,汲取经验教训,进而探讨话语权建构的国际路径,能够为新时代我国网络空间马克思主义话语权建构提供经验支撑和模式借鉴。二是历史分析法。在理论资源的研究上,除了聚焦福柯、葛兰西、哈贝马斯等西方学者话语权相关理论进行历史的挖掘之外,对马克思主义理论中蕴含的理论资源也有待做更深入细致的历史梳理和挖掘。在基础理论研究方面,历时性经验的总结与梳理也显得弥足珍贵,及时回望和总结当代中国网络意识形态话语权争夺二十余年历史变迁的经验与成就,也是当前进一步深化网络意识形态话语权研究亟须开展的工作。三是案例分析法。网络空间基于共同的利益诉求、兴趣爱好等参数,群体细化、分层分类特征明显。网络技术的深入发展推进各式各样的网络传播媒介和传播技术日新月异,QQ、微信朋友圈、手机 APP、网络社区等传播平台,大数据、云计算、算法推荐等信息技术功能错位发展,风格迥异,大而化之的概括性研究无助于对症下药地谋划意识形态话语挤占和融入不同平台的手段与策略。即使是在同一传播平台,不同的网络事件也面临不同的话语矛盾,化解和引导的话语时机、话语内容、话语方式等也千差万别。选择代表性的网民群体、话语平台和网络事件进行针对性的案例分析,有助于把网络意识形态话语权建构研究推向深入。四是实证研究法。开展实证研究是精准把握网络意识形态话语权现状的重要方法。目前对于网络意识形态话语权的研究多采用的是概括、归纳和阐释等比较传统的理性分析法,多是定性分析缺少定量分析,多是价值判断缺乏事实判断。如果能够对代表性的网民进行问卷调查,对宣传、网信、网站等实际从事网络意识形态管理工作的经验人士进行访谈座谈,将研究建立在数据的基础之上,能够大大增加研究的可信度和说服力。

三、研究内容、方法及创新

(一) 研究的内容

总体来看,本书以马克思主义意识形态理论和党的十八大、十九大、二十大精神特别是习近平总书记关于网络意识形态工作的相关论述为指引,遵循提出问题、分析问题和解决问题的基本思路,以网络空间马克思主义话语权的建构为研究对象,从理论之维、本体之维、现实之维、历史之维、实践之维等多个维度对其进行动态性、前瞻性、针对性和可行性的整体研究,努力实现形上之思与现实关切、合目的性与合规律性的有机统一。理论之维重在挖掘和汲取现有与议题相关的思想精华,为研究奠定思想基础和提供可资借鉴的思想资源;本体之维着眼于对网络空间马克思主义话语权内在质的规定性的描述,揭示其生成的逻辑与规律;现实之维立足于对现实问题的呈现与剖析,为研究标定时代方位和问题坐标;历史之维致力于考察和把握网络空间马克思主义话语权建构的历史脉络,在动态中提炼和确证其中蕴含的历史经验和现实镜鉴;理论之维、本体之维、现实之维、历史之维,四维发力共同指向实践之维,合力绘制马克思主义话语权在网络空间的建构策略,巩固和捍卫马克思主义在网络空间的主导地位。

具体来说,本书主要内容分为以下六个部分。

第一部分,绪论。首先阐述选题的逻辑缘由和研究的价值蕴涵;然后对国内外网络空间马克思主义话语权的研究状况进行述评,实现在宏观上把握学界的研究进展情况,进而找准网络空间马克思主义话语权研究可能拓展的空间;最后阐述研究的基本思路与内容,采用的方法与手段以及研究的创新尝试。

第二部分,网络空间马克思主义话语权建构的理论基础和思想借鉴。遵循历史唯物主义与辩证唯物主义相统一的方法,对马克思主义经典作家的意识形态话语权思想蕴涵进行深入的挖掘与研究,为论文研究奠定坚实的思想基础;对国外学者相关代表性的意识形态话语权思想进行批判性的考察与剖析,为论文研究提供可资借鉴的思想资源。

第三部分,中国共产党建构网络空间马克思主义话语权的理论探索。遵循历史、理论与实践逻辑相一致的原则,对中国共产党人几代领导核心关于意识形态话语权建构的思想,特别是党的十八大以来习近平总书记关于网络意识形态话语权的相关重要论述进行系统的梳理与审视,为论文研究融入科学的思想指引。

第四部分,网络空间马克思主义话语权的多维透视。网络空间马克思主义话语权生成是由内部诸结构要素遵循特定的生成逻辑,相互联系、相互耦合、相互作用的结果。本部分首先对网络空间马克思主义话语权的实质内涵进行明确和界定,描述其特征功能,厘清其与现实意识形态话语权的区别与联系；其次，剖析了话语主体、话语对象、话语内容、话语方式、话语语境等网络空间马克思主义话语权的内部结构要素及相互关系，在此基础上进一步揭示话语权生成的必要性、可能性、过程性、策略性等内在逻辑。

第五部分，网络空间马克思主义话语权建构的历程及经验。马克思主义话语权在网络空间的建构过程，是一个在实践中不断探索、调适、创新和发展的过程。接入国际互联网二十余年来，党和政府为掌握和巩固网络空间马克思主义话语权进行了艰辛探索，积累了宝贵的历史经验。本部分基于时间、技术、问题和策略等多重视域的交叉融合，将网络空间马克思主义话语权建构的历史脉络分为初步形成、推进发展和全面提升等三个阶段进行考察，在动态中提炼和确证其中蕴含的历史经验和现实镜鉴。

第六部分，网络空间马克思主义话语权建构的现实困境。迅疾发展的互联网对建构马克思主义话语权带来了诸多新的机遇和挑战。本部分将在充分认识机遇和肯定成绩的基础上，对当下马克思主义话语权在网络空间建构正在遭遇的西方国家依托信息霸权侵蚀马克思主义话语感召力，网络自身特征消解马克思主义话语穿透力，虚拟与现实问题交织削弱马克思主义话语吸引力，多元社会思潮冲击马克思主义话语引领力等矛盾表征、成因进行呈现与分析，为提出针对性的建构策略全方位地标定时代和问题坐标。

第七部分，网络空间马克思主义话语权建构的战略思考。本部分也是本书的落脚点，重在分析网络空间马克思主义话语权建构的战略任务、基本原则、基本策略和战略保障。战略任务方面，阐释了在网络空间提升话语认同和维护话语安全的目标愿景；基本原则方面，重点揭示了党性和人民性相统一、主流引导和多样性共存相统一、正面宣传和话语交锋相统一等基本原则；基本策略方面，绘制了培育话语主体、活化话语内容、优化话语载体，构建多元协同的话语格局、彰显体用兼修的话语优势、锻造联动融合的话语矩阵的建构思路；战略保障方面，提出了健全网络空间舆论生态的治理体系、夯实马克思主义话语权的物质基础、拓展中国马克思主义的国际话语权等保障举措。

（二）研究的方法

方法是对规律的运用，学术研究需要选择科学的研究方法。研究方法的选择是由研究内容决定的，有什么样的研究内容就需要选择与之相匹配的研究方法。研究网络空间马克思主义话语权的建构将坚持马克思主义的立场、观点和方法，遵循理论与实践、宏观与微观、历史与现实相结合的原则，主要采用文献研究法、历史分析法、系统分析法、比较研究法等研究方法。

一是文献研究法。任何一种理论研究都是在继承前人已有研究的基础上进行的，对网络空间马克思主义意识形态话语权的研究也应该是建立在对相关文献资源的大量占有之上。通过文献阅读把握学界的研究现状，找准可能拓展的研究空间，挖掘马克思主义关于意识形态话语权的相关理论，考察国外学者关于意识形态话语权的相关理论，回顾和总结中国共产党人建构网络空间马克思主义话语权的历史经验，为话语权建构研究提供理论参考和实践借鉴。

二是历史分析法。恩格斯认为，"历史从哪里开始，思想进程也应当从哪里开始，而思想进程的进一步发展不过是历史过程在抽象的、理论上前后一贯的形式上的反映"。[①] 本书的研究与撰写也将使用历史分析与逻辑分析相统一的方法，对意识形态话语权的理论和网络空间马克思主义话语权建构的演进脉络进行历史的考察，进而剖析和论证掌握和巩固网络空间马克思主义话语权的规律性方法和现实性路径。

三是系统分析法。一方面，网络空间马克思主义话语权生成是一个复杂的系统工程，是内部诸结构要素按照一定的机制合力运行的结果。对于网络空间马克思主义意识形态话语权自身的研究应该运用系

---

① 《马克思恩格斯文集》（第二卷），北京：人民出版社，2009 年，第 603 页。

统分析的方法,对其内部的结构要素、价值功能、生成逻辑以及运行机理进行深入的探究。另一方面,网络空间意识形态话语权的建构也处在特定的社会大系统之中,与社会政治、经济、文化等多元要素之间相互联系又相互制约,对其研究也需要运用系统分析的方法予以整体性、全面性、动态性地把握。

四是比较研究法。本书的研究与写作将对马克思主义意识形态话语权的思想与国外意识形态话语权的相关理论进行比较研究,对中国共产党人建构马克思主义话语权的不同历史阶段进行比较研究,将西方国家建构网络意识形态话语权的实践与我国建构网络空间马克思主义话语权的实践进行比较研究,将在网络场域不同圈层、群体、平台中建构话语权的实践进行比较研究,在比较中理清思路、完善理论、优化策略。

(三)研究的创新尝试

在研究中,本书针对核心议题进行了一些创新尝试,主要体现在以下几个方面:

一方面是研究主题的前瞻性和研究视角的综合性。

随着网络信息技术的勃兴和网络终端的多元化、移动化和便捷化,网络空间争夺人心的话语博弈异常激烈,网络成了意识形态话语权斗争的主战场和前沿阵地,多元话语自由言说消解着马克思主义的话语权,马克思主义话语在网络空间遭遇挤压。马克思主义能否在斗争中胜出关系到人心向背和国家的长治久安,因此以网络空间马克思主义话语权的建构为研究对象就彰显出了很强的时代质感。目前,学界对这一议题的研究成果并不丰硕,整体性地研究话语权建构的历史进程、生成逻辑、现实境遇、建构策略等问题还存在可以拓展的研究空间。

网络空间马克思主义话语权的建构问题是一个跨学科、多视角的研究课题。本书的研究与写作过程,将坚持时间视域、空间视域与问题视域的有机融合,突出马克思主义理论学科属性,综合运用哲学、政治学、文化学、传播学、语言学、心理学、社会学等多学科交叉的方法予以关照,以形成完整全面的认识,避免视角单一而造成研究的缺陷。

另一方面是研究内容的系统性与研究观点的创新性。

研究内容的系统性表现为:本书将网络空间马克思主义话语权生成视为一项遵照特定的运行机理,由多元要素耦合而成,相互联系、相互作用的系统工程,整体性地研究网络空间马克思主义话语权的理论基础、内涵结构、运行机制、演进脉络、历史经验、现实问题与成因以及建构策略等。研究的过程力争做到历时性研究与共时性研究相协调,形而下的实践研究与形而上的理论研究相结合,注重宏观研究与微观研究相统一。

研究观点的创新性体现在:一是对网络空间马克思主义话语权建构的历史脉络和经验启示的凝练有新意。本书基于网信技术发展的阶段性、网络话语权建构的问题症候以及党和政府管网治网策略等立体交叉融合的视角,将中国共产党建构网络空间马克思主义话语权的历史进程分为三个阶段,即初步探索,加强意识形态信息网络管理阶段;推进发展,发展中国特色的网络文化阶段;全面提升,营造日益清朗的网络空间阶段,在此基础上提炼出可资借鉴的历史经验。二是对话语主体、话语对象、话语内容、话语方式、话语语境等话语权内部结构要素及其相互关系进行了剖析,提出了网络空间马克思主义话语权生成必要性在于多元话语的网络自由言说,生成可能性在于话语与权力的同构性,生成过程性体现为话语主体间的对话理解,生成策略性体现为同异质话语的自觉博弈等话语权的生成逻辑,具有一定的实践指导意义。三是从要素结构的视角绘制了培育话语主体,构建多元协同的话语格局;活化话语内容,彰显体用兼修的话语优势;优化话语载体,锻造联动融合的话语矩阵等建构策略,探索的视角相对比较新颖。

第一章 网络空间马克思主义话语权研究的理论基础与思想借鉴

任何一种学术研究都不是凭空的主观臆造和标新立异，都是对已有学术资源的继承扬弃、丰富与拓展。脱离人类社会已有的思想资源，沉浸于自我陶醉的理论孤岛，终究是理论的无知，学术研究只能是一种幻想。"我们要拓宽理论视野，以海纳百川的开放胸襟学习和借鉴人类社会一切优秀文明成果，在'人类知识的总和'中汲取优秀思想文化资源来创新和发展党的理论，形成兼容并蓄、博采众长的理论大格局大气象。"[①]在意识形态领域，研究网络空间马克思主义话语权的建构，也应该在吸收和汲取各个时代积累和沉淀下来的思想精华的基础之上进行。本章将对马克思主义经典作家的意识形态话语权思想蕴涵进行深入的挖掘与考察，为研究奠定坚实的思想基础；对国外学者相关代表性的意识形态话语权思想进行批判性的考察与剖析，为研究提供可资借鉴的思想资源。

---

① 《习近平在中共中央政治局第六次集体学习时强调 不断深化对党的理论创新的规律性认识 在新时代新征程上取得更为丰硕的理论创新成果》，《光明日报》2023年7月2日。

第一节　马克思主义经典作家的
意识形态话语权思想

　　马克思、恩格斯、列宁等马克思主义经典作家都没有明确地使用过话语权这一概念，但是他们都十分重视思想的统治地位、理论的指导作用。他们关于意识形态的相关论述蕴含着丰富深刻的话语权实质，涉及掌握意识形态话语权的重要意义以及获取的方式和途径等思想，这些思想是被历史和实践检验了的具有普遍意义的科学理论。马克思主义经典作家是在资本主义意识形态占据统治地位的时代背景下，以为无产阶级立言和实现人类的解放为己任，汲取人类社会一切优秀的思想成果，建构了崭新的马克思主义意识形态话语，并逐步在世界无产阶级运动中获得主导地位。他们关于意识形态话语权的思想是我们今天研究网络空间马克思主义话语权重要的理论依据和话语资源。

一、马克思恩格斯的意识形态话语权思想

　　马克思和恩格斯是在对资本主义意识形态幻象的揭露与批判中实现自身意识形态理论建构的。全面深入地把握马克思和恩格斯的意识形态思想，把握其理论的彻底性和理论的实践性，可以清晰地体认其中包含着的掌握意识形态话语权的思想意蕴。

　　（一）关于占统治地位思想的论述揭示了话语权建构的实质

　　马克思主义认为，阶级性是意识形态的鲜明属性，意识形态总是服从和服务于所代表阶级的利益，实质上是阶级利益的理论表达。首先，马克思阐明了统治阶级的思想是占统治地位的思想。在《德意志意识

形态》一书中，马克思旗帜鲜明地指出："统治阶级的思想在每一时代都是占统治地位的思想。这就是说，一个阶级是社会上占统治地位的物质力量，同时也是社会上占统治地位的精神力量。支配着物质生产资料的阶级，同时也支配着精神生产资料。"①在此段文字阐述中，马克思表述的"占统治地位的思想"不仅本身内蕴着意识形态的话语权，也从一个侧面揭示了统治阶级思想支配权的权力来源和对于统治阶级维护自身统治的重要意义。统治阶级正是凭借对物质生产资料的占有，从而牢固掌控国家的政治统治权，进而掌控着思想的支配权，运用其为政治统治的合法与合理性辩护。思想的支配地位根底上源自占统治地位的物质关系，是此种关系在观念上的反映。其次，统治阶级还"调节着自己时代的思想的生产和分配"。马克思认为，统治阶级"还作为思维着的人，作为思想的生产者进行统治，他们调节着自己时代的思想的生产和分配"。②马克思的论述实质上阐释了统治阶级思想统治的实现过程。统治阶级凭借对思想资料支配与控制的优势，面对时代变幻、空间转换以及异质思想冲突，采取管制调控、引导批判、调适整合、吸收借鉴、创新完善等手段，挤压异质意识形态的话语空间，不断提升自身意识形态话语的影响力与支配力，从而使整个国家和社会朝着符合统治阶级利益的方向发展。最后，马克思强调在阶级社会从来就没有超越阶级的意识形态。马克思认为，"在贵族统治时期占统治地位的概念是荣誉、忠诚，等等，而在资产阶级统治时期占统治地位的概念则是自由、平等，等等"。③因此，马克思主义作为无产阶级的意识形态理应掌握社会主义社会意识形态的话语权，为无产阶级和广大人民群众的利益代言。马克思进一步指出，"每一个企图取代旧统治阶级的新阶级，为了达到自己的目的不得不把自己的利益说成是社会全体成员的共同利益，就是说，这在观念上的表达就是：赋予自己的思想以普遍性的形式，

---

① 《马克思恩格斯选集》(第一卷)，北京：人民出版社，2012年，第178页。
② 《马克思恩格斯选集》(第一卷)，北京：人民出版社，2012年，第179页。
③ 《马克思恩格斯选集》(第一卷)，北京：人民出版社，2012年，第180页。

把它们描绘成唯一合乎理性的、有普遍意义的思想"。① 因此,所谓的"意识形态的普适性""普世价值"等言论以及此种言论的诸多变种不过是西方资产阶级刻意对现实关系的掩蔽与扭曲,以实现遮人耳目的目的,无论在现实社会和网络空间都必须予以彻底的回击以捍卫马克思主义的话语权。

(二)关于社会存在与社会意识的论述揭示了话语权建构的基础

马克思是在对包括黑格尔、费尔巴哈等在内的德意志意识形态的批判中实现了由历史唯心主义者向历史唯物主义者的转变,历史唯物史观的确立和马克思主义意识形态学说的创立是一个问题的两个向度。

其一,马克思认为是社会存在决定社会意识。过去的意识形态家把意识形态作为一切存在物的基础,用思想的世界支配着现实的世界。在马克思看来,"不是意识决定生活,而是生活决定着意识",历史唯物主义与历史唯心主义在本质上的差别在于"它不是在每个时代中寻找某种范畴,而是始终站在现实历史的基础上,不是从观念出发来解释实践,而是从物质实践出发来解释各种观念形态"。② 马克思还进一步指出,"人们的观念、观点和概念,一句话,人们的意识,随着人们的生活条件、人们的社会关系、人们的社会存在的改变而改变"。③ 马克思的理论启示我们,考察人们思想观念转变的过程,考察包括网络意识形态在内的一切意识形态生产和发展的过程,如果仅仅围于思想本身的范围内兜圈子,是无法找到解释意识形态奥秘的钥匙,应该回归到社会存在,回归到现实的社会变化中去索解问题的答案。

---

① 《马克思恩格斯选集》(第一卷),北京:人民出版社,2012 年,第180 页。
② 《马克思恩格斯选集》(第一卷),北京:人民出版社,2012 年,第172 页。
③ 《马克思恩格斯选集》(第一卷),北京:人民出版社,2012 年,第419—420 页。

其二,马克思认为意识形态作为观念的上层建筑终究是由经济基础决定的。马克思在《〈政治经济学批判〉序言》一文中指出,全部生产关系的总和构成社会的经济基础,在经济基础之上耸立着与之相适应的上层建筑,包括政治的上层建筑和政治、法律、道德、哲学、艺术等诸多形式的意识形态。"物质生活的生产方式制约着整个社会生活、政治生活和精神生活的过程……随着经济基础的变更,全部庞大的上层建筑也或慢或快地发生变革。"①因此,有什么样的经济基础就决定了会有什么样的上层建筑,经济基础的变化必然引起上层建筑的变革,作为上层建筑重要组成部分的意识形态的发展和消灭,应当从发展和消灭其支撑力量的经济关系中实现。

其三,作为一种社会意识的意识形态的能动反作用。社会意识适应社会存在就会促进社会的发展进步,社会意识不适应社会存在,就会抑制社会的发展进步,意识形态亦然,旧的意识形态往往阻碍和滞后社会的发展,代表生产力发展方向的新的意识形态则可以成为社会变革的先导。同时,马克思和恩格斯在思想发展的不同时期,有所侧重地对意识形态的相对独立性进行的阐述,集中表现在强调意识形态的历史继承性、发展的不平衡性等方面,对于建构马克思主义在网络空间的意识形态话语权而言,这些论述为我们正确认识网络空间的意识形态现象,借鉴吸收不同意识形态理论的合理成分,进而完善和充实自身具有重要的指导价值。

(三)关于理论掌握群众的论述揭示了话语权建构的方法

马克思与恩格斯在论述了意识形态的本质内涵、相关特征和重要功能的基础上,也对运用马克思主义的理论掌握群众的重要意义和方式进行了阐述。这些论述散落在马克思和恩格斯关于意识形态的相关著作之中。马克思、恩格斯首先肯定了理论对群众的掌握在推动革命

---

① 《马克思恩格斯选集》(第二卷),北京:人民出版社,2012年,第2—3页。

实践中的重要意义。在他们看来,在变革社会的过程中理论和实践发挥着不同的功能,改变客观世界终究需要实践的力量,但是理论并不是一无是处,无产阶级在消灭资产阶级意识形态的过程中,必须创立和掌握共产主义的意识形态。无产阶级一旦拿起"哲学的精神武器",革命的理论就会变成无产阶级自身解放的物质力量。

马克思、恩格斯认为理论要实现对群众的掌握需要从以下几个方面着手:

一是意识形态理论自身的因素。"理论只要说服人,就能掌握群众;而理论只要彻底,就能说服人。所谓彻底,就是抓住事物的根本。"①换句话说,马克思主义理论要掌握意识形态的话语权就必须对客观世界进行科学的解释,抓住问题的根本,以真理的力量说服人。同时他们认为,"'思想'一旦离开'利益',就一定会使自己出丑"。② 意识形态的理论必须从抽象的理论思辨中逃脱出来,将关注的目光转向人民群众的切身利益,转向对时代问题和现实矛盾的回应和解答中,才能赢得群众的认同,进而掌握话语权。

二是意识形态掌握群众离不开教化。意识形态是通过教化、教育被群众理解和认知,从而变成自身行为的动机和出发点的。马克思认为"必须在斗争和鼓动的各个方面都加倍努力"③,"必须以高度的热情把由此获得的日益明确的意识传播到工人群众中去"④。他批判地吸收了黑格尔的教化思想,扬弃了资产阶级的教化方式,强调在工人运动中开展批判资产阶级的意识形态的斗争,必须重视运用无产阶级的阶级意识,运用共产主义思想去教育工人。

三是意识形态理论掌握群众要发挥批判的重要作用。马克思、恩格斯自身思想也是在对青年黑格尔派、蒲鲁东主义、工联主义、巴枯宁

---

① 《马克思恩格斯选集》(第一卷),北京:人民出版社,2012 年,第 9—10 页。
② 《马克思恩格斯文集》(第一卷),北京:人民出版社,2009 年,第 286 页。
③ 《马克思恩格斯文集》(第二卷),北京:人民出版社,2009 年,第 219 页。
④ 《马克思恩格斯选集》(第三卷),北京:人民出版社,2012 年,第 38 页。

主义、拉萨尔主义、杜林主义等形形色色思潮的批判与斗争中不断发展和壮大起来的。马克思同时告诉我们"意识在任何时候都只能是被意识到了的存在,而人们的存在就是他们的现实生活过程。如果在全部意识形态中,人们和他们的关系就像在照相机中一样是倒立成像的,那么这种现象也是从人们生活的历史过程中产生的"。① 马克思的表述启示我们,不管意识形态的理论如何刻意遮蔽现实的生活,如何荒诞离奇,它总是以某种方式折射着人们实际生活的某个方面,对思潮的批判也要回到现实的生活,抓住其背后问题的矛盾和实质。

四是意识形态理论要在现实的实践中掌握群众。马克思指出"只有通过实际地推翻这一切唯心主义谬论所由产生的现实的社会关系,才能把它们消灭;历史的动力以及宗教、哲学和任何其他理论的动力是革命,而不是批判"②,换而言之,消灭一种意识形态单纯依靠精神的批判是不可能最终实现的,终究需要进行革命的实践推翻其产生的现实的社会关系。马克思在《关于费尔巴哈的提纲》中还认为"全部社会生活在本质上是实践的。凡是把理论引向神秘主义的神秘东西,都能在人的实践中以及对这种实践的理解中得到合理的解决"③,实践是检验一切思想意识真理性的标准,检验一种意识形态理论的科学与合理性只有在实践中才能完成。马克思还强调"哲学家们只是用不同的方式解释世界,而问题在于改变世界"④,马克思主义作为一种科学的意识形态不满足于对现实世界的解释,而是进一步致力于改变现实世界的实践,用科学的理论指导群众革命的实践,在改造物质世界和人类社会的实践中获得话语权。

① 《马克思恩格斯选集》(第一卷),北京:人民出版社,2012年,第152页。
② 《马克思恩格斯选集》(第一卷),北京:人民出版社,2012年,第172页。
③ 《马克思恩格斯选集》(第一卷),北京:人民出版社,2012年,第135—136页。
④ 《马克思恩格斯选集》(第一卷),北京:人民出版社,2012年,第140页。

二、列宁的意识形态话语权思想

列宁在领导苏俄社会主义革命和建设的历史进程中,进行了无产阶级意识形态话语权建设的宝贵探索,在对形形色色伪马克思主义、反马克思主义等错误思想的批判与斗争中,逐步提出了无产阶级要当思想领导者、理论灌输等著名论断,为无产阶级掌握和巩固意识形态话语权提供了思想指南。

(一)关于无产阶级要当思想领导者的论断为巩固马克思主义话语权提供了思想指南

马克思、恩格斯更多从中性和否定性意义上论述意识形态,而把自己的意识形态理论称为"科学",以同自己所批判的德意志意识形态区别开来,防止引起思想上的混乱。列宁则更多根据所处时代斗争的需要把意识形态理解成描述性的概念。列宁认为马克思主义揭示了自然界、人类社会和人的思维的规律,是代表无产阶级利益的理论,因而是真理性与价值性统一的科学的意识形态,进而推进了马克思主义意识形态学说的发展。马克思、恩格斯认为任何阶级的思想的统治地位是由其所处的政治经济地位决定的,任何阶级要想掌握思想的领导权不仅要进行斗争掌握政权,还需要在政权的强力维护下做群众的理论灌输与教化工作,无产阶级的革命运动同样需要革命理论的武装与指导。列宁继承了这一思想,并在马克思主义理论的指导下领导俄国人民推翻了封建专制统治和资产阶级政权,建立了社会主义国家。

无论在进行革命建立无产阶级政权的过程中,还是在社会主义建设实践中,列宁都十分重视意识形态的斗争,强调无产阶级要学会当思想的领导者,思想领导者的实质就是掌握意识形态的话语权。列宁认为一个组织或集团可以称之为阶级的重要条件就是必须懂得通过思想斗争和理论武装成为思想的领导者,掌握意识形态的话语权,"从马克思主义观点看来,否认或不了解领导权思想的阶级就不是阶级,或者还不是阶级,而是行会,或者是各种行会的总和"。① 无产阶级政党也必须以代表本阶级利益的马克思主义理论为指导,掌握马克思主义意识形态的话语权,用以实现对无产阶级的凝聚与团结,进而战胜国内外的反动势力,进行社会主义建设。"社会主义者的任务是要做无产阶级的思想领导者,领导无产阶级进行现实斗争,去反对横在一定社会经济发展的现实道路上的现实的真正敌人。"②关于无产阶级政党如何实现对本阶级思想上的领导,提升他们的思想觉悟,列宁引用了德国无产阶级革命家李卜克内西的观点,就是要对马克思主义理论做认真细致的研究、广泛深刻的宣传和全面精心的组织,"不做上述理论工作,便不能当思想领导者;不根据事业的需要进行这项工作,不在工人中间宣传这个理论的成果并帮助他们组织起来,也不能当思想领导者"。③

(二)关于新闻出版的论述对于网络空间马克思主义话语权建构具有借鉴意义

列宁生活的时代没有网络,但是列宁关于利用报刊等新闻出版媒介开展意识形态宣传的相关论述对于今天在网络空间建构马克思主义话语权具有重要的借鉴和启示意义。

列宁十分注重强调意识形态的党性原则,认为非党性是资产阶级的思想,党性是社会主义的思想。在《马克思主义和修正主义》一文中,列宁在阐述哲学与科学的党性时指出,"几何公理要是触犯了人们的利益,那也一定会遭到反驳的"。④ 列宁意识形态党性的思想也贯穿在其党报党刊的相关论述中,并最早提出了党的出版物(包括党报、党刊、党的出版社、印刷所、书店、阅览室等文化机构)的党性原则问题。列宁将

① 《列宁全集》(第二十卷),北京:人民出版社,2017年,第111页。
② 《列宁选集》(第一卷),北京:人民出版社,2012年,第78页。
③ 《列宁选集》(第一卷),北京:人民出版社,2012年,第79页。
④ 《列宁全集》(第十七卷),北京:人民出版社,2017年,第11页。

党性的内涵阐述为"唯物主义本身包含有所谓党性,要求在对事变做任何评价时都必须直率而公开地站到一定社会集团的立场上"。① 出版物的党性原则即站在党的立场上看问题,在观念上表现为将党的出版物视为无产阶级事业的一部分。列宁认为"对于社会主义无产阶级,写作事业不能是个人或集团的赚钱工具,而且根本不能是与无产阶级总的事业无关的个人事业"②,写作事业不仅应当成为整个无产阶级事业的一部分,而且应该是社会民主党有组织的、有计划的、统一的党的工作的一个组成部分。同时出版物的党性原则体现在组织上就是党的出版物和著作家个人都要参加党的一个组织。列宁认为"报纸应当成为各个党组织的机关报。写作者一定要参加到各个党组织中去。出版社和发行所、书店和阅览室、图书馆和各种书报营业所,都应当成为党的机构,向党报告工作情况。有组织的社会主义无产阶级,应当注视这一切工作,监督这一切工作"。③ 列宁之所以强调党报党刊是党组织的一部分,是因为其注意到了出版物对于群众的导向作用。列宁强调党的出版物要从党的立场出发,维护党的利益,宣传党的路线方针政策,形成正确的舆论导向。列宁关于出版物党性原则的论述蕴含着党管媒体、党管意识形态的思想。

列宁关于社会主义新闻政策与苏维埃传媒的相关论述在当下也同样具有启示意义。一是列宁关于新闻出版自由的思想。这一思想是随着党在国家的方位变换和革命形势的转换不断完善的。列宁认为公民应当享有自由讨论自己的事情并通过报纸影响国家事务的权利,"出版自由就是全体公民可以自由发表一切意见"。④ 列宁认为新闻出版自由应当摆脱资本的控制,资产阶级的新闻自由实质是资本控制媒介资源的少数人的自由,社会主义的新闻自由是一个长期的过程,既要开放

① 《列宁全集》(第一卷),北京:人民出版社,2013 年,第 369 页。
② 《列宁全集》(第十二卷),北京:人民出版社,2017 年,第 93 页。
③ 《列宁全集》(第十二卷),北京:人民出版社,2017 年,第 94 页。
④ 《列宁全集》(第三十二卷),北京:人民出版社,2017 年,第 230 页。

市场化的民营出版社、报刊、电影,同时又要重视对这些成分的监督,保证舆论的社会主义方向。二是在报纸等新闻媒介的功能与任务方面,列宁认为宣传的任务应当随着党和国家工作重心转换而转换。十月革命胜利后,列宁指出宣传的重心应始终以生产建设为中心,报刊要减少娱乐性的报道,变成教育人民的工具,要多加强正面宣传,介绍典型实例,发挥舆论的监督职能。列宁还认为报刊"现在最大的(也是唯一的)危险是失去广大读者,失去争取读者的阵地"①,要通过了解民众的情绪,争取群众。

此外无线电技术作为一项新兴技术,列宁基于与西方国家意识形态对抗的视角,重视和鼓励大力发展新兴技术,从宣传的视角提出要重视广播、电影的发展,同时指出要对其内容进行审查,突出其宣传教育功能,控制纯粹娱乐性内容的比例。

(三)灌输理论是马克思主义话语权建构的重要方法遵循

在马克思主义发展史上,马克思、恩格斯也都曾提出过将革命的思想灌输给无产阶级,用科学的理论指导无产阶级革命实践的观点。但是列宁是第一位对灌输理论进行系统阐述并上升到理论高度的马克思主义理论家。列宁先后在《什么是"人民之友"以及他们如何攻击社会民主党人?》《我们运动的迫切任务》《怎么办?》等经典篇目中,从灌输的重要性与必要性、主体与对象、内容与方式等多个维度系统论述了灌输的理论。

在进行理论灌输的必要性与重要性维度,列宁认为,科学意识形态理论的武装在无产阶级的革命实践中发挥举足轻重的作用,他指出,"没有革命的理论,就不会有革命的运动。在醉心于最狭隘的实际活动的偏向同时髦的机会主义说教结合在一起的情况下,必须始终坚持这种思想"。②"只有依靠革命的马克思主义理论,依靠国际社会民主党

---

① 《列宁全集》(第四十六卷),北京:人民出版社,2017年,第300页。

② 《列宁选集》(第一卷),北京:人民出版社,2012年,第311页。

的经验,我们才能把我国的革命运动同工人运动结合起来,才能建立不可战胜的社会民主主义运动。"①列宁对崇拜工人运动的自发性、否定科学理论重要性的思想进行了批判,强调要从外部进行理论灌输,启发无产阶级的理论自觉,指出"工人本来也不可能有社会民主主义的意识。这种意识只能从外面灌输进去,各国的历史都证明:工人阶级单靠自己本身的力量,只能形成工联主义的意识"。② 同时,列宁认为"既然谈不到由工人群众在其运动进程中自己创立的独立的意识形态,那么问题只能是这样:或者是资产阶级的意识形态,或者是社会主义的意识形态"。③ 如果不注重运用社会主义的思想体系武装和掌握工人阶级,那么资产阶级的思想体系就会乘虚而入,迷惑和误导革命运动,就等于放弃了思想的阵地,况且资产阶级思想体系具备先发的优势,有着更迷人的外表,掌握着更多的传播工具。

在灌输的主体和对象方面,列宁认为马克思主义的灌输主体应该具备较高的理论素养和奉献精神,"应当既以理论家的身份,又以宣传员的身份,既以鼓动员的身份,又以组织者的身份'到居民的一切阶级中去'"。④ 针对灌输的对象,列宁认为应当采取针对性策略分众式对工人、农民和知识分子等不同群体进行科学理论的灌输。

在灌输的内容与方式方面,列宁认为灌输的内容应当以体现时代精神和创新意识的马克思主义理论教育群众,帮助他们掌握马克思主义的世界观与方法论,启发他们由自发走向自觉。苏维埃政权建立以后,伴随着国内形势的好转,列宁更加强调灌输的内容要围绕如何进行经济建设、如何建设社会主义的主题展开,更加关注国计民生,以提升意识形态话语的说服力,为意识形态注入新的合法性资源。针对灌输的方式与方法,列宁着重强调理论灌输不能离开沸腾的社会生活,要将

---

① 《列宁全集》(第七卷),北京:人民出版社,2013年,第41页。
② 《列宁选集》(第一卷),北京:人民出版社,2012年,第317页。
③ 《列宁选集》(第一卷),北京:人民出版社,2012年,第326页。
④ 《列宁选集》(第一卷),北京:人民出版社,2012年,第366页。

理论与实践相结合,要把握好灌输的时机和条件,要充分利用报纸、刊物、图书馆、学校等一切可以利用的载体,要运用群众喜闻乐见的方式和通俗易懂的语言将理论"渗透到群众的意识中去,渗透到他们的习惯中去,渗透到他们的生活常规中去"。[①]

第二节　国外学者意识形态话语权
相关理论的思想借鉴

国外学者从政治哲学、文化学、符号学、心理学等不同的视角对意识形态话语权的相关理论进行了研究和论述,构成了相对独立的学术谱系,累积和沉淀了丰富且有价值的学术观点和学术资源。对国外学者有代表性的意识形态话语权研究的相关理论在坚持去粗取精、去伪存真的原则的基础上,进行认真的梳理、挖掘和提炼,批判吸收和借鉴其研究的视角、方法与结论中的合理因素,对于拓展网络空间马克思主义的话语权问题研究的视野和思路具有重要参考价值。限于篇幅,本节主要梳理葛兰西的文化领导权理论、哈贝马斯的"科学技术即是意识形态"的理论以及福柯的权力话语理论,针对其他与本研究契合度高,有借鉴意义的国外学者的研究视角方法、理论观点等,将在本书后续具体的分析中予以阐述和关照。

一、文化领导权理论

安东尼奥·葛兰西是西方马克思主义的创始人之一,是意大利共产党的创始人和领导人之一,主要活跃在世界政治经济动荡的二十世

---

① 《列宁全集》(第三十九卷),北京:人民出版社,2017年,第100页。

纪二三十年代。其代表性的著作《狱中札记》是在其从事革命活动被反动当局逮捕后的监狱中完成的。文化领导权理论是葛兰西《狱中札记》一书中的最为核心的理论。这一理论着重论述了西方资本主义社会无产阶级革命掌握文化领导权对于革命成功的重要意义。葛兰西的文化领导权理论在一定程度上也被学界认为是马克思主义意识形态话语权理论不可或缺的组成部分,对后世话语权理论的发展产生了深远的影响。

(一)文化领导权的实质是意识形态的领导权

西方资本主义社会在革命主观条件成熟的背景下,无产阶级革命却屡屡遭遇失败,引发了西方有良知的马克思主义学者的集体反思与追问。葛兰西以革命家的担当和理论家的自觉深刻洞见了西方资本主义社会的特殊性。他认为西方资本主义国家不同于东方国家,其维护现存统治的方式较少运用暴力强制的手段,而更多通过强大坚固的市民社会进行意识形态的渗透与控制,而此时的无产阶级革命却深受第二国际经济主义、经济决定论等庸俗唯物主义的影响,片面强调和迷信经济斗争,忽视革命理论武装和无产阶级政党的作用。因此,葛兰西更加强调意识形态斗争在无产阶级革命中的重要性,提出了无产阶级必须渐进掌握文化领导权才能取得革命的胜利,并且依靠文化的领导权巩固革命胜利的果实,从而为西方无产阶级揭示了历史任务与革命的方向。

在葛兰西看来,"一个社会集团对整个国家的统治是通过像教会、工会或学校一类民间组织来实现的",[①]葛兰西的"智识与道德的领导权"的实质是统治阶级对被统治阶级意识形态的领导权,统治阶级正是通过政党、学校、工会、教会等社会团体和报纸、杂志、学术文化团体等民间文化组织,以文化宣传、宗教信仰、习惯养成、教育教化等为媒介组

---

① [意]葛兰西:《狱中书简》,田国良译,北京:求实出版社,1990年,第92页。

织,对广大民众进行精神上、道德上乃至心理上的指导和控制,使被统治阶级接受统治阶级意识形态要求的世界观、价值观和生活方式,从而维护其统治地位。资产阶级的统治的实现一般主要依靠"强制"和"同意"两种方式。"强制"就是在政治社会里通过军队、警察、监狱和法庭等物质的力量和暴力的手段对民众进行控制,葛兰西认为文化的领导权不能依靠暴力强制的手段获得,而要依靠"教化获得的同意",即统治阶级通过对学校、教会、工会、大众传媒等市民社会的掌握,实现文化渗透和精神控制,进行统治合法合理性的论证,使民众完全丧失批判精神和否定维度,自觉接受统治阶级的世界观,服从统治阶级的统治。

葛兰西的理论既揭开了西方资产阶级依靠文化领导权实现统治的神秘面纱,也为无产阶级指明了当下要夺取政治的领导权并不是立即进行暴力的革命,而是首先要通过文化领导权的斗争破坏资产阶级在意识形态上的领导权。

(二)无产阶级文化领导权实现的方式是"市民社会"的"阵地战"

葛兰西文化领导权理论中一个非常重要的概念是"市民社会",他是在纠正西方马克思主义发展过程中片面强调经济因素是唯一决定性因素和片面强调国家的暴力统治职能等两种理论和实践倾向中提出"市民社会"的概念的。葛兰西的市民社会意指进行意识形态特别是统治阶级意识形态生产与传播的各种私人或民间机构,是统治阶级实施文化领导权和无产阶级反对文化领导权的空间和场域。葛兰西认为国家是"政治社会和文明社会的平衡"①,由政治社会和市民社会两部分构成,"我们目前可以确定两个上层建筑'阶层':一个可称作'市民社会',即通常称作'私人的'组织的总和,另一个是'政治社会'或'国家'。这两个阶层一方面相当于统治集团通过社会行使的'霸权'职能,另一

---

① [意]葛兰西:《狱中书简》,田国良译,北京:求实出版社,1990年,第92页。

方面相当于通过国家和'司法'政府所行使的'直接统治'或管辖职能"①。

葛兰西同时认为西方资本主义国家不同于东方国家,资产阶级的文化领导权已经占据了市民社会的坚固堡垒,市民社会已然成为维系和巩固资本主义统治制度的"社会水泥","国家和市民社会关系得当,国家一旦动摇,稳定的市民社会结构立即就会显露。国家不过是外在的壕沟,其背后是强大的堡垒和工事"②,要消灭资本主义制度就必须消灭资产阶级在市民社会的文化领导权,否则,即便消灭了资本主义的政治国家,作为其身后坚固工事和城堡的市民社会也会立即显现并有能力恢复政治国家。葛兰西进一步指出"'市民社会'已经演变为更加复杂的结构,可以抵制直接经济因素(如危机、萧条等)的灾难性后果。市民社会的上层建筑就像现代战争中的堑壕配系。在战争中,猛烈的炮火有时看似可以破坏敌人的全部防御体系,其实不过损坏了他们的外部掩蔽工事;而到进军和出击的时刻,才发觉自己面临仍然有效的防御工事"。③ 因此,市民社会在东西方社会中地位和作用的差异决定了东西方无产阶级革命策略的差异。葛兰西认为,在东方社会的无产阶级革命是"运动战",即通过军事斗争和暴力革命掌握国家政权,进而掌握文化的领导权,而在西方资本主义国家则是"阵地战",在市民社会进行长期的"反霸权"斗争,赋予其以无产阶级的立场,破坏资产阶级统治的合理合法性,逐步夺取统治阶级的意识形态阵地,最终从根基上动摇资产阶级的国家政权。

---

①　[意]葛兰西:《狱中札记》,曹雷雨等译,北京:中国社会科学出版社,2000 年,第 7 页。

②　[意]葛兰西:《狱中札记》,曹雷雨等译,北京:中国社会科学出版社,2000 年,第 194 页。

③　[意]葛兰西:《狱中札记》,曹雷雨等译,北京:中国社会科学出版社,2000 年,第 191 页。

（三）无产阶级文化领导权实现的主要力量是"有机知识分子"

要实现文化的领导权就需要有进行意识形态教化的知识分子。葛兰西非常重视知识分子在实现意识形态领导权过程中的地位与作用。他认为"知识分子是统治集团的'代理人'"①，是"上层建筑体系的'公务员'"②，统治阶级掌控文化的领导权和被统治阶级抵抗夺取文化的领导权都离不开知识分子的作用。与马克思不同的是，葛兰西认为每一个人不管从事什么样的工作，都要进行某种程度的智力活动，因此他拓展了知识分子的内涵与外延，提出了"所有人都是知识分子"，包括数量众多的人民群众。但是葛兰西同时认为虽然一切人都是知识分子，但不是每一个人都能发挥知识分子的作用。在葛兰西的认知中"知识分子发挥着使文化合法化，使每个人都容易接近和理解文化并且使他的统治普遍化的独特的政治功能。……他们是领导权结构的动力，他们创造着在书籍、杂志、教堂、讲坛和无线电广播中反复制作和推出的思想、价值和信仰"。③ 也就是说知识分子的主要功能在于进行意识形态的生产与传播，促进统治阶级的意识形态的合法化和普遍化，保证政治统治建立在"同意"的基础之上。

葛兰西强调无产阶级要掌握文化的领导权必须培养自己的"有机知识分子"，正如他指出的"任何在争取统治地位的集团所具有的重要特征之一，就是它为同化和'在意识形态上'征服传统知识分子在作斗争，该集团越是同时成功地构造其有机的知识分子，这种同化和征服便

---

① ［意］葛兰西：《狱中札记》，曹雷雨等译，北京：中国社会科学出版社，2000 年，第7 页。

② ［意］葛兰西：《狱中札记》，曹雷雨等译，北京：中国社会科学出版社，2000 年，第7 页。

③ ［英］戴维·麦克莱伦：《马克思以后的马克思主义》，余其铨、赵常林等译，北京：中国社会科学出版社，1986 年，第 244 页。

越快捷、越有效"①,这些有机知识分子"大多数都是新的阶级所彰显的新型社会中部分基本活动的'专业人员'"②。他还强调夺取文化的领导权应当发挥先进的无产阶级政党的职能,在无产阶级政党的领导下,依靠直接从群众中产生同群众有血肉联系的有机知识分子组成一个文化和社会的团体,开展教育和宣传工作,抵制资产阶级意识形态的侵蚀,培养科学社会主义的"新常识",最终把人民群众团结起来。

二、科学技术意识形态批判理论

作为法兰克福学派代表人物的尤尔根・哈贝马斯是当今世界最具影响力的思想家之一。他在其1968年所著的《作为"意识形态"的技术与科学》一书中系统阐述了科学技术意识形态批判理论,提出了"科学技术即意识形态"的观点,是我们在网络信息技术飞速发展的背景下研究马克思主义话语权极具参考和借鉴价值的理论,对于我们重视科学技术对人们思想观念的影响,重视网信技术的意识形态属性,在网络空间实现网信技术与马克思主义的良性互动具有重要的启示意义。

(一)"科学技术是意识形态"的思想渊源

哈贝马斯科学技术意识形态批判理论是在继承和借鉴前人研究成果的基础之上创建的。马克斯・韦伯是较早探究科学技术与意识形态之间关联的学者之一。他基于社会学的维度对"合理性"问题进行了深入的阐述,他认为科学技术与现代工业社会的快速发展,使得科技合理化作为一种新的"合理性"评判标准深入社会生活的方方面面,原有的合法性被抛弃,科学技术具备了意识形态的属性,以合理性的名义实现

---

① [意]葛兰西:《狱中札记》,曹雷雨等译,北京:中国社会科学出版社,2000年,第5—6页。

② [意]葛兰西:《狱中札记》,曹雷雨等译,北京:中国社会科学出版社,2000年,第2页。

了对政治统治新的合法化的论证。法兰克福学派的思想家霍克海默从技术的合理性与科学技术对社会危机的遮蔽视角出发首先提出了科学是意识形态的观点。其一,他认为"技术上的合理性,就是统治上的合理性本身"①,科学技术和政治统治的合理性问题合二为一;其二,他认为,科学技术"是因为它保留着一种阻碍它发现社会危机真正原因的形式",②所以,科学技术和形而上学一样都是意识形态。法兰克福学派的另一位代表人物马尔库塞进一步发展了霍克海默的观点,对工具理性的现实危害和科学技术如何实现意识形态功能进行了鞭辟入里的探析,提出了"社会生产过程也是意识形态的产生过程"等思想。科学技术在促进生产力发展、满足人们日益增长的需要的同时,也在生产着一种新的思想和行为方式,支配着人们的思想意识,执行着意识形态的功能,促使人们理所当然地认同和接受技术统治的合理性。马尔库塞的观点是:"技术理性的概念,也许本身就是意识形态。不仅技术理性的应用,而且技术本身就是(对自然和人的)统治,就是方法的、科学的、筹划好了的和正在筹划着的统治。统治的既定目的和利益,不是'后来追加的'和从技术之外强加上的;它们早已包含在技术设备的结构中。"③

马克斯·韦伯关于科学技术的合理性具有社会意识形态的属性、霍克海默科学技术的合理性实质上就是政治统治的合理性以及马尔库塞"社会生产过程也是意识形态的产生过程"等思想构成了哈贝马斯科学技术意识形态批判思想的渊源,哈贝马斯正是站在前人思想的基础上,围绕科学技术成为意识形态的必要性和可能性、科学技术如何履行意识形态的职能等问题进行持续的探索与思考。

---

① [德]霍克海默,阿多诺:《启蒙辩证法》,洪佩郁、蔺月峰译,重庆:重庆出版社,1990年,第1130页。

② [德]霍克海默:《批判理论》,李小兵等译,重庆:重庆出版社,1989年,第5页。

③ [德]哈贝马斯:《作为"意识形态"的技术与科学》,李黎、郭官义译,上海:学林出版社,1999年,第39—40页。

（二）科学技术成为意识形态的条件

哈贝马斯与霍克海默、马尔库塞等法兰克福学派的其他学者不同，他并不认为科学技术一经产生就成为意识形态，而是主张在国家干预的晚期资本主义社会，科学技术才成为资本主义社会统治的合法性基础，履行意识形态功能。哈贝马斯指出科学技术成为意识形态需要具备两个必要和可能的条件。

一方面是晚期资本主义社会国家对经济生活的干预。随着资本主义社会周期性经济危机和阶级矛盾冲突的不断爆发，为了维护统治秩序的稳定和经济的良性运转，垄断资产阶级逐渐放弃了放任自由的经济政策，实行国家干预主义，自由竞争的机制遭遇破坏，在自由竞争机制下形成的基于自由竞争、公平交换为核心的传统意识形态被瓦解，资产阶级的统治陷入合法性的危机。哈贝马斯指出，"国家［通过］干预对经济发展过程所做的持续性的调整，是从抵御放任自流的资本主义的、危害制度的功能失调（Dysfunktionalitaet）中产生的，放任自流的资本主义的实际发展，同资产阶级社会的固有观念——把自身从统治中解放出来，以及使政权中立化——显然是背道而驰的"。① 国家干预下的资本主义世界亟需一种新的意识形态为统治的合法性辩护，这为科学技术成为意识形态提供了可能。

另一方面，科学技术成为第一生产力。科学技术在经济社会发展中上升为第一生产力是其成为意识形态的关键条件。哈贝马斯认为，"自十九世纪末以来，标志着晚期资本主义社会特点的另一种发展趋势，即技术的科学化（die Verwissenschaftlichung der Technik）趋势日益明显。在资本主义社会中，始终存在着通过采用新技术来提高劳动生产率的压力……在这个过程中，工业研究是同国家委托的研究任务联

---

① ［德］哈贝马斯：《作为"意识形态"的技术与科学》，李黎、郭官义译，上海：学林出版社，1999年，第58页。

系在一起的,而国家委托的任务首先促进了军事领域的科技的进步。科学情报资料从军事领域流回到民用商品生产部门。于是,技术和科学便成为第一位的生产力"。① 哈贝马斯认为科学技术成为意识形态的逻辑是,科学技术不仅成为第一生产力还成为剩余价值的独立来源,促进了物质财富的高度增长和人民生活水平的高度提升,人们为科学技术所显示的巨大的物质和精神威力而倾倒,在科学技术带来的需要满足中潜移默化地实现对科技理性和现有统治秩序的认同。进而科学技术实现了对资本主义统治合法性的论证和为资本主义政治统治辩护的功能,使自身成了意识形态。

(三) 科学技术即是意识形态的实质内涵

在哈贝马斯看来,科学技术即是意识形态的实质内涵则是科学技术的合理性变成政治统治的合理性,并为政治统治的合法性论证。科学技术被泛化、绝对化和神圣化,在人类的活动领域能够决定一切、操纵一切,可以解决一切问题并成为新的社会价值标准,影响人们的思想意识。

首先,科学技术将一切政治统治问题技术化。哈贝马斯分析指出,科学技术可以化解政治统治的合法化危机。晚期资本主义社会面临的环境恶化、失业问题、贫富差距等社会问题都被资本主义国家通过科学技术的手段予以解决,资本主义内在的矛盾和制度的缺陷被科学技术予以掩盖,科学技术从生产领域渗透到了政治统治领域,科学技术的合理性变成了政治统治的合理性。因而哈贝马斯说,"如果合法化力量能成功地把实践问题重新界定为技术问题,甚至能成功地阻止资产阶级社会的价值普遍主义激进化问题产生,那么,这样一类与合法化危机相

---

① [德]哈贝马斯:《作为"意识形态"的技术与科学》,李黎、郭官义译,上海:学林出版社,1999 年,第 62 页。

关的问题甚至可以不需要考虑"①。科学技术可以将一切社会政治问题"技术化"还表现在"国家的活动通过这些起预防作用的行为导向,被限制在可以用行政手段解决的技术问题上,以至于[国家]似乎可以不管实践问题。实践的内容被排除在它的活动之外"。②"政治不是以现实实践的目的为导向,而是以解决技术问题为导向。"③

其次,哈贝马斯还从"劳动"和"交往行为"的关系视角对科学技术如何履行意识形态的职能进行了系统分析。哈贝马斯所谓的"劳动"是运用科学技术改造自然界的活动,"交往行为"是以语言符号为媒介,通过平等协商而达成的人与人之间的"理解"与"一致"。在晚期资本主义社会,劳动越来越符合科学技术的要求,劳动的合理性僭越了"交往行为"领域,把处理人与自然关系的方式与准则渗入了人与人关系的领域,遵循科学技术的行为就是正当的行为,"技术的合理性转变成了对人统治的合理性,科学技术成为对人进行统治、压迫的意识形态机制"。

最后,哈贝马斯对科学技术作为意识形态的实际功效进行了阐述。他认为科学技术作为一种意识形态与传统意识形态相比,隐蔽性更强,效果更明显,更能获得统治阶层的满意,正在以有形的"物质解放"实施对人无形的"精神奴役",对此哈贝马斯深刻指出,"一方面,技术统治的意识同以往的一切意识形态相比较,'意识形态性较少',因为它没有那种看不见的迷惑人的力量,而那种迷惑人的力量使人得到的利益只能是假的⋯⋯比之旧式的意识形态更加难以抗拒,范围更为广泛,因为它掩盖实践问题的同时,不仅为既定阶级的

---

① [德]哈贝马斯:《交往与社会进化》,张博树译,重庆:重庆出版社,1989 年,第205 页。

② [德]哈贝马斯:《作为"意识形态"的技术与科学》,李黎、郭官义译,上海:学林出版社,1999 年,第61 页。

③ [德]哈贝马斯:《作为"意识形态"的技术与科学》,李黎、郭官义译,上海:学林出版社,1999 年,第60 页。

局部利益作辩解,并且站在另一个阶级一边,压制局部的解放的要求,损害人类要求解放的利益本身"①。

三、权力话语理论

权力话语理论是法国结构主义哲学家米歇尔·福柯学术体系的重要组成部分。在其《知识考古学》《话语的秩序》等著作中,福柯从本体论的视角揭示了话语背后蕴含的意义,阐释了话语与权力的内在同一性,建构了自己的权力话语理论。福柯是第一个将话语权作为独立概念呈现出来的学者。

(一)从本体论的视角理解话语的内涵

"话语"是福柯哲学中的核心概念,福柯本人从没有对这一概念进行过明确的界定,更多的是进行一些否定的表述进而揭示了其丰富的理论内涵。福柯的话语与"符号语言"不同,他不赞成以索绪尔为代表的结构主义语言学将语言分成语言和言语的观点,认为不能将话语简单理解为"词"和"物"的简单结合体,在语言和言语之外还有话语的存在,他指出我们不能"再将话语当作符号集团(指内容或描写的意指要素),虽然话语是由符号组成的,但它们所做的要比用这些符号去指称事物来得更多。正是因为这个更多,使得它们不能被归结为语言和言语,而我们正是要揭示和描写这个更多"。② 在福柯看来话语不仅是基于话语的实践,话语本身就是一种系统建构话语谈论对象的实践活动,是运用符号界定事物、建构和创造现实世界的社会实践活动。因此,全面把握福柯的话语观实质上是一种建构主义的话语观,话语是一种超越的、具有伟力的建构性力量,知识(真理)、话语主体、知识对象和社会

---

① [德]哈贝马斯:《作为"意识形态"的技术与科学》,李黎、郭官义译,上海:学林出版社,1999年,第69页。

② 王治河:《福柯》,长沙:湖南教育出版社,1999年,第159页。

现实都由其生产和建构,"它涉及将话语看作是从各个方面积极地建造和积极地构筑社会的过程:话语建构知识客体、社会主体和自我'形式',构建社会关系和概念框架"①,"作为现实表意实践活动的话语,不只是运用语言来传达意义,而是深蕴了隐而不现的强大建构力量。是话语建构了我们的生活世界,是话语建构了我们对这个世界的理解和解释,同时也是话语建构了我们主体自身"②。正是基于这样的理解,话语在福柯的哲学中获得了本体论的内涵,突破了语言与实践、语言与世界的二元对立,实现了将话语视为表征事物和社会交流工具的工具主义语言观的超越,拥有了"话语即是一切""话语支配一切"的话语本体论蕴含。概而言之,"人类的一切知识都是通过'话语'获得的,任何脱离'话语'的东西都是不存在的,我们与世界的关系只是一种'话语'关系"。③

(二) 话语与权力的同一性

福柯对于"话语"与权力的关系的揭示是极具启发意义的。与哈贝马斯将话语与权力分离不同,福柯认为不应该把话语与权力作为两种外在相对独立的事物,而是内在的关联与统一,权力不是话语之外的存在,而是内蕴于话语之中,话语是本质和本源,权力是话语的属性、特征和功能,话语是权力的话语,权力是话语的权力。

福柯一方面强调权力生成话语。话语一经生成就会受到权力的控制与规训,受到权力的筛选、控制、组织与再分配,"在任何社会中,'话语'的产生既是被控制的、受选择的、受组织的,又是根据一些秩序而被再分配的,其作用是防止它的权力和它的危险,把握不可预测的事件"。福柯深入地分析了"话语"的内在结构及其特征,分析了控制话语的外

---

① 诺曼·费尔克拉夫:《话语与社会变迁》,殷晓蓉译,北京:华夏出版社,2004年,第38页。

② 周宪:《福柯话语理论批判》,《文艺理论研究》2013年第1期。

③ 王治河:《福柯》,长沙:湖南教育出版社,1999年,第159页。

在控制、内在控制以及话语主体的控制原则。其一是话语的内部存在着"排除原则",主要是"禁止""区别和拒斥"以及"真与假的对立";其二是话语的内在控制原则即话语的冲淡原则,主要包括"评论原则""作者原则"和"学科原则";其三在分析了话语的外在和内在控制原则之后,福柯进而分析了第三种话语控制程序,即话语主体的控制,正如他在《论语言的话语》中指出,"我相信,存在着控制'话语'的第三种规则……它规定着'话语'被应用的条件,将一系列规则附加到应用'话语'的个体身上,从而拒绝'话语'向所有其他人开放"。① 话语主体的控制原则包括"礼仪"原则、"话语社团"原则、"学说"原则和"社会占有"原则。

福柯另一方面又强调话语制造权力。话语不仅仅是权力的手段和工具,其本身还强化和生成权力,话语权本身就内涵在话语之中,"话语展现、加强、再生产着社会中的权力和支配关系,并使其合法化,或者对这种权力和支配关系进行质疑和颠覆"②,可以说话语权作为一种权力实质上就是话语自身。话语意味着"一个社会团体依据某些成规将其意义传播于社会之中,以此确立其社会地位,并为其他团体所认知的过程"。③ 任何一种话语都有价值指向,都是一种意识形态话语,都具有权力的特征,话语的争夺实质是意识形态和权力的争夺。

---

① 王治河:《福柯》,长沙:湖南教育出版社,1999年,第173页。
② 卢永欣:《语言维度的意识形态分析》,北京:社会科学文献出版社,2013年,第123页。
③ 王治河:《福柯》,长沙:湖南教育出版社,1999年,第159页。

第二章　中国共产党建构网络空间
　　　马克思主义话语权的理论探索①

　　马克思指出:"一切划时代的体系的真正的内容都是由于产生这些体系的那个时期的需要而形成起来的。"②马克思主义作为一种外来话语体系是被先进的中国知识分子作为一种救国救民的方案而引入中国的。中国共产党的建立为马克思主义话语权提供了建构主体,马克思主义与人民群众的结合奠定了话语权建构的社会基础。本章将对中国共产党人几代领导核心关于意识形态话语权建构的思想,特别是党的十八大以来习近平总书记关于网络意识形态话语权的相关重要论述进行系统的梳理与审思,为研究融入科学的思想指引。

---

　　①　本章部分内容,以《习近平关于网络意识形态话语权重要论述的逻辑体系》为题,发表于《广西社会科学》2020 年第 7 期,收入本书时略有修改。

　　②　《马克思恩格斯全集》(第三卷),北京:人民出版社,1960 年,第 544 页。

第一节　党的十八大以前建构意识形态话语权的理论探索

从意识形态的视角审视,一部中国社会革命、建设、改革的历史就是中国共产党人领导中国人民夺取、确立和巩固马克思主义话语权的历史。本节将遵循历史、理论与实践逻辑相一致的原则,对毛泽东、邓小平、江泽民、胡锦涛等党的十八大以前的核心领导人的意识形态话语权思想进行系统的梳理,为马克思主义在当代网络空间赢得话语优势界定清晰的历史和理论坐标。

一、掌握思想领导是掌握一切领导的第一位

马克思主义在中国传播的过程中,以毛泽东为代表的中国共产党人以马克思主义为蓝本,继承汲取了中华优秀传统文化的元素,吸收融合中国社会心理因素,加工提炼了人民群众喜闻乐见的话语素材,创造了具有中国风格的马克思主义话语体系,为马克思主义在中国意识形态领域获得话语权奠定了坚实的话语基础。毛泽东强调:"任何思想,如果不和客观的实际的事物相联系,如果没有客观存在的需要,如果不为人民群众所掌握,即使是最好的东西,即使是马克思列宁主义,也是不起作用的。"[1]毋庸讳言,群众掌握理论实质上就是理论对群众的掌握,意味着一种理论话语权的实现。对毛泽东意识形态思想的理解应该是全方位的,本部分仅从毛泽东关于思想领导、理论教育、舆论宣传、文化建设等工作的相关论述中把握其意识形态话语权的思想。

---

[1] 《毛泽东选集》(第四卷),北京:人民出版社,1991年,第1515页。

（一）关于掌握思想领导是掌握一切领导的第一位的论断

毛泽东非常重视无产阶级政党对思想文化的领导权问题，在中国革命、建设的不同时期从不同的角度论述了思想文化领导权的重要意义和实质内涵。在 1942 年写给刘少奇同志的电报的末尾明确强调指出"掌握思想领导是掌握一切领导的第一位"。[①] 党的领导涵盖政治领导、组织领导、思想领导等多个领域，但是思想领导是第一位的，为其他领导的实现指明了正确方向和提供了思想保证。毛泽东在诸多领导方位中突出思想领导，本质上就是要在党内外掌握意识形态的领导权和话语权。

实际上从土地革命开始，毛泽东就逐步提出并不断完善其"政治工作是革命军队的生命线"的思想。在革命战争时期，开展反对专制统治和外来侵略的武装斗争是中国共产党的主要工作，党对军队的领导也是党的领导实现的关键途径，毛泽东强调政治工作的生命线地位就是要用无产阶级的思想武装和掌握革命的军队。新中国成立以后，面对繁重的建设任务，毛泽东逐步又提出"政治工作是一切经济工作的生命线。在社会经济制度发生根本变革的时期，尤其是这样"[②]以及"政治工作是一切工作的生命线"的著名原理，这与毛泽东既强调经济基础决定上层建筑，又十分注重意识形态的相对独立性，认为意识形态能够反作用于经济基础，甚至在一定条件下能够起到"主要的决定"作用的一贯思想分不开。

关于思想文化的领导权如何实现，毛泽东主要强调以下两点。一是坚持马克思主义在意识形态领域的指导地位。任何一种意识形态都要有核心的指导思想，这种核心思想决定着意识形态的性质和发展方向。在新民主主义革命时期，毛泽东认为新民主主义的文化只能由无

[①] 《毛泽东文集》（第二卷），北京：人民出版社，1993 年，第 435 页。

[②] 《毛泽东文集》（第六卷），北京：人民出版社，1999 年，第 449 页。

产阶级的思想体系来领导,即由共产主义的思想体系来领导,这是由中国社会发展的历史条件和国情决定的,"由于现时中国革命不能离开中国无产阶级的领导,因而现时的中国新文化也不能离开中国无产阶级文化思想的领导,即不能离开共产主义思想的领导"。① 新中国成立后,毛泽东继续强调要坚持马克思主义在意识形态领域的指导地位,"在我们无产阶级专政的国家里,当然不能让毒草到处泛滥。无论在党内,还是在思想界、文艺界,主要的和占统治地位的,必须力争是香花,是马克思主义。毒草,非马克思主义和反马克思主义的东西,只能处在被统治的地位"。② 二是巩固中国共产党在意识形态工作中的领导地位。中国共产党不仅是中国革命和建设实践的领导核心,也是马克思主义意识形态建设的领导力量。新中国成立之初毛泽东即宣布"领导我们事业的核心力量是中国共产党。指导我们思想的理论基础是马克思列宁主义"。③ 毛泽东还要求各级党委,特别是党委主要负责同志要亲自抓好思想问题,加强对意识形态工作的领导,同时非常注重从思想理论武装和作风建设等方面加强党组织自身的建设,以提升党领导意识形态工作的能力。

(二)毛泽东对掌握思想的领导方式与途径的论述

实现思想的领导,掌握意识形态的领导权和话语权需要具体的方式和途径才能使思想和政策落地,才能防止思想的领导沦为空洞的口号和漂亮的话语。

毛泽东认为实现思想的领导首先要抓好思想教育。思想教育的主要内容是加强马克思主义意识形态的宣传与灌输,因此思想教育是进行意识形态建设的重要路径。在谈到对士兵进行教育时,他指出"经过政治教育,红军士兵都有了阶级觉悟,都有了分配土地、建立政权和武

---

① 《毛泽东选集》(第二卷),北京:人民出版社,1991年,第705页。
② 《毛泽东文集》(第七卷),北京:人民出版社,1999年,第197页。
③ 《建国以来重要文献选编》(第五册),北京:中央文献出版社,1993年,第461页。

装工农等项常识,都知道是为了自己和工农阶级而作战"。① 在谈到用马克思主义教育无产阶级时,他认为"这样就使无产阶级理解了资本主义社会的本质,理解了社会阶级的剥削关系,理解了无产阶级的历史任务,这时他们就变成了一个'自为的阶级'"。② 毛泽东还在实践中总结了开展思想教育的方法,他认为思想教育不能依靠压制的方法,而要通过民主说理的方式实现,"凡属于思想性质的问题,凡属于人民内部的争论问题,只能用民主的方法去解决,只能用讨论的方法、批评的方法、说服教育的方法去解决,而不能用强制的、压服的方法去解决"。③

其次要开展舆论宣传引导。毛泽东非常重视舆论的作用,认为"凡是要推翻一个政权,总要先造成舆论,总要先做意识形态方面的工作。革命的阶级是这样,反革命的阶级也是这样"。④ 在宣传的内容上,毛泽东认为"应该扩大共产主义思想的宣传,加紧马克思列宁主义的学习,没有这种宣传和学习,不但不能引导中国革命到将来的社会主义阶段上去,而且也不能指导现时的民主革命达到胜利"。⑤ 在宣传的途径和话语表达上,毛泽东认为要"靠口说,靠传单布告,靠报纸书册,靠戏剧电影,靠学校,靠民众团体,靠干部人员"。⑥ 他特别注重报刊在舆论宣传中的作用,认为"办好报纸,把报纸办得引人入胜,在报纸上正确地宣传党的方针政策,通过报纸加强党和群众的联系,这是党的工作中的一项不可小看的、有重大原则意义的问题"。⑦ 毛泽东还提出政治家办报,用群众的语言开展舆论引导等宣传工作的思想。

再次要对错误思潮进行批判斗争。毛泽东特别强调对意识形态领

---

① 《建党以来重要文献选编(1921—1949)》(第五册),北京:中央文献出版社,2011年,第744页。
② 《建党以来重要文献选编(1921—1949)》(第十四册),北京:中央文献出版社,2011年,第406页。
③ 《毛泽东文集》(第七卷),北京:人民出版社,1999年,第209页。
④ 《建国以来毛泽东文稿》(第十册),北京:中央文献出版社,1996年,第194页。
⑤ 《毛泽东选集》(第二卷),北京:人民出版社,1991年,第706页。
⑥ 《毛泽东选集》(第二卷),北京:人民出版社,1991年,第481页。
⑦ 《毛泽东选集》(第四卷),北京:人民出版社,1991年,第1319页。

域的错误思想进行批判斗争,通过斗争巩固马克思主义的主导地位。在新民主主义时期这种斗争主要存在于新民主主义的文化和半封建半殖民地的文化之间,在社会主义建设时期这种斗争主要表现在资产阶级的思想理论和无产阶级的思想理论之间,即使在共产党内部也要同机会主义、教条主义、经验主义等非马克思主义和反马克思主义的错误思想进行斗争,批判斗争是实现话语权的重要方式。

最后要加强人才队伍建设。思想领导的实现、意识形态的建设要充分发挥知识分子的作用,要建设一支强有力的文化军队。毛泽东认为"为了建设社会主义,工人阶级必须有自己的技术干部队伍,必须有自己的教授、教员、科学家、新闻记者、文学家、艺术家和马克思主义理论家的队伍"①,"各省、市、自治区要有自己的马克思主义理论家……要有自己出色的报纸和刊物的编辑和记者"②。

毛泽东关于思想领导的内涵、意义以及实现途径的论述对于网络空间马克思主义话语权的建构具有重要的启示意义。

二、党的思想政治工作只能加强不能削弱

"文革"结束以后,特别是党的十一届三中全会以来,作为全党领导核心的邓小平同志在不同的场合发表了一系列关于做好党意识形态工作、宣传思想工作的论述,尤其是其一以贯之的强调加强党对思想战线的领导的相关论述,为当前维护马克思主义意识形态话语权提供了重要的理论参考。

(一)关于加强党对思想战线领导的相关论述

在推进改革开放的进程中,面对思想战线出现的资产阶级自由化

---

① 《建国以来重要文献选编》(第十册),北京:中央文献出版社,1994年,第491页。
② 《建国以来重要文献选编》(第十册),北京:中央文献出版社,1994年,第492页。

的倾向、精神污染以及一段时间内党对思想战线领导的软弱涣散状态，邓小平在不同的时间段多次提醒和告诫全党加强党对思想战线领导的重要性，始终要求思想政治工作只能加强不能削弱。邓小平以冷静清醒的头脑和战略家的眼光强调思想战线不能搞精神污染，"精神污染的实质是散布形形色色的资产阶级和其他剥削阶级腐朽没落的思想，散布对于社会主义、共产主义事业和对于共产党领导的不信任情绪"。① 强调要旗帜鲜明地反对党内外存在的资产阶级自由化倾向，认为资产阶级自由化就是要"脱离社会主义的轨道，脱离党的领导"。

面对思想领域存在的问题，邓小平从不同维度强调加强党对思想战线的领导，做好思想政治工作的重要性。在全党工作重心转移到经济建设上来的背景下，为保证经济建设正确方向，发挥思想政治工作的政治保证功能，邓小平强调"在工作重心转到经济建设以后，全党要研究如何适应新的条件，加强党的思想工作，防止埋头经济工作、忽视思想工作的倾向"。② 为了做好群众思想工作，充分调动群众的主动性和积极性，依靠群众完成社会主义现代化建设的任务，邓小平在 1980 年 8 月 18 日中央政治局扩大会议的讲话中明确指出"现在群众中需要解决的思想问题很多，党内需要解决的思想问题也很多。我们一定要把思想政治工作放在非常重要的地位，切实认真做好，不能放松。这项工作，各级党委要做，各级领导干部要做，每个党员都要做。要做得有针对性、细致深入和为群众所乐于接受"。③ 在推进改革开放的形势下，为了加强和完善党的领导，帮助党组织集中精力聚焦主业，邓小平认为最主要的就是加强思想政治工作，"党的领导机关除了掌握方针政策和决定重要干部的使用以外，要腾出主要的时间和精力做思想政治工作，做人的工作，做群众的工作"④，如果不能把思想政治工作放在非常重

---

① 《邓小平文选》(第三卷)，北京：人民出版社，1993 年，第 40 页。
② 《邓小平文选》(第三卷)，北京：人民出版社，1993 年，第 48 页。
③ 《邓小平文选》(第二卷)，北京：人民出版社，1994 年，第 342 页。
④ 《邓小平文选》(第三卷)，北京：人民出版社，1993 年，第 48 页。

要的位置,那么党的领导就不可能得到真正的改善和加强。由于在工作中实际存在的党对思想战线领导以及思想政治工作的弱化导致了思想领域一定程度的混乱并引发了社会的动乱,邓小平在总结经验和教训时深刻指出"十年最大的失误是教育,这里我主要是讲思想政治教育,不单纯是对学校、青年学生,是泛指对人民的教育。对于艰苦创业,对于中国是个什么样的国家,将要变成一个什么样的国家,这种教育都很少,这是我们很大的失误"。①

（二）关于加强党对思想战线领导的相关策略安排

邓小平关于加强党对思想战线的领导,做好思想政治工作相关论述的实质就是要加强意识形态建设,强化中国共产党在意识形态工作中的领导权和马克思主义在思想领域的话语权。邓小平不仅从必要性和重要性等形而上的观念层面进行强调,还从可行性和操作性等形而下的操作层面进行具体的战略部署。

一是毫不动摇地坚持四项基本原则,是做好意识形态工作的核心原则。改革开放初期,国内一些人借助反思"文革"错误的契机,出现了质疑党的领导和否定社会主义制度的资产阶级自由化的思潮,错误思潮的泛滥误导着人民的思想认识,也干扰着即将全面铺开的社会主义现代化建设,邓小平认识到问题的严重性,在 1979 年 3 月召开的党的理论工作务虚会上,旗帜鲜明地提出坚持四项基本原则。他强调"我们要在中国实现四个现代化,必须在思想政治上坚持四项基本原则。这是实现四个现代化的根本前提。这四项是:第一,必须坚持社会主义道路;第二,必须坚持无产阶级专政;第三,必须坚持共产党的领导;第四,必须坚持马列主义、毛泽东思想"。②

二是建设高度的社会主义精神文明,是做好意识形态工作的核心

---

① 《邓小平文选》(第三卷),北京:人民出版社,1993 年,第 306 页。

② 《邓小平文选》(第二卷),北京:人民出版社,1994 年,第 164 页。

内容。邓小平认为"我们国家已经进入社会主义现代化建设的新时期，我们要在建设高度物质文明的同时，提高全民族的科学文化水平，发展高尚的丰富多彩的文化生活，建设高度的社会主义精神文明"。① 邓小平强调的社会主义精神文明有着深厚的意识形态内涵。正像他所表达的那样"所谓精神文明，不但是指教育、科学、文化（这是完全必要的），而且是指共产主义的思想、理想、信念、道德、纪律，革命的立场和原则，人与人的同志式关系，等等"。② "两个文明一起抓"的思想彰显了中国共产党人不仅要发展经济改善人民物质生活，同时还要进行精神文明建设，丰富人民精神世界，这是进行社会主义建设的两个价值维度。

三是抓好宣传思想教育和思想斗争，是做好意识形态建设工作的基本方式。邓小平强调思想政治工作和工作的队伍必须不断加强，不能削弱，宣传文化战线要坚持社会效益优先的选择，用优秀的文化精品教育群众，培育"有理想、有道德、有文化、有纪律"的"四有新人"。同时面对资产阶级自由化错误思潮要开展积极的思想斗争，"过去那种简单片面、粗暴过火的所谓批判，以及残酷斗争、无情打击的处理方法，决不能重复"③，应该通过批评和自我批评的方式解决思想战线的混乱问题。

三、用马克思主义占领思想文化阵地

从党的十三届四中全会到十六大，作为全党领导核心的江泽民同志，面对世情、国情、党情的深刻变化，高度重视党的意识形态工作，提出了用马克思主义占领思想文化阵地等系列关于做好意识形态工作，掌握意识形态领导权与话语权的论述，有力地推进了我国意识形态建设的实践，丰富和发展了马克思主义的意识形态理论。

---

① 《邓小平文选》(第二卷)，北京：人民出版社，1994 年，第 208 页。
② 《邓小平文选》(第二卷)，北京：人民出版社，1994 年，第 367 页。
③ 《邓小平文选》(第三卷)，北京：人民出版社，1993 年，第 47 页。

（一）关于用马克思主义占领思想文化阵地的论述

二十世纪八十年代中后期以来,我国的意识形态领域发生了深刻的变化:从国内看,伴随着社会主义市场经济的快速发展和改革开放向纵深推进,人们思想活动的独立性、选择性、多变性、差异性不断增强,市场经济自身的缺陷引发了全社会自由主义、拜金主义、享乐主义和利己主义的思想倾向,封建主义的残余思想沉渣泛起,资产阶级的腐朽思想借对外开放乘虚而入。从国际看,东欧剧变,苏联解体,国际社会主义遭遇巨大挫折,作为最大的社会主义国家,西方敌对势力加紧对我国实施西化、分化的图谋,社会主义的意识形态建设面临重大考验。在这样的形势背景之下,以江泽民为核心的中国共产党人以高度的忧患意识和责任感提出了用马克思主义占领思想文化阵地的思想,为我国的改革开放和现代化建设事业提供了精神动力、智力支持和思想保证。江泽民强调,"思想文化阵地,马克思主义、无产阶级的思想不去占领,各种非马克思主义、非无产阶级的思想甚至反马克思主义的思想就会去占领"。① 江泽民用马克思主义占领意识形态阵地思想的实质内涵就是要在有限的意识形态话语空间中排挤异质思想,强化马克思主义意识形态话语的主导地位。江泽民继承了马克思关于统治阶级的思想是占统治地位的思想,一个阶级是占统治地位的物质力量,同时也是占统治地位的精神力量的观点,指出"任何一个社会的思想领域,总是由那个社会的统治阶级的思想占统治地位的。任何一个国家的统治阶级,为了巩固其政治统治,都要竭力维护和发展其占统治地位的意识形态"②,即使是在西方资本主义国家,资产阶级统治者也有一套成熟的方式方法加强对国民的意识形态控制,资产阶级的意识形态阵地是绝不会允许马克思主义占据的。因此,在社会主义国家,自觉运用马克思

---

① 《江泽民文选》(第三卷),北京:人民出版社,2006年,第97页。
② 《江泽民文选》(第三卷),北京:人民出版社,2006年,第86页。

主义占领意识形态阵地是理所当然和毋庸置疑的。

江泽民还从具体的思想文化形式和意识形态教育的载体、场域方面对意识形态的阵地进行了细分。他认为"从上到下的一切思想文化阵地,包括理论、新闻、出版、报刊、小说、诗歌、音乐、绘画、舞蹈、戏剧、电影、电视、广播、网络等,都应该成为我们宣传科学理论、传播先进文化、塑造美好心灵的阵地"①,"一切社会基层,包括农村、社区、企业、学校、军队和各类人民团体、社会组织等群众教育、文化、娱乐场所"②都是进行马克思主义意识形态教育的重要平台和阵地,应该加强建设和管理。面对网络信息技术的发展,江泽民敏锐地认识到,"互联网已经成为思想政治工作一个新的重要阵地"③,也是我们阻击各方敌对势力同我们争夺群众、争夺青年的重要阵地,应主动出击、应对挑战,掌握网上斗争主动权。与此同时,掌握和占领各种思想文化阵地,党的领导是关键。因此,江泽民强调,"各级党委都要增强阵地意识,切实加强对思想文化阵地的领导,每一个思想文化单位的党组织都要认真执行党的方针政策和国家的法律法规,真正做到守土有责"④,切实维护马克思主义在意识形态领域的主导地位。

(二)用马克思主义占领思想文化阵地的主要任务

任何一个国家的统治阶级为了巩固政治统治,都要加强和维护自身占统治地位的意识形态,因此,问题的关键不在于是否进行意识形态建设,而在于如何加强意识形态建设。江泽民认为在社会主义的中国进行意识形态建设就是要用马克思主义占领思想文化阵地,巩固马克思主义在意识形态领域的主导地位。围绕这一目标而开展的宣传工作、思想政治工作的主要任务就是要"以科学的理论武装人、以正确的

---

① 《江泽民文选》(第三卷),北京:人民出版社,2006年,第97页。
② 《江泽民文选》(第三卷),北京:人民出版社,2006年,第97页。
③ 《江泽民文选》(第三卷),北京:人民出版社,2006年,第94页。
④ 《江泽民文选》(第三卷),北京:人民出版社,2006年,第97页。

舆论引导人、以高尚的精神塑造人、以优秀的作品鼓舞人"①。

首先是以科学的理论武装人。江泽民认为,以科学的理论武装人就是要用马克思主义理论武装全党、教育人民,要从两个方面加强工作:"一是及时总结党和人民在实践中创造的新鲜经验和获得的新认识,有力地回答现实生活提出的、干部群众关心的重大思想理论问题;二是要善于运用马克思主义的观点同各种错误观点进行积极斗争,帮助广大干部群众树立和坚定正确的思想理论认识。"②

其次要以正确的舆论引导人。江泽民强调,正确的舆论导向要依靠报刊、通讯社、广播电台、电视台、出版社的正确宣传方向保证,要确保这些宣传阵地、新闻舆论的领导权掌握在忠于马克思主义、忠于党、忠于人民的人手里。新闻舆论要激励和引导人民群众为实现根本利益、推进社会主义建设事业而奋斗;新闻舆论要服务大局,为全党全国工作大局服务;要按照马克思主义新闻观,为人民服务、为党服务的原则加强对新闻舆论的指导、监督和管理。

再次要以高尚的精神塑造人。"我们所说的高尚精神,就是指我们党的崇高理想和信念、优良传统和作风,包括中华民族几千年形成、发展起来的优秀文化传统和美德。"③因此,江泽民强调要坚持将先进性要求和广泛性要求结合起来,深入开展理想信念教育,增强人民的凝聚力,广泛开展以爱国主义、集体主义、社会主义为主要内容的道德建设,引导人们树立崇高的理想和正确的世界观、人生观、价值观。

最后要以优秀的作品鼓舞人。江泽民认为,"文化建设最重要的是要抓方向、抓队伍建设"④,在方向上要继续坚持为人民服务、为社会主义服务的方向和百花齐放、百家争鸣的方针,在队伍建设上要引导哲学社会科学和文艺工作者在深入群众、深入实际、深入改革开放和现

---

① 《江泽民文选》(第二卷),北京:人民出版社,2006年,第537页。
② 《江泽民文选》(第三卷),北京:人民出版社,2006年,第86页。
③ 《江泽民文选》(第一卷),北京:人民出版社,2006年,第503页。
④ 《江泽民文选》(第一卷),北京:人民出版社,2006年,第580页。

代化建设的实践中创造出更多的无愧于时代的精品,担当起以优秀的作品鼓舞人的历史使命。

四、牢牢掌握意识形态工作领导权和主动权

党的十六大到十八大期间,以胡锦涛总书记为核心的党中央,在理论和实践层面不断深化对我国意识形态建设与发展规律的认识,继续丰富和拓展着马克思主义意识形态的理论,尤其突出强调掌握意识形态工作的领导权和主动权,推进社会主义核心价值体系建设等战略举措,为在新时代背景下进一步巩固马克思主义意识形态话语权提供了理论支撑和实践经验。

(一)一刻也不能放松意识形态的工作

进入 21 世纪以来,中国共产党面对的意识形态工作形势愈加复杂和严峻,如果不能采取切实有效的措施引导社会思潮和社会舆论,就会危及党执政的思想基础和执政地位。胡锦涛从提高党的执政能力、维护党的执政地位的战略角度来审视和考量意识形态工作,强调在抓好经济建设工作的同时,一刻也不能放松意识形态的工作,否则就会犯不可挽回的历时性错误。他在中共十六届六中全会的讲话中要求"各级党委和各级领导干部特别是主要负责同志都要从提高党的执政能力、巩固党的执政地位、完成党的执政使命的战略高度来谋划意识形态工作,加强和改进对意识形态工作的领导,提高做好新形势下意识形态工作能力,牢牢掌握意识形态工作领导权和主动权"。[①]

首先要坚持不懈地用党的理论创新成果武装全党、教育人民。马克思主义及其中国化的成果是我们战胜艰难险阻、抵御错误思想干扰的强大精神武器,要坚持不懈地开展科学理论武装工作,将其转化为干

---

① 《胡锦涛文选》(第二卷),北京:人民出版社,2016 年,第 528 页。

部群众自觉的行动。要抓住干部队伍和青年大学生等关键群体,提高他们的理论素质,帮助他们掌握马克思主义的立场、观点和方法。要以实际问题为导向加强马克思主义理论研究和建设,研究回答事业发展需要的战略性前瞻性问题、干部群众普遍关心的思想认识问题,为社会主义事业发展提供理论支撑和实践指导。

其次,要不断提高舆论引导能力。"加强和改善党对新闻媒体的领导,有效引导社会舆论,是加强党的执政能力建设的重要方面"[1],要努力形成宣传部门为主导、实际工作部门相配合、各类媒体齐心协力的舆论引导机制和党报党刊、电视台为主,网络媒体等多种宣传资源功能互补的舆论引导格局。要结合各类受众的接受习惯和心理特点,把握舆论引导的时机、节奏、力度,宣传党的主张,开展思想斗争,在全社会达成广泛共识。

再次,要牢牢掌握意识形态工作主动权。"重视和加强管理是维护意识形态安全的重要保证"[2],要按照谁主管、谁负责和属地化管理的原则,综合运用法律、行政、经济、科技等手段,依法科学地加强对意识形态工作的管理。

最后,要加强意识形态领域队伍建设。"增强党在意识形态领域的影响力,归根到底要靠人、靠队伍"[3],要以思想政治建设为重点,坚持德才兼备,注重政治素质,建好意识形态战线的领导班子,要紧紧依靠广大知识分子,发挥他们的主动性、积极性、创造性,团结他们一道做好党的意识形态工作。

(二)推进社会主义核心价值体系建设

意识形态作为统治阶级的思想观念实质上是一种"制度化的思想体系"和"观念化的国家机器",终究要以一种思想和观念的形态为民

---

① 《胡锦涛文选》(第二卷),北京:人民出版社,2016年,第529页。
② 《胡锦涛文选》(第二卷),北京:人民出版社,2016年,第530页。
③ 《胡锦涛文选》(第二卷),北京:人民出版社,2016年,第530页。

众自觉认同进而才能发挥引导凝聚作用，从而维护社会的发展与稳定。党的十六大以来，在我国的思想观念领域，各种非马克思主义甚至反马克思主义的社会思潮打着各种旗号在我国社会竞相传播，与马克思主义争夺受众和思想观念领域的话语权。思想理论领域的噪音与杂音不断，中国社会价值观念领域主流与非主流、正确与错误、先进与落后的价值观念相互交织，人们的价值观更加多元，用马克思主义引导和凝聚不同社会利益群体的难度不断加大。在这样一个关键时刻，胡锦涛审时度势在中国共产党十六届六中全会上提出了建设社会主义核心价值体系的重大理论命题。在党的十七大报告中，又进一步明确了"社会主义核心价值体系是社会主义意识形态的本质体现"①的全新定位。这一定位既准确揭示了社会主义核心价值体系与社会主义意识形态的内在关系，又深刻阐释了建设社会主义核心价值体系的重要战略意义。

首先，在社会主义核心价值体系的基本内容架构中，胡锦涛认为"要巩固马克思主义指导地位，坚持不懈地用马克思主义中国化最新成果武装全党、教育人民，用中国特色社会主义共同理想凝聚力量，用以爱国主义为核心的民族精神和以改革创新为核心的时代精神鼓舞斗志，用社会主义荣辱观引领风尚，巩固全党全国各族人民团结奋斗的共同思想基础"。② 因此从核心内涵看，社会主义核心价值体系是社会主义意识形态本质属性的体现，在社会意识形态中居于核心与灵魂的地位，同时也是激发全民族奋发向上的精神力量和维系全民族团结的精神纽带，推进社会主义核心价值体系建设实质上就是在价值观层面夯实社会主义意识形态的思想基础。其次，推进社会主义核心价值体系建设是建设强大社会主义意识形态的内在动力和外在手段。意识形态建设要在全社会形成最广泛的共识，就需要渗

---

① 《胡锦涛文选》(第二卷)，北京：人民出版社，2016 年，第 639 页。
② 《胡锦涛文选》(第二卷)，北京：人民出版社，2016 年，第 639 页。

透到社会发展的各个领域,渗透到人们的价值观念之中,内化为人民群众的思想和行为动机。因此,胡锦涛强调要通过"建设社会主义核心价值体系,增强社会主义意识形态的吸引力和凝聚力"。① 最后,在建设社会主义核心价值体系的任务方面,胡锦涛强调要大力推动哲学社会科学的繁荣与发展,发挥哲学社会科学统一思想、凝聚力量、鼓舞人心的作用,用马克思主义指导的哲学社会科学为社会主义核心价值体系提供思想理论支撑;要坚持用社会主义核心价值体系引领社会思潮,"积极探索用社会主义核心价值体系引领社会思潮的有效途径"②,发挥社会主义核心价值体系的引导凝聚批判功能,抵制各种错误腐朽思想的影响;要把社会主义核心价值体系融入国民教育和精神文明全过程,在全社会开展宣传教育活动,积极引导广大群众抵御各种错误价值观念的影响,自觉接受并认同社会主义核心价值体系,使社会主义核心价值体系尽快转化成社会群体意识,转化为人民群众的自觉追求。

第二节 习近平关于网络意识形态话语权的重要论述

意识形态工作是党和国家工作的重要组成部分,在中国特色社会主义事业全局中占据十分重要的地位。互联网的发展促使意识形态工作的格局发生重大转变。作为一种技术性存在,互联网的普及催生了现实世界媒体格局与舆论生态的深刻变革,既为意识形态话语的传播构建了新的载体与平台,也成为思想文化交锋与意识形态话语权博弈

---

① 《胡锦涛文选》(第二卷),北京:人民出版社,2016年,第639页。
② 《胡锦涛文选》(第二卷),北京:人民出版社,2016年,第640页。

的前沿阵地。党的十八大以来,以习近平同志为核心的党中央高度重视网络空间马克思主义话语权的建构工作,以现实问题为导向,揭示并遵循工作规律,从战略定位、使命任务、具体举措等多个维度提出了一系列管网治网的新思想、新观点和新论断,为做好网络意识形态工作谋篇布局。认真梳理和学习这些新的论述,有助于从理论和实践层面为马克思主义在网络空间的话语权建构把准清晰的航向。

一、战略定位:守住意识形态斗争主阵地

信息时代,网络已经全方位地融入人们的生产生活,深刻影响着人们的生产生活和思维方式,为人类的物质交往和思想交流拓展了新的空间。在网络空间,各种思潮为了争夺人心相互交织交锋,各方势力竞相角逐,互联网成为各种各样思想观念争夺人心的竞技场,成为各方势力关注的焦点。如果任由错误的思潮在网络中蛊惑人心,任由各种敌对势力在网络空间兴风作浪,就会造成人们思想和认识的混乱,就会瓦解人们共同奋斗的思想基础,马克思主义在中国社会思想观念领域的主导权和话语权就面临着被削弱甚至丧失的风险。面对互联网意识形态工作严峻的形势,习近平基于"过不了互联网这一关,就过不了长期执政这一关"①的战略考量,拨清网络意识形态的层层迷雾,从维护国家主权与政权的高度,清晰界定了网络意识形态工作在整体意识形态工作的战略方位,为进一步做好网络空间马克思主义话语权建构工作精准定位。

(一)互联网已经成为舆论斗争的主战场

主战场意指在一场战役的诸多战场中,参与人数众多、所处位置突出、对全局成败发挥关键作用的战场。习近平"主战场"的定位既反映

---

① 《习近平关于社会主义文化建设论述摘编》,北京:中央文献出版社,2017 年,第42 页。

了当前思想舆论斗争的激烈程度,也将网络舆论斗争在整个意识形态工作中的关键地位予以清晰的标注。这一定位是习近平在全面把握意识形态工作全局、网络舆论斗争状况以及互联网发展带来的媒体格局、舆论生态、传播方式深刻调整的形势基础上作出的战略判断。

首先,思想舆论的网络化传播成为受众最广泛的传播方式。网络媒介的诞生,改变了传统的话语传播路径,基于报刊、广播、电视等传统媒体的信息传播方式逐渐被互联网传播所取代,人们越来越对网络产生更大的依赖,借助网络获取信息、交流思想、认识外部世界。2019 年8 月,中国互联网络信息中心发布的《第 44 次中国互联网络发展状况统计报告》显示,"截至 2019 年 6 月,我国网民规模为 8.54 亿,互联网普及率达 61.2%;我国手机网民规模达 8.47 亿,网民中使用手机上网的比例由 2018 年底的 98.6% 提升至 99.1%"。[①] 2023 年 3 月 2 日,中国互联网络信息中心再次发布《第 51 次中国互联网络发展状况统计报告》,截至 2022 年 12 月,我国网民规模达 10.67 亿,较 2021 年 12 月增长 3 549 万,互联网普及率达 75.6%。[②] 三年多的时间,互联网普及率增长了 14 个百分点。互联网的日新月异改变着人们获取知识和信息的渠道和方式,推动了媒体格局的深刻调整。"很多人特别是年轻人基本不看主流媒体,大部分信息都从网上获取。必须正视这个事实,加大力量投入,尽快掌握这个舆论战场上的主动权,不能被边缘化了。"[③]基于此,习近平认为,意识形态工作是做人的工作,人群在哪里集聚,工作的重点就应该在哪里,人们主要从哪里获取信息,哪里就应该是做好意识形态工作的主战场和主阵地,要根据形势发展需要,"把网上舆论工

---

① 中国互联网络信息中心:《第 44 次中国互联网发展状况统计报告》,http://www.cac.gov.cn/2019-08/30/c_1124938750.htm。

② 中国互联网络信息中心:《第 51 次中国互联网发展状况统计报告》,https://cnnic.cn/n4/2023/0302/c199-10755.html。

③ 《习近平关于社会主义文化建设论述摘编》,北京:中央文献出版社,2017 年,第29 页。

作作为宣传思想工作的重中之重来抓"①,否则马克思主义话语在网络空间就会处于失声失语状态。

其次,一元主导与自上而下单向传播的舆论生态发生根本性变革。网信技术发展推进网络舆论生态由一元主导、自上而下的模式向多元互动、双向传播的模式转变,塑造了一个"人人都有麦克风"的全新舆论生态,网络空间每时每刻都在生产出海量的舆论信息。对此习近平指出:"互联网是一个社会信息大平台,亿万网民在上面获得信息、交流信息,这会对他们的求知途径、思维方式、价值观念产生重要影响,特别是会对他们对国家、对社会、对工作、对人生的看法产生重要影响。"②同时习近平还认为"随着新媒体快速发展,国际国内、线上线下、虚拟现实、体制外体制内等界限愈益模糊,构成了越来越复杂的大舆论场,更具有自发性、突发性、公开性、多元性、冲突性、匿名性、无界性、难控性等特点"。③ 互联网人文性与技术性交织的特征大大加大了舆论监管的难度,提升了新时代网络舆论风险防控的复杂性与艰巨性,如果不对互联网技术秉性加以调控,对网络舆论进行合理引导,网络就有可能成为意识形态矛盾问题滋生的温床和放大器,有可能成为我们党和国家事业发展中的"心头之患"。

最后,为亿万人民建构生态良好的网络精神家园的任务艰巨而繁重。习近平认为"网络空间天朗气清、生态良好,符合人民利益。网络空间乌烟瘴气、生态恶化,不符合人民利益"。④ 全方位地审视当下网络空间,虚假诈骗、攻击谩骂、恐怖暴力、色情庸俗等内容不同程度地充

---

① 《习近平关于社会主义文化建设论述摘编》,北京:中央文献出版社,2017 年,第29 页。

② 习近平:《在网络安全和信息化工作座谈会上的讲话》,北京:人民出版社,2016年,第6 页。

③ 《习近平关于社会主义文化建设论述摘编》,北京:中央文献出版社,2017 年,第45 页。

④ 《习近平关于社会主义文化建设论述摘编》,北京:中央文献出版社,2017 年,第50 页。

斥其间,敌对势力把网络当成了其"鼓吹推翻国家政权,煽动宗教极端主义,宣扬民族分裂思想,教唆暴力恐怖活动"的思想策源地,部分非法分子"利用网络进行欺诈活动,散布色情材料,进行人身攻击,兜售非法物品"①等违法犯罪活动,对于以上种种行为,如果不予以坚决管控和打击,任其在网络空间大行其道,网络将沦为错误思潮的集散地和精神污染的"垃圾场",网络舆论生态治理的任务尤显紧迫且繁重。

(二)网络成为意识形态斗争的最前沿

"最前沿"的表述强调网络空间的意识形态斗争成为整个意识形态斗争的风向标,成败关乎人们的思想朝向。习近平是从维护国家主权和政权的视角强调网络空间马克思主义话语权建构工作的重要性。他指出:"网络意识形态安全风险问题值得高度重视。网络已是当前意识形态斗争的最前沿。掌控网络意识形态主导权,就是守护国家的主权和政权。"②一直以来西方反华势力利用文化和信息技术优势企图对我国进行文化的殖民和意识形态的渗透,他们声称"有了互联网,对付中国就有了办法","社会主义国家投入西方怀抱,将从互联网开始"。③ 以美国为首的西方国家一方面面向全球大肆叫嚣、宣传兜售"网络自由论""网络中立论",另一方面却大规模实施"棱镜""X-关键得分"等监控计划,侵入别国信息网络,肆意窥视用户信息,窃取国家安全情报,践踏侵犯他国的网络主权。同时西方敌对势力还以网络为突破口,攻击我国的文化价值理念,传播西方的文化价值观念,企图诱发思想混乱,制造"颜色革命",妄图颠覆中国共产党领导和我国社会主义制度。

①《习近平关于社会主义文化建设论述摘编》,北京:中央文献出版社,2017年,第50页。

②《习近平关于社会主义文化建设论述摘编》,北京:中央文献出版社,2017年,第36页。

③《习近平关于社会主义文化建设论述摘编》,北京:中央文献出版社,2017年,第29页。

互联网在西方意识形态渗透中的作用和全球网络空间意识形态斗争的现状都表明,网络已经处在意识形态斗争的风口浪尖,成为意识形态话语争夺人心较量的最前沿。对此,习近平强调"历史和现实都警示我们,思想舆论阵地一旦被突破,其他防线就很难守得住。在意识形态领域斗争上,我们没有任何妥协、退让的余地,必须取得全胜"。① 在维护网络主权方面,习近平倡导"共同构建和平、安全、开放、合作的网络空间,建立多边、民主、透明的全球互联网治理体系"②,主张《联合国宪章》主权平等原则同样适应于网络空间,每一个国家都应该拥有权利独立自主地选择适合本国国情的网络发展道路、管理模式、公共政策,都应该拥有平等的身份参与国际网络治理活动,反对任何国家推行网络霸权,干涉别国内政,从事、纵容和支持危害他国安全的网络活动。在维护国家政权安全方面,习近平认为要高度重视网络意识形态的安全风险防范问题,全体意识形态工作者都要守土有责、守土负责、守土尽责,坚持管理、使用与防控相统一,坚持全员齐动手,充分发挥我们国家的制度和体制优势,打赢网络意识形态斗争,"切实维护以政权安全、制度安全为核心的国家政治安全"③,让互联网这个西方敌对势力眼中的"最大变量"成为我们事业发展进步的"最大增量"。

二、目标指向:形成网上网下"同心圆"

在网络空间建构马克思主义话语权必须要把准工作开展清晰的着力点和主攻方向。习近平认为在国内网络空间,意识形态工作的任务就是要努力构建"网上网下同心圆",通过深入细致的网络意识形态话

---

① 《习近平关于社会主义文化建设论述摘编》,北京:中央文献出版社,2017年,第37页。

② 《习近平谈治国理政》(第二卷),北京:外文出版社,2017年,第532页。

③ 《习近平关于社会主义文化建设论述摘编》,北京:中央文献出版社,2017年,第36页。

语引导工作为网民理清前进方向、划清是非界限、澄清模糊认识、理顺情感情绪、凝聚网上力量,进而为我国现实社会发展提供舆论引导、精神激励和文化支撑。在全球网络空间,意识形态工作的任务就是要倡导构建"网络空间命运共同体",在找准中国网民和世界网民的利益交汇点、问题共通点、情感交汇点的基础之上,表达中国立场,阐述中国方案,达成最广泛的共识,为国内发展营造和谐稳定的舆论氛围和外部环境,为推进全球互联网治理贡献中国智慧。

(一)合力构筑网上网下同心圆

任何国家或民族达成群体的理想目标都需要有全体民众一致认可的共同的思想基础,这种思想上的共通与一致性是凝聚全体民众为实现共同目标而奋斗的强大精神力量。意识形态具备建构这种强大精神力量的指引导向、凝聚激励功能,它通过精神的教化从而获得受众的内心认同,并将这种精神的力量汇聚转化成物质的力量,进而实现意识形态追求的目标。"如果一个社会没有共同理想,没有共同目标,没有共同价值观,整天乱哄哄的,那就什么事也办不成。"①无论是全面建成小康社会,还是进入新阶段后全面推进社会主义现代化强国建设,都需要发挥意识形态话语的引导凝聚作用,在全社会形成共同的理想目标和价值观念,激发全民族的奋斗热情,在党的领导之下为实现民族复兴贡献力量。

基于此,习近平在强调网络意识形态工作的使命任务时提出"凝聚共识工作不容易做,大家要共同努力。为了实现我们的目标,网上网下要形成同心圆"。②习近平认为网上网下同心圆"就是在党的领导下,动员全国各族人民,调动各方面积极性,共同为实现中华民族伟大复兴的中国梦而奋斗"。③因此,从内在蕴涵看,网上网下同心圆与宣传思

① 《习近平谈治国理政》(第二卷),北京:外文出版社,2017 年,第 335 页。
② 《习近平谈治国理政》(第二卷),北京:外文出版社,2017 年,第 335 页。
③ 《习近平谈治国理政》(第二卷),北京:外文出版社,2017 年,第 335 页。

想工作"巩固马克思主义在意识形态领域的指导地位,巩固全党全国人民团结奋斗的思想基础"的使命任务是一脉相通的,网上网下同心圆是"两个巩固"的目标任务指向网络空间的生动具象表达,只有落实好"两个巩固"的任务,才能建构好网上网下的同心圆。

一方面,构建网上网下同心圆就要捍卫马克思主义在网络空间的话语权。历史和实践都表明,马克思主义是揭示了自然界、人类社会和思维规律的科学理论,是无产阶级利益的理论表达,是被中国革命、建设和改革检验的符合中国发展实际的理论,是我们立党立国、稳固前进的思想保证,因此在网络思想空间我们要旗帜鲜明地坚持马克思主义的主导地位,对形形色色的"马克思主义过时论""马克思主义无用论"等错误思潮进行彻底的批判,以捍卫马克思主义的话语权。

另一方面,构建网上网下同心圆才能更好地巩固全党全国人民团结奋斗的思想基础。网络空间是现实社会的映射,网民在网络空间表达的所思所想、意见建议、情绪宣泄等是现实社会问题的反映。因此针对构建网上网下同心圆,习近平要求各级党政机关和领导干部都要学会利用网络践行群众路线,将网络空间搭建成倾听群众呼声、回应群众关切、收集意见建议、开展释疑解惑的重要载体和平台。在这样一个双向互动的过程中,习近平认为开展网上意识形态工作"要多一些包容和耐心,对建设性意见要及时吸纳,对困难要及时帮助,对不了解情况的要及时宣介,对模糊认识要及时廓清,对怨气怨言要及时化解,对错误看法要及时引导和纠正,让互联网成为我们同群众交流沟通的新平台,成为了解群众、贴近群众、为群众排忧解难的新途径"。[①]

(二)倡导构建网络空间命运共同体

当今世界,以互联网为代表的信息技术日新月异,极大地促进了社会生产变革,拓展着人类活动的空间和国家治理的疆域,提升了人类认

---

① 《习近平谈治国理政》(第二卷),北京:外文出版社,2017年,第336页。

识世界和改造世界的能力。但是,仔细回望人类的互联网治理实践之路,却又面临着重重矛盾博弈与现实困境。主要表现为西方国家与发展中国家的网络权益严重失衡,互联网领域发展不平衡、规则不健全、秩序不合理等问题日益凸显,世界各国共同面临着侵害个人隐私、侵犯知识产权、网络犯罪、网络监听、网络攻击、网络恐怖主义等网络安全威胁。尤为突出的是以美国为首的西方国家凭借先发优势掌握着关键网络基础设施资源和信息通信技术,支配着网络空间现行规则的制定权,调控着全球网络空间秩序,并利用垄断优势在全球范围内攫取网络信息技术的超额利润,向全世界输出西方价值观,谋求全球网络霸权。以中国为代表的广大发展中国家在网络空间的话语权明显不足,政治经济文化权益面临被侵夺的风险。这种西方本位的全球网络治理秩序体系已经在实践中行至"死胡同",致使全球网络空间面临失序的窘境。

面对网络空间安全风险的挑战和全球网络治理新秩序构建的困境,2015 年 12 月,习近平在第二届世界互联网大会上深刻指出"网络空间是人类共同的活动空间,网络空间前途命运应由世界各国共同掌握。各国应该加强沟通、扩大共识、深化合作,共同构建网络空间命运共同体"。[①] 这一重要论述清晰阐明了网络空间命运共同体建构的内在逻辑意蕴和战略实施路径,深刻揭示了推进全球互联网治理的价值蕴含。此后习近平在历届世界互联网大会上均重申了这一治理理念和目标,并不断在理论和实践上推进其走向成熟完善。

为了推进全球互联网体系变革,共同构建网络空间命运共同体,习近平提出了"尊重网络主权、维护和平安全、促进开放合作、构建良好秩序"的"四项原则"和"加快全球网络基础设施建设,促进互联互通;打造网上文化交流平台,促进文化交流互鉴;推动网络经济创新发展,促进共同繁荣;保障网络安全,促进有序发展;构建互联网治理体系,促进公平正义"等"五点主张"。2019 年 10 月 16 日,世界互联网大会组委会以

---

① 《习近平谈治国理政》(第二卷),北京:外文出版社,2017 年,第 534 页。

"四项原则"和"五点主张"为主框架发布《携手构建网络空间命运共同体》概念文件,全面阐释了构建网络空间命运共同体理念的时代背景、基本原则、实践路径和治理架构,网络空间命运共同体作为一种治理理念不仅受到世界绝大多数国家的认可,而且也转变成了实实在在的治理实践。"目前,大国网络安全博弈,不单是技术博弈,还是理念博弈、话语权博弈。"①网络空间命运共同体作为一种构建网络空间治理新秩序的中国方案,实质上是在全球网络空间绘制更大的"网上网下同心圆",这一方案既内含着中国特色的价值意蕴,也是对全球网络治理困境的现实回应,为网络新秩序的构建贡献了中国智慧。

三、工作策略:构建网络意识形态综合治理体系

党的十八大以来,以习近平同志为核心的党中央高度重视意识形态工作尤其是网络空间马克思主义话语权的建构工作,站在网络治理能力现代化的高度,从互联网内容、技术、制度、人才、综合治理等维度作出了重要战略部署。这些部署既注重继承借鉴我们党做好传统意识形态工作的有益经验,又注重揭示和遵循网络意识形态工作的一般规律,为我们进一步做好网络意识形态工作、掌握网络空间意识形态话语权提供了原则遵循和实践引领。

(一)注重加强互联网内容建设

在网络空间建构马克思主义话语权最关键的是要加强互联网内容建设,因为意识形态的价值思想需要内蕴在内容之中,内容永远是意识形态的根本,网络空间传播技术的发展和传播形式的变幻终究都是为传播内容服务的。

---

①　习近平:《在网络安全和信息化工作座谈会上的讲话》,北京:人民出版社,2016年,第19页。

习近平认为,加强互联网内容建设首先要强化正面宣传,唱响网上主旋律。"团结稳定鼓劲、正面宣传为主,是党的新闻舆论工作必须遵循的基本方针"①,也是加强网络内容建设应当遵循的重要方针。坚持正面宣传需要遵循讲党性与讲人民性的统一,既要宣传党的理论和路线方针政策、重大决策部署、关于形势的重大分析判断,也要克服互联网内容上存在的脱离生活、脱离群众、过度市场化等不良倾向,"把服务群众同教育引导群众结合起来,把满足需求同提高素养结合起来,多宣传报道人民群众的伟大奋斗和火热生活,多宣传报道人民群众中涌现出来的先进典型和感人事迹"。② 同时习近平还强调要培育积极健康、向上向善的网络文化,创作出内容鲜活、形式多样、喜闻乐见的网络文化精品力作,"用社会主义核心价值观和人类优秀文明成果滋养人心、滋养社会,做到正能量充沛、主旋律高昂,为广大网民特别是青少年营造一个风清气正的网络空间"。③

其次,加强互联网内容建设要旗帜鲜明地开展网络舆论斗争。"坚持正面宣传,绝不意味着放弃舆论斗争","要深入开展舆论斗争,严密防范和抑制网上攻击渗透行为,组织力量对错误思想观点进行批驳"。④ 习近平认为,各方势力借助网络肆意传播的"普世价值观""意识形态终结论""马克思主义过时论"以及"历史虚无主义""新自由主义"等错误思潮,目的是和我们争夺阵地、争夺群众、争夺人心,对其要旗帜鲜明地反对、揭露和批驳,不能任由其传播搞乱党心民心。习近平将舆论分为红色、黑色和灰色三个地带,强调要努力拓展和巩固由主流媒体和

① 《习近平关于社会主义文化建设论述摘编》,北京:中央文献出版社,2017年,第44页。
② 《习近平关于社会主义文化建设论述摘编》,北京:中央文献出版社,2017年,第26页。
③ 《习近平关于社会主义文化建设论述摘编》,北京:中央文献出版社,2017年,第50页。
④ 《习近平关于社会主义文化建设论述摘编》,北京:中央文献出版社,2017年,第30页。

网上正面力量组成的红色地带,不断扩大其影响;要勇于批判斗争,逐步推进由网上负面言论等组成的黑色地带转变颜色;对于灰色地带要积极开展工作,防止其滑向黑色地带,促进其向红色地带转化。

再次,做好互联网内容建设要坚持科学性、客观性、艺术性与实效性的统一。习近平认为加强互联网内容建设"关键是要提高质量和水平,把握好时、度、效,增强吸引力和感染力,让群众爱听爱看,产生共鸣,充分发挥正面宣传鼓舞人、激励人的作用"。① 此外互联网内容建设还要适应分众化、差异化传播趋势,根据不同受众的阅读兴趣、接受习惯以及不同终端设备的传播规律设计和创作内容,从而更好地被受众接受,提高针对性。

(二) 掌控互联网核心技术的"命门"

网络意识形态话语是一种依靠技术支撑的存在,在一定程度上谁掌握先进的网络信息技术,谁就掌握了网络空间意识形态的主导权。目前在网络信息传播领域,我们在尖端技术储备、操作系统研发、芯片制造工艺等核心关键技术领域与西方国家还有较大差距,西方国家也正是凭借在网络信息技术方面的先发优势和技术势差对我们的网络空间进行肆意的思想文化渗透。因此,无论是现在还是将来,网信技术层面的竞争绝不仅是表象的技术层面的较量,而是深层次的事关国家核心利益的意识形态层面的斗争。习近平非常重视网信技术在网络意识形态工作中的重要作用。他强调指出"互联网核心技术是我们最大的'命门',核心技术受制于人是我们最大的隐患"②,要花大力气突破核心技术这个难题,保障互联网安全和国家安全。习近平认为突破核心技术关键是要瞄准世界科技发展前沿,在推动互联网、大数据、云计算、物联网和人工智能等技术深度融合上下功夫,在基础技术、通用技术、

---

① 《习近平谈治国理政》(第一卷),北京:外文出版社,2018 年,第 155 页。
② 习近平:《在网络安全和信息化工作座谈会上的讲话》,北京:人民出版社,2016 年,第 10 页。

非对称性技术、撒手锏技术、前沿技术、颠覆性技术等方面取得突破。

实现核心技术突破首先要树立"三心"。要有决心,"就是要树立顽强拼搏、刻苦攻关的志气,坚定不移实施创新驱动发展战略"①;要有恒心,就是要制定信息领域核心技术设备发展战略纲要,瞄准目标,遵循规律,分阶段、分层次攻破,不达目的誓不罢休;要有重心,要抓住重点,在核心领域和关键技术上寻求突破。实现核心技术突破要正确处理好开放创新和自主创新的关系。"核心技术是国之重器,最关键最核心的技术要立足自主创新、自立自强"②,同时也要积极借鉴和吸收国外发达国家在各项技术创新中的先进经验,在保证安全可控的情况下为我所用。在科研投入上要攥紧拳头,集中力量办大事,要积极推进科研成果转化成实际的生产力。实现核心技术突破还要"推动强强联合、协同攻关。要打好核心技术攻坚战,不仅要把冲锋号吹起来,而且要把集合号吹起来,也就是要把最强的力量集聚起来共同干"③,彻底摒弃部门利益和门户之见,形成协同效应,发挥国有企业和民营企业、龙头企业和中小企业的各自优势,加强在战略、技术、标准、市场等领域信息的沟通与协作,组建产学研用一体化的联盟,协同创新攻关,为网络强国战略和网络意识形态工作提供坚强技术保障。

(三)以法治思维推动网络空间法治化建设

网络空间的健康发展离不开法治的引领和保障,坚持"依法治网、依法办网、依法上网"是建构网络空间马克思主义话语权的必然要求。一段时间以来,人们更加注重和片面强调基于网络虚拟开放等特征的信息传播自由,而忽视网络也是现实社会的延伸,网络行为同样需要纳

---

① 习近平:《在网络安全和信息化工作座谈会上的讲话》,北京:人民出版社,2016年,第10页。

② 习近平:《在网络安全和信息化工作座谈会上的讲话》,北京:人民出版社,2016年,第12页。

③ 习近平:《在网络安全和信息化工作座谈会上的讲话》,北京:人民出版社,2016年,第14页。

入法律和制度的管辖约束之下。脱离了法治有效管控的网络空间就会乱象丛生,对此习近平有清醒的认识。他指出"谁都不愿意生活在一个充斥着虚假、诈骗、攻击、谩骂、恐怖、色情、暴力的空间"①,对于利用网络鼓吹推翻国家政权,煽动宗教极端主义,宣扬民族分裂思想,教唆暴力恐怖活动,利用网络进行欺诈活动,散布色情材料,进行人身攻击,兜售非法物品,利用网络侵犯个人隐私,侵犯知识产权,从事网络监听、网络攻击等网络违法犯罪行为都应该予以坚决的管控、制止和打击。

为了维护网络空间信息传播的秩序,确保网络意识形态和国家政权的安全,习近平指出,"无论什么形式的媒体,无论网上还是网下,无论大屏还是小屏,都没有法外之地、舆论飞地"②,强调将互联网法治建设置于网络空间治理的突出地位,并对互联网法治建设提出了明确、具体的要求。首先要加强互联网立法,确保有法可依。对此,习近平强调要依法治网,注重立法的顶层设计和宏观规划,不断完善涉及互联网内容管理和关键信息基础设施保护等在内的互联网法律法规体系。党的十八大以来特别是党的十八届三中全会以来,为了切实解决互联网法出多门、立法滞后的问题,我国先后颁布和制定了《中华人民共和国网络安全法》《国家网络空间安全战略》《互联网信息服务管理办法》《关于加强网络信息保护的决定》《互联网直播服务管理规定》等网络法律法规和相关制度性文件,这样一套逐步完善的法律体系将保障我国的互联网未来始终在法治的轨道上健康运行。其次要加强互联网执法,确保执法必严。习近平强调"要依法加强网络社会管理,加强网络新技术新应用的管理,确保互联网可管可控,使我们的网络空间清朗起来"。③同时还要"依法打击网络黑客、电信网络诈骗、侵犯公民个人隐私等违

---

① 《习近平关于社会主义文化建设论述摘编》,北京:中央文献出版社,2017 年,第50 页。

② 习近平:《加快推动媒体融合发展 构建全媒体传播格局》,《前线》,2019 年第 4 期。

③ 《习近平关于社会主义文化建设论述摘编》,北京:中央文献出版社,2017 年,第30 页。

法犯罪行为,切断网络犯罪利益链条,持续形成高压态势,维护人民群众合法权益"。① 最后要引导网民自觉依法上网。"法律要发挥作用,需要全社会信仰法律",每一个置身网络空间的个体都应该自觉遵守互联网相关法律。"网络空间同现实社会一样,既要提倡自由,也要保持秩序。自由是秩序的目的,秩序是自由的保障。我们既要尊重网民交流思想、表达意愿的权利,也要依法构建良好网络秩序,这有利于保障广大网民合法权益。"②因此,要教育和引导全体网民明确自由与秩序、权利与义务相统一的意识,自觉用法律约束网络行为,共同维护网络空间的良好秩序。

(四)为网络空间马克思主义话语权建构提供人才支撑

人才是第一资源,是建构网络空间马克思主义话语权的重要保障。习近平高度重视网络意识形态工作人才队伍的建设,强调"网络空间的竞争,归根结底是人才的竞争。建设网络强国,没有一支优秀的人才队伍,没有人才创造力迸发、活力涌流,是难以成功的"。③ 同时他还认为,做好包括网络新闻舆论在内的党的新闻舆论工作的关键也在人,新闻舆论工作的实际成效取决于从事此项工作人员的政治素养、理论水平、业务能力。

结合网络意识形态工作性质和工作使命要求,习近平认为,建设一支高素质的网络意识形态工作队伍必须把政治素质放在第一位,以政治家的标准选人用人,才能确保网络意识形态工作的领导权始终掌握在党和人民信得过、靠得住的人手中。因此,习近平强调要坚持政治家办网的原则,做好网络新闻舆论工作不单纯是业务工作,而

① 习近平:《敏锐抓住信息化发展历史机遇 自主创新推进网络强国建设》,《人民日报》2018 年 4 月 22 日。
② 《习近平谈治国理政》(第二卷),北京:外文出版社,2017 年,第 533—534 页。
③ 习近平:《在网络安全和信息化工作座谈会上的讲话》,北京:人民出版社,2016 年,第 23 页。

是一项政治性和政策性很强的工作,首先要旗帜鲜明讲政治,特别是此项工作的负责人和领头人更要"有很强的政治敏锐性和政治鉴别力,不仅要做业务专家,而且要有政治家的头脑,有政治眼光和政治智慧,善于从政治上看问题,善于把政治导向、政治要求体现到工作中去"①,只有这样才能保证互联网内容建设正确的政治方向、舆论导向和价值取向。

　　建设一支高素质的网络意识形态工作队伍必须把业务能力和技术水平放在重要位置。网络意识形态工作是一项具备技术门槛准入的工作,需要从事此项工作的人员具有专业的技术水平和过硬的业务素质,习近平对涉及此项工作的不同方面的人才提出了具体的要求。针对党内从事宣传思想工作的人员,习近平提出"要解决好'本领恐慌'问题,真正成为运用现代传媒新手段新方法的行家里手"②,"需要在理论上、笔头上、口才上或其他专长上有'几把刷子'"③;针对新闻舆论工作者,习近平希望他们"要提高业务能力,勤学习、多锻炼,努力成为全媒型、专家型人才"④;针对互联网科技型人才,习近平认为"要培养造就世界水平的科学家、网络科技领军人才、卓越工程师、高水平创新团队"⑤。习近平同时强调做好互联网科技人才工作要将"内部培养"与"外部引进"相结合,在内部培养上"要下大功夫、下大本钱,请优秀的老师,编优秀的教材,招优秀的学生,建一流的网络空间安全学院"⑥,要立足网络技术特点建立灵活的人才评价机制、激励机制、利益分配机制,将优秀

---

　　①　《习近平关于社会主义文化建设论述摘编》,北京:中央文献出版社,2017 年,第48 页。

　　②　《习近平关于社会主义文化建设论述摘编》,北京:中央文献出版社,2017 年,第29 页。

　　③　《习近平关于社会主义文化建设论述摘编》,北京:中央文献出版社,2017 年,第32 页。

　　④　《习近平谈治国理政》(第二卷),北京:外文出版社,2017 年,第 333 页。

　　⑤　《习近平谈治国理政》(第一卷),北京:外文出版社,2018 年,第 199 页。

　　⑥　习近平:《在网络安全和信息化工作座谈会上的讲话》,北京:人民出版社,2016年,第24 页。

人才吸引到网络意识形态工作队伍中去。在外部引进上要有全球视野，引进海外高端人才，形成"聚天下互联网英才而用之"的局面。

建设一支高素质的网络意识形态工作队伍还需要具备优良的作风。习近平批评了少数新闻舆论工作者存在的"习惯于跑机关、泡会议、抄材料，或借助网络摘抄拼凑，有的甚至为一己私利搞虚假新闻、有偿新闻，严重损害新闻媒体公信力"①的不良现象，要求所有宣传思想工作人员都要不断增强脚力、眼力、脑力和笔力，在宣传思想领域斗争的一线以战斗的姿态和战士的担当履行自己应尽的职责。

（五）构建网络意识形态工作综合治理格局

建立网络综合治理体系，"形成党委领导、政府管理、企业履责、社会监督、网民自律等多主体参与，经济、法律、技术等多种手段相结合的综合治网格局"②，是确保互联网可防可控的关键之举，是赢得网络空间马克思主义话语权的根本保障。

首先要形成多元治网主体联动。做好网络意识形态工作一是要坚持全党动手的大宣传工作理念，进一步明确党委相关部门的领导职责和政府部门的管理职责，"要把党管媒体的原则贯彻到新媒体领域，所有从事新闻信息服务、具有媒体属性和舆论动员功能的传播平台都要纳入管理范围"③。二是要引导互联网企业加强行业自律，"要压实互联网企业的主体责任，决不能让互联网成为传播有害信息、造谣生事的平台"④。习近平强调要加强对互联网企业的规范与管理，引导它们自

---

① 《习近平关于社会主义文化建设论述摘编》，北京：中央文献出版社，2017年，第39—40页。
② 习近平：《敏锐抓住信息化发展历史机遇 自主创新推进网络强国建设》，《人民日报》2018年4月22日。
③ 《习近平关于社会主义文化建设论述摘编》，北京：中央文献出版社，2017年，第43页。
④ 习近平：《敏锐抓住信息化发展历史机遇 自主创新推进网络强国建设》，《人民日报》2018年4月22日。

觉将经济效益与社会效益相结合，主动承担社会责任和道德责任。互联网企业要与国家监管部门密切协作、齐抓共管，在维护我国网络信息安全和意识形态安全工作中发挥主体作用。三是要坚持共建共享的原则，发挥全体社会成员在网络内容建设和网络秩序维护中的作用，成为正向舆论的传播者、负面言论的监督者和文明网络行为的践行者。

其次要形成传统媒体与新兴媒体的融合发展。习近平认为在全媒体不断发展、信息无处不在的时代背景下，要实现传统媒体与新兴媒体的融合发展，遵循新闻传播规律和新兴媒体发展的规律，不断强化互联网思维，实现传统媒体和新兴媒体的优势互补以及一体发展，克服"左手一只鸡，右手一只鸭"将传统媒体与新兴媒体简单嫁接的现象，"坚持先进技术为支撑、内容建设为根本，推动传统媒体和新兴媒体在内容、渠道、平台、经营、管理等方面的深度融合"①，做好媒体融合发展这篇大文章，为意识形态工作提供强大精神力量和舆论支持。

最后要坚持实现对内对外宣传的联动。针对中国在世界上的形象更多是"他塑"而非"自塑"以及有理说不出、说了传不开的"西强东弱"的舆论困境，习近平强调要优化战略布局，坚持全球一张网、全国一盘棋，将内部宣传和对外话语统一起来，创新针对性和实效性兼具的对外话语体系，集中打造具有国际影响力的外宣旗舰媒体和融通中外的新概念新范畴新表述，努力解决对外信息传播中"存在着信息流进流出的'逆差'、中国真实形象和西方主观印象的'反差'、软实力和硬实力的'落差'"②的窘境，讲好中国故事，传播好中国声音，积极营造有利于我国发展的国际舆论环境。

---

① 习近平:《在中央全面深化改革领导小组第四次会议上的讲话》,《人民日报》2014 年 8 月 19 日。

② 《习近平关于社会主义文化建设论述摘编》,北京:中央文献出版社,2017 年,第212 页。

第三章　网络空间马克思主义话语权的多维透视^①

　　研究网络空间马克思主义话语权建构问题的首要前提是需要从本体论的视角对网络空间马克思主义话语权自身进行研究,探析和揭示其存在的方式、结构要素、运行机制等问题。目前学界对这些问题的探索日益重视,渐趋深入,但是由于研究的视角和方法不同,已取得的成果还存在较大的分歧。实际上,网络空间马克思主义话语权是一个既备受关注又异常复杂的时代议题。它生成于抽象的思想观念与虚拟的网络技术融合而成的世界里,对其进行全面认知和把握的难度可想而知,但是它又是建构网络空间马克思主义话语权实践不可逾越的问题。因此,本章将在借鉴已有研究成果的基础上,坚持将静态的描述与动态的剖析相结合,从实质内涵、特征功能、结构要素、生成逻辑等视角对网络空间马克思主义话语权进行多维度的立体透视考察,为探讨网络空间马克思主义话语权的建构策略厘清内在逻辑理路。

---

　　① 本章部分内容以《网络空间马克思主义话语权的生成逻辑》为题发表于《思想教育研究》2020 年第 7 期;以《试论网络空间马克思主义话语权的内涵、特征与功能》为题发表于《理论导刊》2022 年第 10 期。收录本书时略有修改。

第一节　网络空间马克思主义话语权的核心要义

"概念的形成是推理过程中必不可少的步骤,它是我们进行思考、批评、辩论、揭示和分析的'工具'。"①必须承认,对相关概念作出清晰的界定,是科学研究的惯常思路和逻辑起点。因为没有清晰的概念,将无法科学地框定相应的研究对象和论域。所以,就本书探讨的核心主题而言,基于经典作家和既有文献关于意识形态话语权的论述,对网络空间马克思主义话语权的内涵进行审慎的检视和研判,显然能够为我们进一步探究网络空间马克思主义话语权相关问题提供一条阿莉阿德涅线。

一、网络空间马克思主义话语权的内涵

"安全是发展的前提,发展是安全的保障,……很多技术都是'双刃剑',一方面可以造福社会、造福人民,另一方面也可以被一些人用来损害社会公共利益和民众利益。"②因此,在网络信息技术迅疾勃兴和全面铺展的时代境遇中,网络空间马克思主义话语权也必然会遇到诸多或隐或显的挑战和冲击。就此而论,在关涉马克思主义话语权相关问题的研究视域中,网络空间马克思主义话语权显然是一个必须予以高度关注的重大现实问题。近些年来,网络空间马克思主义话语权问题也备受学界和政界的持续关注与高度重视。

客观地说,相互叠加的社会思潮和价值观念在网络空间中的碰撞交

---

① ［英］安德鲁·海伍德:《政治学核心概念》,吴勇译,天津:天津人民出版社,2008年,第4页。

② 习近平:《在网络安全和信息化工作座谈会上的讲话》,《人民日报》2016年4月26日。

锋呈现出日趋繁杂的势态。与此同时，基于不同价值诉求和功利算计的多元网络行动主体在网络空间中的话语叙事和纷争也日趋激烈。毋庸置疑，在互联网已"飞入寻常百姓家"的互联网时代，相互叠加的社会思潮和价值观念以及多元网络行动主体的话语叙事和纷争显然对广大网民的价值认知和价值判断有着极强的引导和凝聚功能。质言之，它既能够引导广大网民做出符合主流意识形态的价值认知和判断，进而迸发出积极正向的建设性力量；也可以于无声处对主流意识形态的主导地位构成或隐或显的冲击，最终会消解马克思主义在网络空间中的话语权。如此，建构网络空间马克思主义话语权，以切实捍卫其在网络空间中的主导地位，着实显得尤为紧要。那么，何为网络空间马克思主义话语权？

总体上说，学界对网络空间马克思主义话语权内涵认知与界定存在着一定分歧。有学者基于技术维度的视角指出，伴随着网络信息技术的勃兴和铺展，网络空间马克思主义话语权只不过是现实空间马克思主义话语权在网络空间中的直接的映射或复制而已。因此，技术论者认为，网络空间马克思主义话语权是网络信息技术发展的一个"副产品"。可是，如果我们仅将网络空间马克思主义话语权视为网络信息技术发展的结果，显然无法全面把准其内涵的精要所在。因为网络空间马克思主义话语权首先是网络信息技术变迁的结果，同时也必定附带了特定的社会属性和价值属性。借此，网络空间马克思主义话语权并不是现实空间马克思主义话语权在网络空间中的被动展演，而是特定话语主体在网络空间中主动建构起的一种有着超强凝聚力、引导力和控制力的"灵动"话语力量。

在本质论的意义上看，话语本身就意味着一种权力，即具备生产、发布和过滤信息的一种资格。"话语是权力，人通过话语赋予自己以权力。""人类的一切知识都是通过话语而获得的。任何脱离话语的事物都不存在，人与世界的关系是一种话语关系。"[1]其实，当下不同国家在

---

① 王治河：《福柯传》，长沙：湖南教育出版社，1999年，第159页。

网络空间中围绕意识形态和价值观念而进行的交锋博弈"不单是技术博弈,还是理念博弈、话语权博弈"。[①]可以断言的一个事实是,在万千变化的网络空间中,掌握了话语权的行动主体,就能依据自我的价值判断和偏好来制定和谋划特定的话语规则,进而实现直接或间接控制与影响他者价值观念的意图。从这个意义上说,意识形态话语权,也就是本身具备免受其他意识形态或价值观念颠覆、干扰和破坏的一种能力与状态。站在网络时代的立场上看,网络空间中的意识形态话语权,也就是指特定的话语主体在虚拟的网络空间中,针对特定的话语对象通过必要的话语方式对话语内容进行生产和再生产,以使意识形态形成一种具有引导力、控制力和凝聚力的话语力量,进而使其在网络空间中具备免受其他意识形态或价值观念颠覆、干扰和破坏的能力与状态。借此,本书也循此逻辑试图对网络空间马克思主义话语权的内涵进行探索性界定。

可以断言,"坚持共同的理想信念、价值理念、道德观念,弘扬中华优秀传统文化、革命文化、社会主义先进文化,促进全体人民在思想上精神上紧紧团结在一起"[②]是中国共产党建构网络空间马克思主义话语权的终极价值旨归。网络空间马克思主义话语权首先是网络信息技术迅疾发展所衍生出来的一个必然结果。单就技术层面而言,网络空间马克思主义话语权是指作为话语主体的中国共产党通过关键信息技术对自我话语内容进行技术化的表达,对异质话语信息内容进行技术化的处理,以占有网络话语优势和净化网络空间,保障马克思主义在网络空间中具备免受其他意识形态和价值观念侵扰的能力和状态,进而切实捍卫马克思主义在网络空间中的主导地位。而从制度层面说,网络空间马克思主义话语权是指作为话语主体的中国共产党在网络空间

---

① 习近平:《在网络安全和信息化工作座谈会上的讲话》,《人民日报》2016年4月26日。

② 《中共中央关于坚持和完善中国特色社会主义制度 推进国家治理体系和治理能力现代化若干重大问题的决定》,《人民日报》2019年11月6日。

中通过相关的制度安排和叙事策略来实现广大网民对马克思主义观点、立场和方法的自觉接受、认同和支持并内化一种实践自觉,以使其具备免受多元社会思潮和外来文化侵扰与挑战的能力。

按照上文的论述便可断论,所谓的网络空间马克思主义话语权,其实是中国共产党依凭于特定的网络信息技术和相关的制度安排与叙事策略,来提升马克思主义在网络空间中的引导力、控制力和凝聚力,进而实现其主导地位免受其他观念性力量颠覆的能力与水平。具而言之,这种能力的强弱与水平的高低直接决定于网络信息技术的发展程度和相关制度安排与叙事策略的科学性。故此,设法加快我国网络信息技术尤其是核心技术的自主性和创新性发展,竭力占领网络信息技术制高点的同时,进一步建立健全相关的制度安排和持续性地创新叙事策略,当是不断夯实网络空间马克思主义话语权的基础性工作和必然选项。

二、网络空间马克思主义话语权的特征

毫无疑问,网络空间马克思主义话语权自身显然有诸多的内在特征。科学地梳理和把握这些内在特征对于我们更为有效地建构网络空间马克思主义话语权显然有着极为重要的理论和现实意义。概而言之,网络空间马克思主义话语权的内在特征主要展现为:

（一）政治性与排他性的统一

政治性是意识形态的内在属性和固有特征,这是马克思主义的一个基本观点。在任何阶级社会中,基于特定的经济基础并反映和代表统治阶级利益诉求的意识形态,显然暗含着强烈的政治性。马克思恩格斯在《德意志意识形态》中指出:"占统治地位的思想不过是占统治地位的物质关系在观念上的表现,不过是以思想的形式表现出来的占统治地位的物质关系;因而,这就是那些使某一个阶级成为统治阶级的关

系在观念上的表现,因而这也就是这个阶级的统治的思想。"①在阶级社会中,意识形态不仅体现和代表着统治阶级的利益诉求,更为关键的是在理论上论证统治阶级的合法性和正当性。其实,网络空间马克思主义话语权一定暗含着强烈的政治色彩或者说是与政治实践生活紧密地联系在一起的。我们从社会主义意识形态安全的视角来检视,便可断定,网络空间马克思主义话语权在现代化场域中的书写和言说,是绝对无法规避政治性这一特征的,因为在多元行动主体共生共存的网络空间中,网络空间马克思主义话语权始终具备一种强大的、能动的政治动员能力。从工具论的意义上看,网络空间马克思主义话语权,其实是中国共产党用来提升马克思主义在网络空间中引导力、控制力和凝聚力的一种工具或手段。就此而论,说政治性是网络空间马克思主义话语权的重要特征,当是有充足理据的。

正是由于网络空间马克思主义话语权内蕴着的政治性特征决定了其在网络空间的话语权争夺中必然体现出鲜明的排他性,进而为自己的话语表达争取更广阔的话语空间。事实上,在阶级社会,每一种意识形态话语总是代表着特定阶级的利益,为特定的阶级利益服务。网络的出现大大拓展了利益的表达和维护的空间,与现实社会相比,不同的意识形态话语之间为了使自己的话语为更多的网民所认可和接受,在网络场域内展开的话语碰撞与交锋更为激烈。马克思主义在网络空间话语权的实现同样意味着必须采取技术、制度和叙事策略的安排对其他异质话语进行排斥、瓦解和同化,压缩异质话语言说的空间与机会,谋取话语的优势地位。网络空间马克思主义话语权的排他性特征也暗含着马克思主义话语需要时刻保持着紧张和压力的状态,不断把握网民需要和网络实践新的变化对自身进行调整和完善,以避免自身陷入保守僵化和因循守旧的状态。因此,在一定程度上说,网络空间马克思主义话语权表现出排他性特征是内在利益驱动与外在异质话语压力共

---

① 《马克思恩格斯文集》(第一卷),北京:人民出版社,2009 年,第 550 页。

同作用的结果。

（二）虚拟性与现实性的耦合

无论是从生成逻辑的视角看，还是在生产和再生产的视域中说，网络空间马克思主义话语权自身都无不彰显出强烈的虚拟性特征。以虚拟身份活跃在网络空间中的多元行动主体只是用特定的数字和编码来标识自我，横亘在现实空间中的活动边界和真实身份被完全消解和虚拟化。循此视之，作为网络行动主体的中国共产党，基于社会主义意识形态安全和网络安全的战略研判，依凭于特定的网络信息技术和相关的制度安排与叙事策略所努力建构起来的网络空间马克思主义话语权，显然也是内隐着强烈的虚拟性特征。

然而，我们也必须承认，尽管网络空间马克思主义话语权自身有着强烈的虚拟性特征，但就其生成的话语主体和话语内容等构成要素来看又根植于客观现实社会。质言之，网络空间马克思主义话语权生成的话语主体和话语内容等构成要素终究还是客观现实社会在网络空间中的另类存在方式或表现形态。其实，网络空间马克思主义话语权是一种具有强大动员能力和凝聚力的话语力量，更为关键的是，这种力量的功能发挥不是建立在纯粹抽象虚拟的基础之上，而是立足于具体的客观现实社会的实践基础之上。从历史唯物主义的立场上看，多元话语主体在网络空间中无论展开何种形式的话语叙事和价值表达，终究无法彻底脱离客观现实社会这个具体的实践场域。与此同时，如果我们将网络空间马克思主义话语权视为一种实践工具，那么，这种实践工具就是以服务于特定话语主体的价值诉求为终极目的的。从这个意义上说，网络空间马克思主义话语权其实是虚拟性和现实性相互耦合的产物。

（三）系统的理论性与渗透性的勾连

网络空间马克思主义话语权，显然不是由一些琐碎的话语素材随意就组合或搭配起来的一个"东西",而是经由特定话语主体立足于特定的价值诉求,依凭于特定的技术手段通过特定的制度安排和叙事策略而审慎建构起来的一种有着系统性的理论话语系统。人类社会发展的实践经验告诉我们:任何意识形态都是经由对特定的概念进行严密的逻辑论证和理论推演而形成的一套高度系统化和理论化的思想体系和观念体系。也正因如此,不论是何种意识形态,都彰显出系统的理论性特征。其实,这也是意识形态的固有属性和重要特质,马克思主义这种意识形态也不例外。

就此而论,网络空间马克思主义话语权,显然不能也根本无法随意拼凑而成。打一个形象的比喻,网络空间马克思主义话语权,不是一个任人随意打扮的"小姑娘",而是一位需要精心雕琢和修饰的"美人胚子"。也就是说,网络空间马克思主义话语权的生成,并非是在朝夕之间振臂一呼就能予以破解的时代议题。客观地说,要想在多元社会思潮和价值观念竞相漂浮的网络空间中真正建构具有引导力、控制力和吸引力的马克思主义话语权,需要在秉承问题导向意识和发展理念的基础上,审慎地谋划议题设置、话语内容、叙事策略和相关制度安排的同时,当然还需要经由严密的逻辑推演和抽象的理论证明,才有可能达至预设的目标。应该说,建构网络空间马克思主义话语权其实也就是理论的系统化过程。借此,说网络空间马克思主义话语权本身内隐着系统的理论性特征,当是一个不容否认的客观事实。与现实社会不同的是,马克思主义话语权生成过程中内隐的这种系统理论性特征在网络空间更多的是采用渗透性的策略进而实现自我表征的。马克思主义理论蕴于话语之中,话语借助网络多样化的表达形式和载体实现对系统、抽象理论的感性化与具象化转换,并将其传播至网络空间,由此,理论的说教转换成了网络文化的熏陶,硬性的灌输转换成了软性的感化。马克思主义在网络空间借助话语的渗透实现了对话语权的掌握,马克思主义话语权也因此渗透到网络空间话语所能及之处。

三、网络空间马克思主义话语权的功能

网络空间马克思主义话语权,并非仅仅是一种形而上的话语说教,而是一种对他者的价值认知和判断有着极强引导力的话语存在形式。质言之,网络空间马克思主义话语权本身有着诸多重要的功能。概而言之,主要展现为以下几个方面:

(一)捍卫马克思主义在网络空间中的主导地位

历史地看,"一个政权的瓦解往往是从思想领域开始的,政治动荡、政权更迭可能在一夜之间发生,但思想演化是个长期过程。思想防线被攻破了,其他防线就很难守得住。我们必须把意识形态工作的领导权、管理权、话语权牢牢掌握在手中,任何时候都不能旁落,否则就要犯无可挽回的历史性错误。"①如此一来,如何更好捍卫和巩固马克思主义在网络空间中的主导地位,使马克思主义牢牢占领网络空间的制高点,以凝心聚力和凝聚价值共识,就成为一个极端重要的时代性课题。

"互联网已经成为舆论斗争的主战场……在互联网这个战场上,我们能否顶得住、打得赢,直接关系我国意识形态安全和政权安全。"②"要把网上舆论工作作为宣传思想工作的重中之重来抓。宣传思想工作是做人的工作的,人在哪儿重点就应该在哪儿……很多人特别是年轻人基本不看主流媒体,大部分信息都从网上获取。必须正视这个事实,加大力量投入,尽快掌握这个舆论战场上的主动权,不能被边缘化了。"③不难发现,西方敌对势力在网络空间中竭力鼓吹西方价值观念,

---

① 成其圣:《意识形态工作一刻也不能放松和削弱》,《求是》2013年第23期。

② 《习近平关于社会主义文化建设论述摘编》,北京:中央文献出版社,2017年,第28—29页。

③ 《习近平关于全面深化改革论述摘编》,北京:中央文献出版社,2014年,第83页。

煽动宗教极端主义,宣扬民族分裂思想,教唆暴力恐怖活动,频频抛出"中国威胁论""中国新殖民主义论""中国霸权论"等荒谬论调,其目的就是实现全面遏制中国的险恶用心。长期以来,国内外各种敌对势力亡我之心不死,利用各种伎俩,包括舆论武器,极尽抹黑歪曲之能事,企图颠覆推翻我党,使之改旗易帜、改名换姓,丢掉对马克思主义的信仰,丢掉对社会主义、共产主义的信念。

那么,在喧闹的网络空间中如何才能更好地捍卫和巩固马克思主义的主导地位呢? 社会实践和理论研究表明,一种意识形态要想牢牢占据主导地位的关键在于本身必须具备强大的话语权。"在人类思想史上,就科学性、真理性、影响力、传播面而言,没有一种思想理论能达到马克思主义的高度,也没有一种学说能像马克思主义那样对世界产生了如此巨大的影响。"①从政治学意义上说,网络空间马克思主义话语权的首要功能在于通过作用于广大网民的思想,引领广大网民做出契合马克思主义立场、观点和方法的价值认知、价值判断和价值选择。因此,网络空间马克思主义话语权,不再依赖于单纯的强制性灌输与纯粹的说教方式,而是以理性和感性相统一的话语内容和蕴含生活气息的话语表达方式,在寓理于情的对话博弈中催生广大网民的情感认同和理性认同,于无声处将马克思主义内化为广大网民的内心世界并形成一种能动的价值自觉和行动自觉。质言之,以科学性、通俗性和时代性面貌示人的网络空间马克思主义话语权,以贴近广大网民的叙事方式,在把抽象的理论化的意识形态话语创造性和创新性地转化成关涉广大网民具体生活实践的话语的同时,也实现了理论的彻底性。

(二) 促进群体话语和个体话语的链接

"每一个企图取代旧统治阶级的新阶级,为了达到自己的目的不得

---

① 习近平:《在纪念马克思诞辰 200 周年大会上的讲话》,《人民日报》2018 年 5 月 5 日。

不把自己的利益说成是社会全体成员的共同利益,就是说,这在观念上的表达就是:赋予自己的思想以普遍性的形式,把它们描绘成唯一合乎理性的、有普遍意义的思想。"①而在网络空间中,立场各异的广大网民都竞相通过特定的话语来表达自我特定的价值诉求。毋庸置疑,广大网民的话语表达显然呈现出相当程度的个体性和分散性。从反向的视角看,如何最大限度地将这种个体性和分散性的话语表达进行有效的整合和引导,当是捍卫马克思主义在网络空间中主导地位的一个重要切入点。

任何一种意识形态话语权要想获得利益诉求各异的个体的自觉认同和支持,就必须实现群体话语和个体话语的有机统一,否则就显得有些勉为其难。较之于传统社会中的信息传播和舆论生态格局而言,随着网络信息技术的发展和移动终端的便捷化,信息的生成模式和传播方式以及舆论生态格局都发生根本性的变化。如此一来,在纷繁复杂的网络空间中,马克思主义意识形态不做出合乎时代变化的调适和改变,就必然会被渐次边缘化乃至于变得平淡如水。敢于涉水、勇于创新和主动求变的中国共产党,基于对客观现实和捍卫马克思主义意识形态安全的战略研判,在网络空间中采取灵活多变、动之以情和贴近生活的大众化叙事策略,将抽象的马克思主义理论转译成寓意丰富、通俗易懂的大众话语,在悄然之间建构起了具有整合力与凝聚力的网络空间马克思主义话语权。不难发现,网络空间马克思主义话语权,既注重群体话语,也兼顾个体话语,实现了二者的有机统一。也正是在这个意义上说,网络空间马克思主义话语权,既跳出了传统的只注重群体话语忽视个体话语的窠臼,也照顾到了群体话语和个体话语的统一性,进而实现了群体话语与个体话语的无缝链接。

(三)实现马克思主义话语政治性和生活性的融合

马克思主义意识形态其实是政治性和生活性的有机融合。只不

---

① 《马克思恩格斯选集》(第一卷),北京:人民出版社,2012年,第180页。

过,人们在触及这个论题的时候往往在不经意间就联想到国家通过强制性的政治权力对意识形态的灌输。其实,这仅仅是在政治学视域中将马克思主义意识形态视为一种维护统治阶级利益的政治性工具,是对马克思主义意识形态认知的扭曲和异化。当然,马克思主义意识形态与政治之间有着天然的内在联系,这是马克思主义意识形态的重要特质。然而,在哲学意义上看,我们无法否认马克思主义意识形态本身所内隐的生活性特质。

在传统的媒介时代,党和政府主要是通过严肃的政治口号、政治宣言、政治话语和政治事件等符号标志,以报纸、电台、电视等媒介手段向广大人民群众进行马克思主义意识形态的宣传。不难发现,这种宣传模式的运行向度呈现出自上而下的单一性特质的同时,也彰显出了浓郁的政治性色彩。然而,在"去中心化""去政治化"和扁平化的互联网横空出世后,马克思主义意识形态自上而下的和凸显政治性的传统灌输模式,就显得不合时宜了。在互联网已"飞入寻常百姓家"的时代境遇中,马克思主义意识形态的宣介手段要在政治性和生活性之间寻找一个合适的节点,以保持二者之间适度张力。也正因如此,中国共产党建构网络空间马克思主义话语权的过程,本身其实也是创新宣介马克思主义意识形态模式的过程。网络空间马克思主义话语权,既照顾到了马克思主义意识形态的政治性,又立足变化了的社会客观现实;既对马克思主义意识形态的政治性进行了巧妙的"软处理",也体现了生活性的务实理念。可以断言,网络空间马克思主义话语权,把那种只注重政治性的自上而下的传统灌输模式转换成兼容政治性和生活性的宣介模式,进而实现了马克思主义意识形态的政治性和生活性的有机融合。

四、与现实空间马克思主义话语权的关系

站在历史唯物主义的立场上看,网络空间马克思主义话语权和现实空间马克思主义话语权都可以视为"思想上层建筑"的一种样态,都

是一种具有能动性的话语力量,二者之间既存在着有机的内在逻辑关系,也有着相当程度的差异性。

（一）生成动因和价值指向的一致性

马克思指出:"如果从观念上来考察,那么一定的意识形式的解体足以使整个时代覆灭。"①从这个视角看,网络空间马克思主义话语权与现实空间马克思主义话语权都是基于捍卫意识形态安全而做出的一种战略性安排。无论是在传统媒介时代,还是在全媒体时代,作为执政党的中国共产党面临的一个首要问题就是,通过建构马克思主义话语权来切实捍卫意识形态安全,使马克思主义充分发挥社会"粘合剂"和"混凝土"的价值功能,进而引导和整合多元社会思潮和价值观念,以在根底上维护政权的合法性和政治统治的正当性。同时,从功能主义的立场上说,二者的目标指向都是试图影响人们的价值认知、价值判断和价值选择,以更为有效地凝心聚力和达成最大限度的价值共识。借此,网络空间马克思主义话语权与现实空间马克思主义话语权生成动因和价值指向显然是有着高度的一致性或重叠性。

（二）网络空间马克思主义话语权与现实空间马克思主义话语权,也存在着诸多差异性

一是生成的技术基础或载体不一致。"手推磨产生的是封建主的社会,蒸汽磨产生的是工业资本家的社会。人们按照自己的物质生产率建立相应的社会关系,正是这些人又按照自己的社会关系创造了相应的原理、观念和范畴。"②事实上,意识形态话语权这个敏感的话语与大众传播媒介的技术变迁存在着无法割裂的内在逻辑关系。可以断言,网络空间马克思主义话语权的生成是网络信息技术发展倒逼的一

---

① 《马克思恩格斯全集》(第三十卷),北京:人民出版社,1995 年,第 539 页。
② 《马克思恩格斯选集》(第一卷),北京:人民出版社,2012 年,第 222 页。

个结果,或者说是网络信息技术迅疾发展的一个"衍生品"。质言之,网络空间马克思主义话语权是作为网络行动主体的中国共产党,凭借网络信息技术在虚拟的网络空间中通过特定的话语叙事策略和制度安排而建构起来的一种纯数字化样态的话语权力。换个说法,设若没有网络信息技术锻造出来的全新的信息生成和传播机制,也就根本不会出现或存在所谓的网络空间马克思主义话语权这个新颖的时代议题。二是影响范围和力度的差异。由于网络信息技术的迅疾发展和即时性社交软件的普及,任何网络行为主体不仅都真正成为信息的制造者和传播者,更为关键的是,他们彼此之间的交流互动也呈现出即时互动的网状形态。也正因如此,网络空间马克思主义话语权的能动性影响力往往呈现出一种类似混沌学中的"蝴蝶效应"。相形之下,网络空间马克思主义话语权也相应地呈现出影响范围广、影响程度深的内在特质。其实,这也是我们必须予以持续高度关注和小心地呵护网络空间马克思主义话语权的关键所在。

第二节　网络空间马克思主义话语权的结构要素

从系统论的视角来讲,要素是系统运行和功能生成的基本环节,"不同的要素按照相同的联结方式或同一要素按照不同的联结方式都将生成不同的结构"。① 网络空间马克思主义话语权生成是由多元要素耦合而成,遵循特定的内在运行逻辑,相互联系、相互作用的结果。因此,认识和把握网络空间马克思主义话语权必须对其内部基本结构进行深入的考察,考察基本结构内部的各构成要素、相互联系及结合方式。

---

① 张耀灿:《思想政治教育学前沿》,北京:人民出版社,2006年,第403页。

无论网络空间的话语交往实践现象如何纷繁复杂,也无法遮蔽网络终究是一种传播介质的工具性存在的本性。网络为马克思主义话语的传播提供了新生的平台和空间,其话语权生成于目的性的网络传播实践之中。因此,网络空间马克思主义话语权的结构要素要在传播实践中发掘。传播学的经典"5W"理论认为,传播的过程即是说服的过程,"谁在言说""说于谁听""说了什么""借助什么方式说""在什么环境说"等传播要素是决定传播活动得以发生的精髓。本节将借鉴这一理论将网络空间马克思主义话语权的结构要素分为:话语主体、话语对象、话语内容、话语方式、话语语境等五个方面。

一、话语主体

主体是与客体相对应的哲学范畴,一般的理解主体是指具备认知和实践能力的存在物。"在实践活动中,人是活动的主动者,实践主体是实践活动中自主性和能动性的因素,担负着设计实践目的、操作实践中介、改造实践客体的任务。"①据此,我们可以将主体理解为实践活动的发起者、组织者和实施者。在不同的领域,基于不同的评判标准,可以区分出不同的实践主体。在话语交往领域,话语主体简单地说就是"说话的人",是借用话语符号表意释意,以期对话语对象施加影响的话语实践者。网络空间马克思主义的话语主体应该是熟练掌握和自觉运用马克思主义的立场、观点和方法,在网络空间从事马克思主义思想理论、价值观念生产与传播实践活动的网民个体与群体以及这一活动的组织者和监督者。网络空间马克思主义话语主体通过具体的网络话语生产传播行为,增进网民对马克思主义的认同,扩大马克思主义在网络空间的影响,巩固马克思主义的主导地位。

网络空间马克思主义话语主体具有主导性。网络空间马克思主义

---

① 袁贵仁等:《马克思主义哲学》,北京:人民出版社,2009年,第84页。

话语主体既是马克思主义网络话语实践活动的组织者和监督者,又是话语的生产者与传播者,他们通过设定话语目标、策划话语议题、评判话语语境、设置话语内容、选择话语方式、监督话语行为等环节,决定了网络空间马克思主义话语传播实践活动的性质和发展方向,并力图将自己的立场与观点渗透到网络空间的每一个节点,以寻求对网民的思想产生影响。

网络空间马克思主义话语主体具有明确的目标指向性。恩格斯指出"在社会历史领域内进行活动的,是具有意识的、经过思虑或凭激情行动的、追求某种目的的人;任何事情的发生都不是没有自觉的意图,没有预期的目的的"①。话语本身就是符号化于语言中的意识形态,是现实权力关系的表征,内蕴着话语主体的思想、意图和权力。网络空间的马克思主义话语也不例外,它旨在通过话语在网络空间的生产与传播,抵制各种非马克思主义思潮的影响,引导网民增强对马克思主义和社会主义道路的信仰和认同,为中国共产党执政的合理和合法性辩护。

网络空间马克思主义话语主体具有主动性和创新性。网络空间马克思主义话语主体身份不仅是角色的期待,更意味着角色的践履,需要在具体的网络话语传播行为中得以确证,即使承担着网络话语传播的职责和任务,但是不具备传播的自觉和网络传播能力,没有履行在网络空间传播马克思主义的行为,不能够对网民思想和行为施加正向意义的影响,也不是真正意义上的话语主体。网络空间马克思主义话语主体的主动性表现在话语主体能够自觉地学习和掌握网络化传播应当具备的理论素养和信息技能,敏锐地感知多元网络话语背后的话语本质和政治图谋,抵御异质意识形态话语的渗透,帮助网民科学而理性地认知网络话语现象、澄清思想误区。创新性是话语主体身份在创新精神、创新能力以超越意识层面的蕴含。网络空间马克思主义的话语主体能够从网民多元差异的心理特点和认知能力出发,选择并优化话语内容

---

① 《马克思恩格斯文集》(第四卷),北京:人民出版社,2009 年,第 302 页。

和话语机制,搭建网络媒体传播的平台,运用网络化的语言,就网络现象中蕴含的意识形态因素与话语对象达成理解和共识。

人是任何理论与实践活动的关键要素,在建构网络空间马克思主义话语权的实践中,我们要依托政策、制度、机制的构建培育和聚合话语权建构的主体性力量,发挥话语主体的生产传播、引导教化、监督批判、管理组织等功能。社会学"角色理论"认为,生活在社会中的人总是按照社会的"角色期待"行事,对于网络空间马克思主义话语主体而言,"角色期待"意味着主体责任,明晰主体责任,才能履行主体职责,扮演好"主体角色"。因此,在实际的工作中,要通过不同层级的制度化设计进一步明确话语权主体责任,实现对正式组织与非正式组织、网民个体与网民群体、显性主体与隐性主体等话语主体责任从点到面全覆盖,组织责任、岗位责任、个人责任持续明晰。同时,在话语主体格局构建上,要加快建立和优化话语主体的整合与协同机制,特别要注重培育更多的具有马克思主义创新和批判精神的网络"有机知识分子",培育更多信仰马克思主义、拥护党和政府主张的网络意见领袖等网络精英群体,培育更多的互联网舆论传播技术人才和具备传播能力的网络评论员队伍,形成管理人员、网信技术人员与思想政治工作人员,党政部门、网信平台与网民个体协同配合的网络意识形态工作主体格局。

二、话语对象

马克思主义哲学认为,实践是人所特有的对象化活动,在实践活动中,人把自身之外的存在都变成了自己活动的对象,把自己变成了主体,把自身的目的、理想、知识和能力等本质力量对象化为客体的存在,实践的过程就是主体客体化和客体主体化的双向运动过程。马克思主义关于实践过程中主体与客体本质及关系的理解对于我们把握网络空间马克思主义话语传播实践活动具有启发意义。我们说话语主体是"说话的人",是话语的生产与传播者,那么话语的对象(话语客体)内涵就指向"谁在听",是话语主体的言说对象,话语信息的接收者。具体到网络空间马克思主义话语权的建构活动中,网络空间马克思主义的话语对象就是指接收马克思主义话语信息的网民。应当指出并不是网络空间所有的网民都是话语对象,只有那些在网络空间接收到马克思主义话语信息并受到其影响的网民才是网络空间马克思主义话语的对象。

厘清网络空间马克思主义话语对象的特征,有助于我们更深刻地理解其内涵实质,找准其在网络空间马克思主义话语权生成过程中的作用与地位。对其特征的分析可以在与话语主体和现实社会马克思主义话语对象的比较中呈现。

与话语主体相比,话语对象表现出更多的客体性。一方面,话语对象在话语传播实践中是作为话语主体作用的对象存在的,必然受到话语主体对其传播的话语的作用和影响。网络空间马克思主义话语主体的话语传播行为有着明确的意图,不止在于传播马克思主义的知识、信息,更重要的目标在于通过信息的传递形塑话语对象的态度,影响其行为。尽管这种信息传播行为最终的结果并不完全如话语主体所愿,存在着有效或无效、正向或负向等多种可能,然而话语对象在接收信息的过程中必然受到其影响和作用是确定无疑的。另一方面,话语对象的客体性表现在,话语对象在话语传播的过程中始终受到话语主体的主导、支配与调控,处于从属和被支配地位。应当承认,网络空间的去中心化、平权化的趋势给话语主体的主导与支配地位的形成带来了困境,话语对象彰显出了越来越多的主体性特征。但是不能以此否认话语主体在话语内容、话语方式等网络空间马克思主义话语传播诸环节的选择与设计中表现出的支配与主导地位,话语对象在这些环节中处于从属地位,受到话语主体的主导与支配。一旦话语对象在接收的基础上进一步接受这些话语信息,话语对象的精神和行为被话语主体支配的地位则表现得更加明显。

网络空间马克思主义话语的对象与现实社会的话语对象相比较,

也表现出了独有的特征。一是虚拟性与多元性。虚拟性主要体现在，话语对象以符号化的形式存在于网络世界，在网络空间呈现出来的身份信息与思想状况与现实社会相比具有更大的隐蔽性。戈夫曼的"印象管理"理论认为，人们在人际互动中总是试图管理和控制他人对自己所形成的印象。① 在网络交往实践中，话语对象不仅身份是虚拟的，而且还会根据自己的意愿对自己的身份和思想表达进行选择性的裁剪和再创造，真实性被大大地遮蔽，无形中增大了话语主体对话语对象真实思想状况把握的难度。同时，与现实社会相比，话语对象除了职业、地域、血缘、年龄、学历等方面的差异之外，基于思想观点、价值观念、兴趣爱好等因素在网络空间所表现出的多元差异化更加突出，网络虚拟空间的超时空性，让多元话语对象聚合在同一时空，多元差异的密度被压缩，多元差异的特征被放大。

二是更大的自主性与流动性。网络交往是一种缺场性、脱域性的交往，时空的限制变弱，超时空性、即时性的交流互动得以实现。话语对象不仅可以摆脱现实社会的种种限制进行自由的言说，获得了网络话语内容生产的权力与便利，而且对于话语主体传播的信息，可以自由地决定认知接收、忽略屏蔽以及评价反馈，呈现出极强的自主性。网络空间话语对象还具有超越时空的流动性。对于个体话语对象而言，他可以在网络空间根据自身意愿自由地穿梭于多个舆论场，可以在虚实空间自由地切换。对于话语群体而言，话语对象的聚合与离散呈现极强的动态性，他们因兴趣、爱好、观点等因素的一致而聚合，又因任务的完结而离散。话语对象的流动性特征给网络空间马克思主义话语的传播造成了深刻的影响，因为在意识形态的教化过程中，话语对象接受和认可话语内容行为不是一次完成的，交流的频次与深度是影响话语对象态度的重要因素，话语对象的流动性和由此引发的"浅交往"增加了

---

① 参见[美]欧文·戈夫曼:《日常生活中的自我呈现》，冯钢译，北京:北京大学出版社，2008年，第39页。

意识形态教化的难度。

三是可塑性和制约性。可塑性是指话语对象在话语主体的对话交流中,被话语内容所影响和塑造,思想和行为发生了话语主体所希冀的变化。俞吾金在《意识形态论》中指出,人一出生就呼吸着意识形态的空气,并逐渐成长为装满意识形态溶液的容器。意识形态正是通过教化环节为人们所接受,进而成为他们行为的真实动机和出发点。[①] 教化是通过话语交往实现的,话语信息在人的意识形态形成中发挥了重要的作用,信息多少、信息内容、信息的及时性成为意识形态话语认同的关键因素。在网络空间庞杂裂变式的信息激荡之下,正是因为话语对象的可塑性,网民才成了各种话语竞相争夺的对象,马克思主义话语网络化的高效传播变得更为紧迫和必要。话语对象的可塑性既为网络空间马克思主义话语权获得提供了可能,也加大了话语权获得的风险。制约性是话语对象具有约束和限制话语主体能动性发挥,影响话语权生成和发展的特性。网民的兴趣爱好、接受能力、价值倾向、需求状况等直接制约和影响着网络空间马克思主义话语权的生成,马克思主义的话语主体必须能够适应网络发展的变化,挖掘话语对象的接受需求、把握接受兴趣、评估接受能力、为话语对象量体裁衣定制针对性的话语形式和内容。

三、话语内容

话语传播的实质是话语内容的传播,话语内容是符号化的信息,内蕴着话语主体的思想价值,是话语主体与话语对象之间相互联系、相互作用的中间环节和中介因素,主要解决"说了什么"的问题。从网络意识形态话语权生成与运行的过程视角审视话语内容,可以发现它具备如下特征:具备关联属性,既与话语主体相关联,又与话语对象相联系,

----

① 参见俞吾金:《意识形态论》,北京:人民出版社,2009 年,第 80 页。

是话语主体与话语对象进行话语交往的桥梁与纽带，没有话语内容的勾连，话语主体和话语对象的对话交流将无法达成；具备传导性，总是要承载和传递特定的话语信息，履行信息输入与输出的导体功能，话语主体与话语对象借助话语内容实现信息的交换和思想的交流；具备互动性，是话语主体与话语对象相互作用的手段，话语主体运用话语内容可能实现对话语对象的思想渗透和行为支配，话语对象也可以就话语内容进行认知判断、评价反馈，进而反作用于话语主体，构成了一个双向互动、相互建构的话语传播与接收的过程。话语内容决定着话语传播的方向，是话语权生成的核心要素，正是因为其关键的地位和作用，习近平总书记专门强调，做好宣传舆论工作"内容永远是根本，融合发展必须坚持内容为王，以内容优势赢得发展优势"[1]，"主流媒体要及时提供更多真实客观、观点鲜明的信息内容，掌握舆论场主动权和主导权"[2]。

意识形态话语内容作为意识形态话语权生成结构中独立的二级子系统，具备层次分明、由不同要素构成的复合结构。具体而言，意识形态话语内容在构成要素上由价值型要素、知识型要素和实践型要素组成。价值型要素规定着意识形态话语的根本性质，反映着意识形态所代表的阶级的利益，正是由于意识形态话语满足了所代表阶级的利益与价值要求，所以才被该阶级认可和接受。意识形态话语的博弈主要是话语内容中价值型要素的对立与冲突，意识形态话语中价值型要素的变化意味着意识形态性质的改变，话语内容的价值型要素主要论证的是意识形态的"合法性"问题；知识型要素反映的是自然界、人类社会、人的思维运行发展的观点和看法，每一种意识形态话语都必然涵盖知识型要素，但有科学和非科学之分。意识形态话语中的知识型要素承担着为意识形态合理性论证的功能，主要解决意识形态"合理性"问

---

① 《习近平关于社会主义文化建设论述摘编》，北京：中央文献出版社，2017年，第46页。

② 转引自郑洁：《牢牢掌握网络意识形态工作主动权》，《红旗文稿》2019年第3期。

题;意识形态话语中的实践型要素主要是对意识形态在实践中施行的策略、方法和途径的进一步阐述,解决的是意识形态的"可行性"问题。著名科学哲学家拉卡托斯认为,任何科学理论都由理论的硬核和保护带组成,在意识形态话语内容内部结构上,价值型要素是硬核,处于话语内容结构的核心地位,决定着话语性质和方向,话语硬核的改变意味着话语性质的变化;知识型和实践型要素是话语内容的保护带,处于话语内容结构的外周,借助话语的论证保护话语的硬核免受经验事实的否证,可以且应当根据时代和实践的发展进行不断的调整,以增强话语的解释力和说服力。

以上关于意识形态话语内容内部结构的分析,为我们进一步剖析网络空间马克思主义的话语内容提供了清晰的思路。网络空间的马克思主义话语本质上是一种意识形态话语,在话语内容上也同样由价值型要素、知识型要素和实践型要素组成。在网络空间传播马克思主义,要坚守话语内容的价值硬核,树立以人民为中心的价值取向,倡导和践行社会主义核心价值观,对网络空间中传播的"意识形态终结论""意识形态中立论""马克思主义过时论"等形形色色的反马克思主义理论进行旗帜鲜明的批判和揭露,以确保网络空间意识形态话语传播的马克思主义的性质和方向。网络空间马克思主义话语内容中的知识型要素和实践型要素要结合现实社会和网络社会的发展实践予以丰富与拓展,不仅要把握现代科学技术发展特别是网信技术发展的脉搏,不断地吸收汲取新的科学知识,将其囊括到话语内容之中,为马克思主义的合理合法可行性辩护,而且要大胆融合和借鉴包括网络文化、中华传统文化在内的其他文化资源的合理因素,提升马克思主义话语内容的包容性;要运用马克思主义的立场、观点和方法对现实和网络社会中的新情况、新问题、新经验做出新的解读和调整,不断创新意识形态话语的内容,使网络空间马克思主义的话语内容充满生机和活力。

四、话语方式

在话语传播的环节中,话语内容如何呈现出来对话语方式充满着无限的依赖,反过来说,话语方式存在的根本意义就是要满足话语内容的有效传播。因此,话语的内容确定以后,接下来就涉及话语的传播方式问题。话语的传播方式反映着话语主体思考和阐述话语内容的方法和形式,是话语主体内在思维模式的外显,主要解决的就是"通过什么方式说"的问题。话语的传播方式体现的是话语内容、话语对象、话语语境等话语权内部结构要素对话语主体的规约性和匹配性。网络空间马克思主义话语的传播方式意味着话语主体根据话语内容、话语对象、话语语境等状况的不同,决定选用的话语表达形式、话语传播平台、话语传播形态等。它具备鲜明的建构功能,正是网络空间马克思主义话语的传播方式将分散的话语主体、话语对象、话语内容和话语语境等要素关联起来,按照一定的内在逻辑运行,网络空间的马克思主义话语权才得以最终生成;它具备显著的服务功能,得益于适合的话语传播方式与其他要素的匹配并为之服务,话语内容精准化表达变成可能,有效的话语传播方才成为事实。在媒介传播技术飞速跃迁的时代,话语传播方式在话语传播中的地位和作用不断凸显,可以说,谁能够灵活掌控并合理运用话语传播方式,谁就能够在网络空间取得居于支配地位的话语优势和符号资本。

分而述之,网络空间马克思主义话语的表达形式是对话语内部结构和外在形式的描述。话语传播实践中表达形式的丰富性源自修辞,"语言不可能像自然之物那样随性流淌,而总是要与主题、语境、语体相契,表达方式的选择更是修饰、调整和实用的结果","凡以说服、认同为目的的表达,皆属选择、加工、适用性的修辞"。[①] 在马克思主义意识形

---

① 胡百精:《说服与认同》,北京:中国传媒大学出版社,2014 年,第 45—46 页。

态传播话语的修辞方面,习近平总书记的表达堪称典范,"他的话语表达善于讲故事,通过蕴含事实、形象、情感、道理的故事讲述,使话语叙事情理兼备;善于使用化理论话语为生活话语的比喻修辞和化话语资源为话语力量的引用修辞,使话语阐释生动形象;善于高度概括,使用浓缩思想又新颖别致的语言,使话语呈现言简意赅;善用群众语言,使用贴近群众的生活话语,使话语讲述通俗易通;这些话语表达的特色使习近平意识形态话语表达呈现出强大的话语底气和话语自信,极大增强了话语的说服力和感染力"。① 马克思主义话语在网络空间的表达形式创新也要以此为样板,努力将晦涩的理论通俗化,抽象的价值具象化,理性的概念象征化,从而促进话语掌握更多的网民。

网络空间马克思主义话语表达方式除了包含表达形式之外,还有话语传播形态和传播平台的意蕴。就网络空间马克思主义话语的传播形态和传播平台而论,当前,信息技术、互联网技术以及通信技术的飞速发展,带来了舆论生态、媒体格局和传播手段的深刻变革,人类由此进入了全媒体时代。在全媒体时代,话语传播无论在形态上还是平台上都表现出了极大的发展和丰富性。所谓全媒体,是指针对时空、类别、终端相异的话语受众的多样需求,融合采用文图、声音、视频、动画等表现形态,通过纸质媒介、广电网络、互联网络、电信网络以及户外媒体等多元渠道进行的一种立体多样、多层覆盖、交叉融合的话语生产传播样态。② 全媒体时代,基于云计算、大数据、物联网、区块链与人工智能等新技术的不断涌现,话语传播在网络空间可以利用的表现形态和传播平台也在逐步创新拓展:在话语表现形态上,文字、图片、音频、视频、动画、VR、AR、MR 等样式不断丰富;在平台上,主流媒体、商业化媒体与社会化媒体共时性存在,移动应用、论坛社区、社交媒体、网络直播等新样态不断更新,QQ、微博、微信、客户端、短视频等新应用不断迭

---

① 参见吕峰:《习近平意识形态话语表达的鲜明特色》,《党的文献》2019 年第 6 期。
② 参见崔士鑫:《建设"全媒体",推动媒体融合向纵深发展》,《传媒》2019 年第 2 期(上)。

代,话语传播置身于"全程媒体、全息媒体、全员媒体、全效媒体"崭新的时代境遇。"正能量是总要求,管得住是硬道理,用得好是真本事"①,对于马克思主义的话语传播而言,必须要正视如此机遇与挑战并存的局面,审时度势,把握机遇,学会驾驭和运用多样的话语表现形态和话语传播平台,促进其以我为主、为我所控、为我所用,从而推动马克思主义话语在网络空间传播得更开、更广、更深入,反之,则会有被边缘化、标签化、空泛化的风险。

五、话语语境

在上文四个部分的阐述中,我们逐一回答了"谁在说""向谁说""说了什么""通过什么方式说"的问题,但是这些问题都受到话语语境的制约,因为话语语境关系到话语意义的生成,而话语的意义才是话语权力生成的关键所在。所以,我们非常有必要对话语语境进行详细的分析。按照一般的理解,话语语境是话语传播和发生作用的环境,是话语意义营造与还原的"容器"。话语内容只有被话语主体放置于特定的话语语境中审视和考量,才能建构出所要表达的意义,话语对象也只有将话语主体传播的话语内容回归于特定的话语语境中,才能实现与话语主体就意义的共通,因此,我们可以说话语语境体现的是客观实在对意义生成的制约性。

依据学科关注点的不同可以将话语语境进行不同的分类。在语言学研究中,语境一般被分为三类:一是上下文语境,侧重于描述话语表达的意义、形式与结构的连续性;二是情景语境,主要关注话语交往实践活动中的时间、地点、人物以及话题类型与现场氛围等;三是社会文化语境,包括话语实践过程所置身的社会政治、经济、文化等宏观环

---

① 习近平:《加快推动媒体融合发展 构建全媒体传播格局》,《求是》2016 年第 6 期。

境。[①] 传播学的分类除了借鉴语言学的分类之外,基于自身的学科属性还特别看重关系语境和媒介语境。关系语境关注的是话语主体和话语对象的角色、地位、权力、知识、财物等因素影响和设定的社会关系,媒介语境则关注的是不同的媒介形态以及媒介内部不同的类别所构成的交往空间。比如,网络空间的话语语境和现实社会的话语语境截然不同,即使是网络空间内部,不同传播平台之间语境也各有特点,这些都需要在具体的传播实践中予以细分。

实际上,对不同学科话语语境的分类的把握,更有助于我们深化对话语语境内涵的理解:话语的意义之所以需要语境的成就,是因为在人类的话语交往实践中,时间、空间以及主体的维度为话语意义的生成标定了清晰的三维坐标。在这样一个三维的坐标体系中,时间有先后,所以话语表达要考虑语境的连续性;空间有广延,所以话语表达需要语境上下左右的呼应;人有我和他者,才需要话语主体与不同话语对象间语境的相通。进一步说,话语的意义之所以需要语境的成就,还因为人类所有的话语交往实践都是在更宏大时空交错幕布上的小叙事,映射着局部话语与整体话语之间的关系,局部话语需要借助整体话语背景才能实现意义的连续与共生。比如,在网络空间进行话语交往实践,即使言说在当下,我们也不得不考虑曾经的过去和遥远的未来,即使言说在网络场域,我们也无法摆脱更大的、虚实交融的现实空间的影响。

研究网络空间的马克思主义话语传播,我们需要将目光进一步聚焦在马克思主义在网络空间传播的语境。网络空间的话语多元差异性、无边界性、圈层化、碎片化等特征明显,话语语境与现实社会相比表现出更大的动态和可变性,马克思主义的话语传播更需要话语主体时刻关注话语语境的变化,依据话语语境和话语对象的变化,适时地对话语内容、话语方式做出调整,保持其他结构要素与话语语境的动态平衡,以提升话语表达的针对性与实效性。此外,在网络空间,话语可以

---

① 参见左菊:《语境与话语含义》,《荆楚理工学院学报》2009 年第 8 期。

复制,语境却很难如人所愿从此处复制至彼处,网络空间脱域性的话语传播极易造成话语对象在理解话语内容时脱离原来的语境,带来望文生义的话语传播困境。现在,在网络空间马克思主义话语传播的策略上我们已经注意到受众的细分,依据话语对象的不同采用不同的传播策略,事实上,我们还应该进一步进行语境的细分和语境定位,在话语传播中更多地关注语境的区隔、调适和匹配。

第三节　网络空间马克思主义话语权的生成逻辑

本章的前两部分重点论述了网络空间马克思主义话语权的内涵、特征、功能以及与现实社会马克思主义话语权的关系,厘清了网络空间马克思主义话语权生成的结构要素。本节将在上述部分的基础上尝试对网络空间马克思主义话语权生成的内在逻辑进行探析。网络空间马克思主义话语权生成逻辑关系话语权"为何生成""何以生成""以何生成"的重要问题,是对本章前两节话语权认知问题的确证与深化,也是进一步探讨网络空间马克思主义话语权建构策略的科学依据。因此,从纷繁复杂的网络马克思主义话语权建构实践中提炼出生成逻辑,使网络空间马克思主义话语权得到理论把握和清晰说明,是研究网络空间马克思主义话语权建构问题不可缺失的重要内容。

一、生成必要性:多元话语的自由言说

网络世界中的网民个体既是网络行为实践的主体,同时又是现实世界的真实存在,兼具虚拟与现实的双重身份。我们已经在现实世界进行了马克思主义话语权的建构,为何需要在网络虚拟的空间里推进马克思主义话语权的生成,换而言之,网络空间马克思主义话语权生成

或出场的必要性在哪里,这一问题是我们进行话语权生成逻辑分析必须考虑的初始问题。

(一)马克思主义话语表达和调节着广大人民群众的利益

在进行网络空间马克思主义话语权生成必要性的分析之前,我们首先必须厘清这样一个预设前提,即追逐利益是人类一切活动的动因和社会发展的基本动力。正如马克思和恩格斯所言,"人们为了能够'创造历史',必须能够生活。但是为了生活,首先就需要吃喝住穿以及其他一切东西。因此第一个历史活动就是生产满足这些需要的资料,即生产物质生活本身"。① 获取满足自己生存的衣食住行等基本物质生活资料的生产活动成为人类社会发展的逻辑起点。基本的需求得以实现之后,为了满足更高层次的生存与发展的需要,人类陷入了循环往复的对利益的无限渴望与追逐的历史进程中。"人们为之奋斗的一切,都同他们的利益有关"②,获取利益成为人类一切活动的起点与归宿,人类社会的历史也就演变成了个体和群体有目的地实现利益的过程。

由于受到生产力不平衡、社会历史条件以及客观环境的制约,利益差别在这一过程中表现为普遍存在的客观现象。个体和群体的利益分化与冲突迫切需要在交往实践中通过话语予以沟通和调节,于是代表不同阶级和集团利益的意识形态话语表达成为必要。意识形态话语因其具备的独特功能成为与暴力统治权并存的"思想的软权力",为统治阶级所重视和青睐。对于统治阶级而言,需要反映统治阶级利益的话语对其内部成员进行教化与训练,规避其对利益追逐的自发与盲目性,启发其正确认识和处理个体利益与整体利益、眼前利益与长远利益关系的自觉,需要意识形态的话语赋予统治阶级的利益以普遍的形式,从

---

① 《马克思恩格斯选集》(第一卷),北京:人民出版社,2012 年,第 158 页。
② 《马克思恩格斯全集》(第一卷),北京:人民出版社,1995 年,第 187 页。

而在被统治阶级中吸引和塑造更广泛的社会基础,达到维护统治阶级利益的目的。"思想一旦离开利益,就一定会使自己出丑。"①马克思主义话语作为一种意识形态话语,反映着无产阶级和广大劳动人民的整体利益,同样需要在同其他阶级的意识形态话语斗争中赢得话语权,对外维护本阶级的利益,对内调节统治阶级内部的利益关系。

(二)网络空间自由言说是技术赋权与多元利益合谋的结果

如果说现实社会的利益多元与分化引发了网民利益表达与言说的冲动,那么网络信息技术对网民的话语赋权则为网络空间网民的自由言说提供了可能。在前网络时代,话语的传播权力被报社、电台、电视台等官方渠道牢牢把控,个人权益的话语表达受到时空的压抑,只能在有限的范围内进行。网络的诞生赋予个体网民自由表达的权力,网络话语权力被重新分配至网络的每一个节点。网民以符号化的虚拟形式存在于网络空间中,超越了现实社会关系的羁绊和身份的制约,不再屈服于任何话语权威,虚拟身份的平等促成了话语表达的空前释放。同时,多元利益主体的利益与意见之争,在互联网突破了时空阻隔,公开地呈现在"前台",网络空间一度成为众声喧哗之地。网络传播这种多中心、平权化的特征改变着话语传播的格局和话语权力的规则,致使马克思主义在现实社会依托自上而下、一对多线性传播获得的话语权威在网络空间遭遇挑战和去中心化。

事实上,网络话语权力再分配对于马克思主义话语权的影响不全是负面的,因为马克思主义并不是意识形态的话语"欺骗",话语本质上反映的就是广大网民的整体利益,网络话语权力的再分配,给予了每一个个体充分表达自我权益的渠道和平台,客观上促进了社会民主化的进程。但是问题的关键在于,由于个体认知的局限,网民利益的多元网络话语表达时常表现出对自身利益追逐的盲目和自发性,缺乏整体把

---

① 《马克思恩格斯文集》(第一卷),北京:人民出版社,2009年,第286页。

握个体利益与集体利益、局部利益与整体利益、眼前利益与长远利益的理性自觉,进而诱发与马克思主义话语的冲突,导致对马克思主义的认同弱化并对其疏离。这种话语冲突经常呈现为网民个体在网络空间倾向于以共同的利益为标准结成利益群体,以"人民"的名义"捆绑"话语权,对马克思主义的话语权威进行网络围观和"话语审判"。

此外,意识形态的阵地,马克思主义不去占领,非马克思主义、反马克思主义的意识形态就会去占领。网络空间的无边界性给异质意识形态话语在我国网络空间的传播提供了便捷的条件,网民思想观念如果不被马克思主义所掌握,就有可能被异质意识形态话语所误导,成为它们话语的"俘虏",思想上的分化将会给巩固党的执政地位、人民群众整体利益的实现以及维护社会安定团结的局面构成极大的威胁。

(三)赢得马克思主义网络话语权的关键是对网民利益表达的引导

面对现实网络空间网民个体话语自由言说和多种异质社会思潮鱼龙混杂的境况,对于马克思主义话语主体而言,面临着两种可能的选择和出路:第一种选择就是返回到定于一尊的时代,采取断然措施阻遏网络技术对于话语权力的再分配,压制网络空间网民个体的权益表达和话语竞争,屏蔽众声喧哗,这是一种"压服"式的策略。在实践中,表现为物理性地掐断民众与网络世界的联系,对网络空间民众的不同声音采用技术手段予以压制,等等。"现在,有一种观点认为,互联网很复杂、很难治理,不如一封了之、一关了之。这种说法是不正确的,也不是解决问题的办法。"①毋庸讳言,采用"压服式"的策略也可以获得网络话语暂时的和谐和统一,但是民众多元利益表达的合法渠道一旦关闭,网络空间作为社会稳定"安全阀"的功能就会丧失,民众不满的情绪就

---

① 习近平:《在网络安全和信息化工作座谈会上的讲话》,北京:人民出版社,2016年,第12页。

会集聚,最终不利于社会的稳定。同时还会导致社会信任破产,引发合法性的危机,最终也无法真正获得基于民众自觉认同和普遍支持的意识形态话语权。

第二种方式是直面传统信息传播模式和话语权格局的变革,以平等自信的形象参与到网络话语的多元利益对话中去,这是一种"说服引导"的策略。现代社会,随着公民意识的不断觉醒,单向度的支配与征服变得越发困难,多中心的网络信息化时代话语权只有在对话和说服中方能实现。马克思主义的话语主体要倾听网民的多元化利益表达,把握网民的利益关注点,发挥马克思主义话语的教化引导、协调整合功能,依托真理和价值的力量,加以合理的话语表达方式,在网络空间赢得话语优势。

二、生成可能性:话语与权力的同构性

马克思主义话语在与网络信息技术融合的过程中内蕴着话语权力生成的可能性因素,这种可能性因素勾连着话语权力生成的客观实在性与目标指向性。建构网络空间马克思主义话语权的过程就是话语主体发挥主观能动性,充分利用可能性的因素,减少阻碍性的因素,弥合客观现实与目标指向之间的裂痕与鸿沟,将可能转化成现实的过程。因此,对可能性因素的分析,有助于我们把握网络空间话语权力生成的逻辑,以更清晰的思路在网络空间建构马克思主义的话语权。

(一)话语与权力的相互建构

话语与权力的相互建构一方面表现为,权力支撑和构建话语。首先,话语的背后因为有权力的支撑,其"合法性"的地位才得以确立和巩固。话语没有权力作为后盾,没有权力的介入,很难形成真正意义上的话语权。所以马克思说"统治阶级的思想在每一时代都是占统治地位的思想。这就是说,一个阶级是社会上占统治地位的物质力量,同时也

是社会上占统治地位的精神力量"①。反映统治阶级意识形态的话语
正是由于有了强大的国家机器的支撑和保障,才得以顺利地社会化成
为民众的行为规范;其次,话语传播的结构要素受到权力的制约与支
配。不仅仅是话语自身内蕴着权力要素,话语传播与生成过程中的各
结构要素都受到权力的控制与规训,受到权力的筛选、控制、组织与再
分配。"我们知道得很清楚,我们不是想说什么就说什么,我们不能无
论何时、何地都说我们喜欢的东西,谁也不能想说什么就说什么。"②在
话语传播要素中,话语主体只有遵循权力谱系陈述,才能被话语对象认
可、接受和认同,话语对象和话语内容也是权力选择的结果,与权力实
现无关的话语对象和话语内容都不可能出现在话语传播的视野中。就
话语主体展开而言,"谁在说"本身就是一个权力问题,话语主体的社会
地位、经济实力、受教育水平等"权力资本"影响着话语的效果,这也能
够解释,为什么在网络空间,每一个网民都有说话的机会和平台,但是
话语权却掌握在少数意见领袖手中。

　　话语与权力的相互建构另一方面表现为,话语生成并增值权力。
首先,话语生成权力。"话语意味着一个社会团体依据其某些成规将意
义传播于社会之中,以此确立其社会地位,并为其他社会集团所认知的
过程。"③话语言说的过程就是权力意志支配和控制的过程和权力倡导
的秩序和规则实现的过程,话语为维持权力关系服务,因此,意识形态
话语本身的价值就指向为维护现实的权力关系服务。在传统社会权力
是依靠暴力来实现支配控制的,在现代社会权力更多依靠话语来进行
温和的、柔性的统治。依靠暴力生成的权力过于强硬,容易激发受众的
拒斥和抵抗意识,而话语因为兼具思想的渗透性和实践的指向性,成为
权力生成的理想中介。通过话语对合法性的论证,将话语布控于社会

---

　　①　《马克思恩格斯选集》(第一卷),北京:人民出版社,2012 年,第 178 页。

　　②　Michel Foucault.*The Archaeology of Knowledge & The Discourse on Language*,
New York:Pantheon Books,1972,p.57.

　　③　王治河:《福柯》,长沙:湖南教育出版社,1999 年,第 139 页。

日常生活之中,以神散而形聚的策略运行权力,更能为话语受众所接受。话语不仅是权力施展的工具,更是掌握话语权的重要资源。其次,话语还可以实现权力的增值。权力在话语的合法性论证中,对于受众的支配和控制力增强,话语传播影响更多的受众,权力运行的边界被拓展,权力在话语传播中实现增值。比如,西方发达资本主义国家为了实现资本向全球的渗透,炮制了一套私有化、自由化的新自由主义的说辞向广大发展中国家推介和传播,一旦发展中国家接受了这些主张并把它变成制度的安排,那么少数西方发达资本主义国家的政治经济权力就实现了从一国向全球的膨胀与扩张,西方发达资本主义国家的权力在新自由主义话语的传播中实现了增值。

（二）网络化传播提升了马克思主义话语权实现的可能性

话语与权力是同构的,话语表征的是一种权力关系,话语在时空中所及之处,可以构建出无处不在的、"毛细血管"般的权力网络。因此,对于马克思主义话语权力的生成而言,除了自身的理论的科学性与合理性之外,话语的有效传播和认同就成了决定话语权力生成可能性的关键环节。话语传播媒介作为勾连话语主体与话语对象的中介因素,赋予话语表达力的强弱直接影响着话语的有效传播和认同,成了话语实现权力过程中的重要运作参数。

在传统媒介时代,无论是话语传播的平台与载体,抑或是话语表达的样态都受到技术的限制,话语主体与话语对象之间横亘着时空的鸿沟无法逾越,话语内容由于缺乏合适的表达样态,难以激发话语对象的兴趣,不易被话语对象所理解,话语信息在传播环节的损耗也放大了理解的偏差,传播方式造成话语受限缩小了权力施展的空间和效度。网络媒介技术的横空出世极大地改变这一状况,马克思主义话语借助网络化传播生成话语权的可能性得到提升。在话语传播环节,网络为马克思主义话语的传播提供了多样的平台和载体。基于传播载体的即时性、无界性和交互性,马克思主义话语可以渗透到网络的每一个节点,可以传播到时间和空间上分散的潜在受众,话语影响和辐射的范围被拓展。在话语接受环节,建构在高度发达的信息技术之上的话语表达的形式和样态不断丰富。"如果意识形态想要有效地发挥作用,它必须是快乐的、直觉的、自我认可的。一言以蔽之,它必须是审美的。"①马克思主义抽象化、理论化的内容可以借助网络丰富多样的传播样态呈现出更强的亲和力、感染力、吸引力,进而增强自身的生命力和影响力。马克思主义话语主体"有理说不出,说了传播不开",话语对象对马克思主义话语"看不上""听不懂"的话语传播与认同困境将在话语与网络的耦合中逐步破解。

总而言之,权力与话语是一种相辅相成、相互支撑的同构共生关系,权力支撑话语并蕴于话语之中,话语生成权力。"权力—话语—权力"的运行逻辑意味着话语权实际上是现实权力借助话语实现对话语对象的精神、行为的支配与控制权。话语传播与认同的过程实质上就是话语主体权力意志实现的过程。现代社会,网络媒介在话语传播与认同过程中发挥的作用不断放大,马克思主义话语借助网络掌握话语权不仅可行,而且实现的可能性获得了提升。

三、生成过程性:话语主体间对话理解

在对网络空间马克思主义话语权生成的必要性和可能性进行详尽的分析之后,对话语权生成的过程进行考察和分析就显得非常必要,因为这才是揭示话语转换成权力奥秘所在的关键环节。网络空间的对话逻辑以及意识形态话语权作为一种"思想软权力"的实质共同决定了马克思主义在网络空间的话语权只能生成于同网民的平等对话之中。

---

① ［英]特里・伊格尔顿:《审美意识形态》,王杰等译,桂林:广西师范大学出版社,2001 年,第 30 页。

（一）网络的技术哲学是对话逻辑

每一次科学技术的重大变革背后都有属于自己的哲学思维支撑，互联网得以生成的哲学元逻辑是对话。在前网络时代，意识形态话语的传播多以一对一、一对多的信息单向流动的方式进行，信息获取的不平等性和传播的一维性决定着话语的对象即便有不同意见也很难在现实空间觅得便捷通畅的反馈渠道。信息与知识的不对称是传统的意识形态话语对话中话语主体权威得以建立和维系的基本前提。"传统媒体使用两分法把世界划分为传播者和受众两大阵营，不是作者就是读者，不是广播者就是观看者，不是表演者就是欣赏者。新媒体与此相反，它使每个人不仅有听的机会，而且有说的条件。新媒体实现了前所未有的互动性。"①网络的出现彻底改变了这一信息流动的格局，网络空间信息传播的自由平等、多元海量，让网民可以以较低的成本获得丰富充分的知识和信息，信息的垄断被打破；网络为网民搭建了交流对话的平台，提供了话语回复、评论、点赞、转发、拉黑等现实空间不具备的对话功能，这些话语回馈和评价功能是即时的，而且可以依据思想观点、价值观念的一致性在虚化的空间内进行自由的、累积式的集聚，给话语传播主体造成持续"压力"。

网络技术的迭代发展，将网络由单纯的信息空间转换成了关系网络空间，网民在网络空间不仅生产、传播、分享信息，而且建构了多向互动的关系。网络不仅改变网民的交流方式，还改变着网民的思维习惯，网络技术体现的自由、民主、平等等价值观念也在网络生活中内化为网民的惯习，表现为网民在话语交往中一种反权威、反中心、反压服的思想和行为习惯。总之，网络的对话哲学以及在此基础上构建的交互对话的技术方案致使传统的意识形态话语自上而下单向教化的模式在网络空间日渐式微。与此同时，网络在给意识形态话语传播提出问题的

---

① 匡文波：《关于新媒体核心概念厘析》，《新闻爱好者》2012 年第 10 期。

同时,也在其自身内部暗含着解决问题的方案,那就是遵循互联网逻辑,进行意识形态话语的对话,这不仅是必须的,而且是可能的。

(二) 话语传播主体与接受主体的"主体间性"关系

就意识形态话语权自身而论,意识形态话语权终究是依靠说服而实现的"思想的软权力",同意识形态的领导权、管理权相比,它不是一种依靠强制能获得的权力。与人类其他的改造客观世界的实践活动不同,意识形态话语传播主体面对的是话语对象的思想世界,话语对象在认知话语传播主体话语信息的过程中,绝非仅仅是对象化、可支配的存在,在接受环节中承担着独立自决的主体角色。然而在过往具体的实践中,意识形态话语的传播主体为了达到对他者精神的支配与控制,僭越话语接受主体职能的情况大量存在,暴露出纯粹而又迫切的目的性和功利性。在这种工具理性的支配下,话语传播主体的权力意志、主体性得到充分的膨胀,话语对象沦为了话语权力实现的工具,话语主体与话语对象之间表现为一种纯粹的改造与被改造、控制与被控制的关系,话语传播的过程蜕变成为单向度的灌输与压服的过程。显而易见,在现代社会的话语交往实践中,特别是网络的出现,这种工具理性支配下话语权实现的逻辑因过度强调话语对象的客体性,忽视主体性而引发拒斥心理遭遇重重危机。

实际上,话语接受主体和话语传播主体同处在意识形态话语权生成的过程之中,二者并不是简单的"主体—客体"的二元对立关系,而应该是相互尊重、平等对话,共同影响话语权生成的"主体间性"关系。因此,破解意识形态话语权建构危机的关键在于让意识形态的话语传播主体退回到自己权力的合法边界之内,让意识形态话语权回归"思想的软权力"的本性,促进话语传播主体和话语接受主体之间实现平等而有效的对话沟通。在网络空间马克思主义话语权的建构中,这种对话沟通意味着话语传播主体与话语接受主体经由网络相连接,进行双向的话语符号传递,建立起"主体—客体—主体"的关系。话语传播主体运用蕴含国家、社会、人民意志的马克思主义话语信息对话语接受主体进行引导，话语接受主体以平等的身份与话语传播主体进行反复的对话沟通，将自己的意见评价积极地反馈给话语传播主体，话语传播主体依据反馈进行调整完善和再引导。在这一双向互动的过程中，最终共识或理解被达成，话语接受主体实现了对马克思主义话语的自觉认同，话语传播主体对接受主体和马克思主义话语内容的认识得到完善提升，网络空间马克思主义话语权得以生成。

（三）对话理解达成的基础是网民根本利益的一致性

在网络空间，话语传播主体与话语接受主体经由网络媒介平台的对话沟通达成共识或理解的前提是二者根本利益的一致性，假若二者之间存在根本利益的对立，这种共识或理解将很难达成。我国是社会主义国家，马克思主义话语内容体现的是人民群众的整体和长远利益，马克思主义国家话语在网络空间内部调节的是网民的个体、局部、眼前利益与长远、整体利益的关系。在网络空间马克思主义话语传播主体与网民平等开放的对话沟通进程中，一方面，网民个体与群体的利益关切、利益焦虑进入话语传播主体的视野，国家政治权力将予以关切和解决。"网民来自老百姓，老百姓上了网，民意也就上了网。"①所以，网络空间马克思主义话语权的实现不是对网民个体权益的忽视与压抑，而是在尊重多样差异中给予充分且畅通的表达渠道，针对合理的网络利益话语表达，马克思主义话语要予以积极的吸纳和调节，对于有损整体、长远利益和其他网民利益的不合理的利益诉求要予以积极的引导沟通，启发利益认知的自觉。

另一方面，马克思主义话语内容中反映整体、长远利益的国家议程也将由网络公共讨论转化为网民的关切和协同，通过对话协商寻求多元利益最大化的方案。以上两个方面的内容不仅是网络空间马克思主

---

① 《习近平谈治国理政》(第二卷)，北京：外文出版社，2017年，第336页。

义话语运作的过程,而且这种平等对话、双向交流的方式本身也是马克思主义话语合法性的重要来源。即便因为网民个体暂时的利益与整体长远利益的分歧最终无法达成共识,却也可能因为话语的对话沟通而达成理解与认同。

四、生成策略性:同异质话语的自觉博弈

任何一种意识形态要获得话语权的关键环节是需要得到民众的普遍认同和自觉接受,所以马克思主义话语经由与网民对话理解的模式,赢得"民心",获得合法化与普遍化的过程是其话语权生成的一般逻辑。然而事实上,网络话语空间从来都不是只有一种意识形态话语独立存在的"纯净之物",马克思主义话语教化和引导网民的过程始终受到各种异质意识形态话语的渗透与干涉。正所谓"意识形态阵地,马克思主义不去占领,各种非马克思主义甚至反马克思主义的思想就会去占领"。因此,马克思主义在网络空间自觉同异质意识形态话语展开话语博弈和斗争,从而清除网络"杂音",排除异质话语对网民马克思主义话语认同的干扰,作为一种话语权斗争策略是网络空间马克思主义话语权生成逻辑分析中不容缺失的重要部分。

(一)网络空间马克思主义话语权意味着话语的优势地位

全面而深刻地认识和把握网络空间马克思主义话语权生成逻辑的前提理应是首先认清和承认其是一种比较权力,是建立在网民普遍认同和自觉接受基础上的话语优势地位和优先权。可以从以下几个维度理解:首先,在网络场域内除了马克思主义话语之外,存在多种利益冲突的异质意识形态话语。如果没有多种意识形态话语,没有话语冲突,也就无所谓话语的优先权,谈论马克思主义话语权是毫无意义的。事实上,只有一种话语,一个腔调,在阶级社会的话语实践中是不存在的,这是意识形态话语权存在的客观基础,也是存在价值所在。其次,意识

形态话语权是动态、相对的权力。不同意识形态话语之间存在势差,这种势差源自意识形态话语的真理性、价值性和话语的表达力。在话语场域内,话语权力总是从低阶位的话语向高阶位的话语流动,高阶位的话语总是排挤低阶位的话语,话语权力的流动是话语博弈的结果,话语之间的相互排挤是话语博弈的表现形式。

网络空间话语权力流动和话语排挤体现出动态性和相对性特征。从时间维度看,在某一时间段内拥有话语权并不意味着永远掌握话语权;从空间维度看,在某一场域掌握话语权并不代表在另一场域也掌握话语权。譬如,在门户网站上掌握了话语权,并不代表在社交网络平台上也掌握了话语权;从话语权力客体维度看,在某一网络群体内拥有话语权也不意味着在另一群体内拥有话语权。正是由于看到话语场域内,不同意识形态话语为了获得优势地位而进行的相互博弈,以及这种优势地位的动态性和相对性,西方马克思主义者伊格尔顿才认为,"领导权永远不是一个一劳永逸的成就,而是必须不断地被更新、再造、捍卫和修正"①。

(二)在对异质意识形态话语的自觉批判中赢得话语权

批判一词在马克思主义学说中意味着为追求真理和捍卫无产阶级的利益而对现存的一切进行理性考量和辩证扬弃。列宁曾指出,马克思主义理论"在其生命的途程中每走一步都得经过战斗"②。一部马克思主义话语的生成史就是一部马克思主义的创立和继承者对资本主义、空想社会主义和各种唯心主义等形形色色思潮的批判史。一部马克思主义在中国意识形态领域传播与发展的历史,就是一部同各种非马克思主义、反马克思主义社会思潮斗争的历史。中国共产党人运用马克思主义立场、观点、方法,批判性分析、审视中国社会不同历史阶段

---

① Terry Eagleton. *Ideology*, London: Verso, 1999, p.115.
② 《列宁全集》(第十七卷),北京:人民出版社,2017年,第11页。

流行的社会思潮和思想观念,回应各种社会思潮的挑战,在对各种思潮科学批判、借鉴反思的基础上,不断完善自身的理论,逐步掌握了意识形态领域的主导权与话语权。

"意识形态批判是指通过思想、观点的交流、交锋、论辩等说理方式以弱化其他意识形态的话语权和强化自己的话语权,进而达到巩固自己所服务的经济基础的思想活动。"①当前,新自由主义、历史虚无主义、普世价值观等多样化的思潮正在以不同的话语形式在网络空间积极表达自己的理论主张,与马克思主义争夺话语权,网罗和俘获了不少网民。社会思潮是具有广泛影响的,特定阶级或阶层利益诉求的理论表达,是一定实践逻辑与理论逻辑的辩证统一。毋庸讳言,多样化的社会思潮有利于促进文化交流、增强民众主体意识、避免社会的同质化倾向,吸收借鉴其有益部分对于提升主流意识形态的包容性、激发理论创新活力具有积极意义。但是,纷繁复杂的社会思潮也极易引发社会成员的思想混乱和价值观念扭曲,成为马克思主义话语的解构者。马克思主义要获得和巩固网络空间的话语权就必须理直气壮地弘扬马克思主义批判精神,坚持理论批判、实践批判与自身批判的有机统一,旗帜鲜明地同各种异质网络思潮展开针锋相对的话语斗争和思想博弈。

一方面要认真剖析各种社会思潮生长土壤、利益诉求,揭示其话语表征背后的利益遮蔽与狭隘立场,揭露其歪曲、虚假与谬误的一面,帮助网民全面认识其本质,减少、弱化其对网民的消极影响;另一方面又要吸收借鉴各种社会思潮的合理和普遍性因素,正视各种思潮聚焦和反映的社会问题,检视反思马克思主义话语自身的局限与不足,在对各种社会思潮的扬弃超越中完善话语体系。② 正如毛泽东所言,"马克思主义者不应该害怕任何人批评。相反,马克思主义者就是要在人们的批评中间,就是要在斗争的风雨中间,锻炼自己,发展自己,扩大自

---

① 黄明理:《论新时代意识形态的批判精神》,《马克思主义与现实》2019 年第 4 期。

② 参见吕峰、王永贵:《新时代我国主流意识形态话语权建构的多重维度》,《社会主义研究》2018 年第 4 期。

己的阵地"。[①] 在网络空间,马克思主义自觉主动地与异质意识形态话语展开话语交锋、话语博弈,批判错误理论,历练和完善自身,增进网民认同,对于巩固和捍卫网络话语权大有裨益。概而言之,网络已经成为意识形态话语斗争的主战场,马克思主义与异质话语展开话语博弈,防范、抵制和反击网络错误思想的传播,既是赢得话语权的必经途径,也是打好网络意识形态斗争主动仗的方法与策略。

---

① 《毛泽东文集》(第七卷),北京:人民出版社,1999 年,第 232 页。

第四章　网络空间马克思主义话语权建构历程及经验①

　　马克思主义话语权在网络空间的建构过程,是一个在实践中不断探索、调适、创新和发展的过程。自信息化时代以降,网络技术日益成为推动人类文明进步发展的先导力量,使全球化逐渐超越现实经济生活实践的意义,推动着不同国家、民族文化思想的交汇与碰撞。与此同时,网络信息技术的出现和应用,深刻改变着人们的生产生活方式,也催生出焕然一新的社会行为和社会心理,触发人们的价值观念发生革命性变革。它以其所固有的强大力量,真正彻底地打破了时空的阻隔,突破了传统交往方式的限制,形成一个跨越国家、文化的网络虚拟空间。网络空间极具多元性、开放性、互动性等特性,一方面,为人们能够更加自由方便地获取信息和交流思想提供了充分可能;另一方面,也使得各种力量充分涌入这一空间,意识形态交锋斗争日趋激烈。在网络空间中,面对多元文化的交融碰撞、舆论场域的众声喧哗、错误思潮的冲击侵蚀,中国共产党在风云涌动的时代环境中,积极主动地进行马克思主义话语权的建构,在坚守中创新,在创新中发展,始终以高度的理

---

　　①　本章部分内容以《提升我国网络意识形态话语权的思路》为题发于《理论探索》2022 年第 4 期,收录本书时略有修改。

论自信和实践自觉不断在实践中求解方法、破解难题,有力地巩固了马克思主义在网络空间的意识形态话语权。

第一节　网络空间马克思主义话语权建构的历史进程

任何事物的发展都遵循由浅入深、由点及面的运动规律。马克思主义在网络空间的话语权的建构和巩固亦是如此,同样呈现出从局部向全局扩展、从低层次向高层次跃升的渐进过程,体现出一定的阶段性。深刻认识马克思主义话语权在网络空间的发展阶段,梳理总结各个发展阶段的实践历程,对于进一步推动马克思主义在网络意识形态领域的领导权和话语权的提升具有重要意义。

恩格斯曾言:"一切社会变迁和政治变革的终极原因,不应当到人们的头脑中,到人们对永恒的真理和正义的日益增进的认识中去寻找,而应当到生产方式和交换方式的变更中去寻找。"①马克思主义话语权在网络空间的巩固提升是一个渐进的发展过程,它随着网络信息技术的进步而发展,随着意识形态话语权实践的拓展而创新,其发展历程基本上经历了由"初步形成"到"推进发展",再到"全面提升"三个时期。

一、初步探索:加强意识形态信息网络管理

马克思主义在网络空间的意识形态话语权是与中国的网络信息化时代相伴而生的。1994 年我国实现全功能连接国际互联网后的约前十年时间,是中国互联网发展的初创期,也是马克思主义话语权在网络

---

① 《马克思恩格斯文集》(第九卷),北京:人民出版社,2009 年,第 284 页。

空间的初步建构期。在这一时期,我国正视互联网的利弊,主动构建马克思主义在网络空间的话语权,进行了许多积极有效的尝试和实践,有力地巩固了主流意识形态阵地,也为我国网络意识形态建设的开拓创新积累了宝贵经验。

网络技术的迅速发展,在深刻改变和丰富人们的生产方式和生活样貌的同时,也开辟了社会主义意识形态建设的新空间。这意味着,网络不仅拓展了社会主义意识形态传播的深度和广度,也意味着信息的传播打破时空限制,给意识形态建设带来全新的挑战,意识形态的交流交锋也日趋激烈。在这种情况下,确证一种意识形态在网络空间的主导性地位具有更为重要的战略意义。

美国学者曼纽尔·卡斯特认为,以信息技术为中心的技术革命,使人类社会发生翻天覆地的变化,"新的传播系统日趋使用全球的数码语言,既将我们文化的言辞、声音与意象之生产与分配在全球层次整合,又按个人的心情和身份品位量身订制。互动式电脑网络(network)呈指数增长,并创造传播的新形式与频道,它既塑造生活,同时也为生活所塑造"。① 1994 年,我国成功接入国际互联网,自此开启了信息化的时代序幕。当然,网络的发展有一个从简单到复杂的实现过程。在该阶段,网络以信息的只读模式为主要特征,网络空间单纯呈现出"网络到人"的互动模式,只解决了人对信息搜索、聚合的需求,而没有彻底解决人与人之间沟通、互动和参与的需求。网民在"网络—人"的信息互动模式中,只能建立具有单向性的有限表达与接受的关系,仍处于被动接收信息的位置。但是,相比于报纸、电视等传统传播媒介,"在极短时间里把个人的意见或观点向几百人甚至成千上万人表达,并可以因为表达形式和表达内容而引起大家关注,甚至引起'集体兴奋',这已经是一种崭新的网络群体现象了"。② 总之,这一阶段,网络空间的信息内容相对简单,无论是

① [美]曼纽尔·卡斯特:《网络社会的崛起》,夏铸九等译,北京:社会科学文献出版社,2001 年,第 3 页。

② 刘少杰:《中国网络社会的发展历程与时空扩展》,《江苏社会科学》2018 年第 6 期。

网络信息的发布者还是网络信息的接受者,在其中扮演的角色都较为固定,作用也相对有限。因此,意识形态管理部门的主要任务聚焦于守护网络空间的安全边界,防止错误思想的蔓延和西方势力的侵扰。

这一时期,在积极发展、加强管理、趋利避害、为我所用的方针指导下,马克思主义意识形态话语权建设坚持科学正确的战略发展观、阵地安全观、网络管理观,进而明晰思路、创新手段,由简单的封堵了事转向了技术、队伍、法律规制的全方面架构,打破了之前监管措施相对单一、仅仅依靠有限的强制手段巩固话语权的局面,既积极健康地推进了网络基础设施建设,也有力地巩固了马克思主义的话语权。

(一)充分利用网络的战略发展观

如何看待网络技术,如何看待网络作用,这是发展网络空间首先要回答的问题,如果对这一问题认识有偏差,就容易在网络空间的意识形态话语权斗争中丧失先手,失去巩固意识形态阵地的大好时机。以江泽民为核心的第三代中央领导集体,以高远的战略视野,研判国际国内信息网络发展趋势,形成了关于信息网络发展的战略发展观。"当今世界,科技进步突飞猛进,特别是信息技术和网络技术发展迅速,对世界政治、经济、军事、科技、文化、社会等领域产生了深刻影响。这必须引起我们高度关注。"①江泽民认为,网络信息的飞速发展,对社会主义建设的各个方面都产生了重大的影响,网络利弊兼具,对此必须要有清醒的认识。就意识形态话语权建设来讲,海量的信息通过网络延伸到社会的各个角落,为文化传播提供便利,但是也为话语权的巩固带来新的挑战。因此,对于信息网络化这一问题,"我们的基本方针是:积极发展,加强管理,趋利避害,为我所用,努力在全球信息网络化的发展中占据主动地位"。② 首先,要辩证地看待网络的发展,既不能因为挑战止

---

① 《江泽民文选》(第三卷),北京:人民出版社,2006 年,第 300 页。

② 《江泽民文选》(第三卷),北京:人民出版社,2006 年,第 300 页。

步不前,也不能因为机遇放任不管,网络意识形态建设要主动出击、主动构建,积极发展和利用网络信息。其次,"既要积极推进信息网络基础设施方面的建设,又要大力加强信息网络管理方面的建设。把这两方面工作都搞好了,就可以迅速而又健康地推进我国的信息网络化"。① 在这一阶段,还提出社会主义意识形态建设要善于利用网络,不断拓宽意识形态工作的空间和渠道,提升马克思主义在网络空间的领导权和话语权。江泽民强调,"要重视和充分运用信息网络技术,使思想政治工作提高时效性、扩大覆盖面、增强影响力"。② 例如,在实践中,推进了专业门户网站的建成,一些高校也相继建立了网上红色阵地,这为宣传党的路线、方针、政策提供了全新平台和渠道,对于信息化时代加强和改进意识形态工作十分有利。

(二)保障网络安全的阵地安全观

科学技术本身是中性的,然而,网络空间所传播的内容包含着需要主流意识形态规范和引导的价值诉求。江泽民曾指出,"随着信息网络化的发展,网上一些迷信、色情、暴力和其他有害信息的传播,对人民群众尤其是青少年的身心健康造成很大危害;网络违法犯罪行为日益突出,网上诈骗等种种违法活动干扰了市场的有序运行;敌对势力利用信息网络进行意识形态渗透,散布政治谣言,企图搞乱我国安定团结的大局,搞乱人心;等等。同时,在如何保障我国信息安全方面也存在不少问题"。③ 网络信息技术使人们的社会生活超越了日常生活空间,形成了网络这一文化和交往的新空间,但是网络空间并没有完全脱离现实社会,它从现实社会发展而来,也影响着现实社会。所以说,网络空间依然存在着意识形态斗争和思想道德问题,并且会对现实社会产生作用。针对信息化时代这种复杂的境况,江泽民提出,"互联网已经成为

---

① 《江泽民文选》(第三卷),北京:人民出版社,2006年,第300—301页。
② 《江泽民文选》(第三卷),北京:人民出版社,2006年,第94页。
③ 《江泽民文选》(第三卷),北京:人民出版社,2006年,第301页。

思想政治工作一个新的重要阵地。国内外敌对势力正竭力利用它同我们党和政府争夺群众、争夺青年"。① 另一方面,网络空间中也存在大量的虚假信息,同样对马克思主义话语权的巩固造成影响。因此,为巩固意识形态阵地,牢牢掌握马克思主义话语权,中国共产党积极作为,进行了许多实践探索,集中体现在思想引领、主体建设和技术保障三个层面。在思想引领层面,为巩固马克思主义的话语权,抵制西方文化侵略和价值渗透,驳斥歪理邪说和打击反社会主义的反动言论;在主体建设层面,江泽民提出,"各地区各部门的领导干部,必须加紧学习信息网络化知识,高度重视网上斗争的问题。我们的党建工作、思想政治工作、组织工作、宣传工作、群众工作等,都应该适应信息网络化的特点";②在技术保障层面,高度重视人才在技术发展中的作用,将网络人才的培养工作放在战略位置,通过高校教育和实践锻炼等多方面的措施,加快网络技术人才的教育和培养,以此推动我国信息技术的发展,缩小和发达国家的"数字鸿沟"。

(三)坚持依法治网的网络管理观

江泽民强调,"对信息网络安全的保障和管理工作做得好不好,关系到国家经济、政治、文化的发展,关系到国家的利益和安全"。③ 面对这一时期网络空间的挑战以及信息建设和管理工作中出现的问题,我国为巩固意识形态阵地,形成了坚持依法治网的网络管理思路,并将其充分运用在意识形态话语权实践之中,推动着意识形态工作的进一步发展。依法治国是党领导社会主义建设的基本方略,法治意味着一切事物都必须动循矩法、遵法而行。在网络治理中,必须要有良性的法律政策规范和引导网络主体的行为,否则网络的发展方向将会出现偏误。在初期的探索中,我国不仅强调以德治网,通过引导网络机构和广大网

---

① 《江泽民文选》(第三卷),北京:人民出版社,2006 年,第 94 页。
② 《江泽民文选》(第三卷),北京:人民出版社,2006 年,第 300 页。
③ 《江泽民文选》(第三卷),北京:人民出版社,2006 年,第 301 页。

民增强网络道德意识,共建文明的网络环境,并且提出在网络发展的思路上更要注意充分运用法律手段搞好网络管理工作,实现网络的健康稳定发展。一方面,要有法可依,不断加强和完善信息网络立法。"不仅要制定禁止性、管理性的法律规范,而且要制定促进信息技术和信息产业健康发展的法律法规,还要有促进信息网络从业单位行业自律的规定。"①从而引导和维护网络空间的秩序。我国根据这一时期网络发展的特点,制定了一系列规范网络行为、维护网络安全、确定国家安全边界的法律法规。例如,1996 年颁布的《中华人民共和国计算机信息网络国际联网管理暂行规定》属于国家首次颁布的比较全面的规定;1997 年,全国人民代表大会通过的《中华人民共和国刑法》对计算机犯罪作出了规定等,都为网络空间意识形态话语权的巩固打下了基础。"信息网络是国际化的,不仅需要通过国内法律进行规范,还需要通过国际性规则予以调整。"②为此,我国积极参与有关信息网络的国际条约的制订,进一步加强了国际网络发展的交流和合作。另一方面,强化网络信息方面的司法和执法。随着网络信息的进一步发展,问题也层出不穷,我国在网络管理工作中坚持完善行政执法体制,通过司法手段维护国家与人民的利益,促进网络信息健康有序的发展,有效地掌握了网络意识形态斗争的主动权。

二、推进发展:发展中国特色的网络文化

信息技术的迅猛发展,不仅使网络空间的时空范围和时空形式不断延展,而且使网络空间与现实社会的交互影响力持续加深,网络空间所承载的结构内容也加速拓展,对于现实的超越性也日益突显。以信息化时代的演进线索来看,从利用网络进行信息的搜索和聚合,到人与

---

① 《江泽民文选》(第三卷),北京:人民出版社,2006 年,第 302 页。

② 《江泽民文选》(第三卷),北京:人民出版社,2006 年,第 302 页。

人之间满足了参与和互动的需求,各种网络群体的大量形成和互联网全面融入日常生活,说明网络空间的内容、结构和活力都在不断增强。马克思主义话语权正是在这一时期进一步发展的。

"Web2.0"时代是马克思主义话语权推进发展阶段。在这一阶段,随着网络空间的扩大和网络功能的持续深化,信息由"网络—人"的模式转变为"人—网络—人"的模式,更直接地打破了传统文化单向性的传输,真正实现了文化信息传播的双向性、交互性。"在网上,每个人既是思想文化的参与者、制作者,又是思想文化的接受者。……互联网的互动特征在思想文化层面给我们带来许多新的思考。"①虽然在这一阶段网民还是以个体方式面对社会存在,但网络空间的开放性、平等性、多元性等特征日益明显,通过在网络上对现实社会热点问题的深度探讨,网络空间和现实社会融合发展态势不断深入。网络空间的延伸扩大也对马克思主义话语权的构建提出了新要求。网络技术和网络环境的变化推动新的文化系统的形成发展,"Web2.0 所带来的信息消费方式的革命,是更意味深长的。它不仅改变了受众的信息消费模式,也在很大程度上反作用于信息的生产模式,并且对整个信息传播的格局带来影响。而由信息消费模式变化带来的人们行为方式与价值体系的变化、人与社会关系的变化、社会思潮与社会格局的变化,则是更深远的"。② 特别是网络文化的形成和发展,既丰富和发展了我国的社会文化,也加剧了世界范围内不同思想文化的交融与激荡,意识形态领域更显多元、多样、多变。由于网络的开放性和时效性,各种文化价值能够在其中相互交织,而这也使得西方的价值渗透更加具有隐匿性,它们可以在先进的传播方式和技术的帮助下长驱直入,潜移默化地影响民众的思维方式和价值理念。与此同时,网民更容易接触到西方的文化消

---

① 杨立英、曾盛聪:《全球化、网络化境遇与社会主义意识形态建设研究》,北京:人民出版社,2007 年,第 57 页。

② 彭兰:《个性化与社会化:Web2.0 时代信息消费的双重旋律》,《国际新闻界》2008 年第 3 期。

费品,这亦使得人们特别是青少年群体不自觉地受承载其中的西方价值观念和生活方式的影响。这些无疑都影响着马克思主义在网络空间的主导地位,威胁着意识形态领导权和话语权。

基于这些变化,在网络空间仅仅以管控的手段进行意识形态治理早已不合时宜,在马克思主义话语权的建构过程中,必须诉诸深层次的文化力量,以更好地凝聚社会共识,唤醒人们的精神信仰,使整个社会的思想文化更加健康向善。在这一阶段,党中央从中国特色社会主义事业总体布局的高度,全面部署网络文化建设和管理工作,首次鲜明提出"发展中国特色的网络文化"的重要论断,强调:"按照发展社会主义先进文化的要求,坚持积极利用、大力发展、科学管理,以先进技术传播先进文化,促进和谐文化建设,更好满足人民群众日益增长的精神文化需要,为全面建设小康社会提供有力的思想保证和舆论支持。"①这为网络文化建设指明了方向,也为新时期马克思主义话语权的巩固提供了根本遵循。

（一）坚持社会主义先进文化前进方向,以主旋律滋养网络空间

文化建设是中国特色社会主义总体布局中的重要方面,中国共产党历来重视文化在意识形态建设中的强大作用,不断在实践中推动社会主义文化的繁荣发展,并以此来引领方向、凝聚力量。"大力发展中国特色的网络文化"重要论断的提出标示网络文化属于社会主义先进文化的范畴,是厚植中国特色社会主义文化根基的题中之义,这是对马克思主义文化观的新认识、新发展。网络空间不会自发形成和传播先进文化,所以,社会主义先进文化必须牢牢占领网络这一重要阵地。掌握宣传思想工作的主动权和领导权,积极传播社会主义先进网络文化是建构马克思主义话语权的必然要求。在这一时期,网络文化建设始

---

① 《胡锦涛文选》(第二卷),北京:人民出版社,2016年,第560页。

终沿着社会主义先进文化的发展方向稳步发展,以思想文化的主旋律滋养网络空间、净化社会风气,实现了马克思主义话语权的稳固发展。面对网络空间纷繁复杂的意识形态症结,我们党坚持对优秀传统文化创新性发展、创造性继承,积极借鉴别国优秀文化成果,在多样中塑主导、在多元中谋共识、在多变中求认同。"建设社会主义核心价值体系,形成全社会共同理想信念、道德规范、精神追求,打牢全党全国各族人民团结奋斗的思想道德基础,是我国文化建设的重要任务。"①党的十六届六中全会提出社会主义核心价值体系的科学命题,标志着我们党对中国特色社会主义的认识已经从制度层面深入价值层面,深化了对共产党执政规律、社会主义建设规律和人类社会发展规律的认识,既为网络空间提供了价值规范和精神追求,也有力地抵制了错误价值观的不良影响。

(二)大力开展思想道德建设,营造文明健康的网络环境

"社会风气是社会文明程度的重要标志,是社会价值导向的集中体现。树立良好社会风气是广大人民群众的强烈愿望,也是经济社会顺利发展的必然要求。"②良好的社会风气能够陶冶情操,给人以积极向上的精神状态,也能实现社会的健康稳定发展。与之相反,不良的价值观念和行为方式如果形成风气,势必会腐蚀社会的健康肌体。因此,必须要旗帜鲜明地提倡和弘扬社会主义的新风正气,决不能模糊混淆"真善美"和"假恶丑"的界限。由于网络空间本身具有的开放性等特征,加之经济利益的驱动、管理的缺失和外来文化的冲击等原因,使得网络空间在一段时间里乌烟瘴气、生态恶化,主要表现就是低俗、媚俗、恶俗的"三俗"文化的滋生和蔓延。胡锦涛强调,"要净化网络环境,努力营造文明健康、积极向上的网络文化氛围。要大兴网络文明之风,在网上广

---

① 《胡锦涛文选》(第二卷),北京:人民出版社,2016年,第560页。
② 《胡锦涛文选》(第二卷),北京:人民出版社,2016年,第430页。

泛开展社会主义荣辱观宣传教育,倡导文明办网、文明上网,帮助和引导群众加强维护网络环境的责任和义务意识,共建网上精神家园"。^①在网络空间推进思想道德建设,包括广泛开展社会主义荣辱观宣传教育。以"八荣八耻"为核心内容的社会主义荣辱观是社会主义意识形态的道德标准,代表了社会主义社会的主流道德认识,为新时期网络空间文化氛围的养成提供了社会价值导向的标尺,增强了马克思主义在意识形态领域的影响力和凝聚力。用社会主义的道德标准引导和规范广大网民的道德意识和行为方式,增强人民群众的道德判断力,教育他们在庞杂多样的网络空间中辨明正误、识得美丑,自觉抵制不良文化的腐蚀;另一方面,着眼于健全网络监管的法律政策,为网络生态的良性发展提供刚性维护,从而推动了网络良好风气的形成。

（三）提升网络文化产品和服务的供给力,丰富人民群众的精神世界

"能否积极利用和有效管理互联网,能否真正使互联网成为传播社会主义先进文化的新途径、公共文化服务的新平台、人们健康精神文化生活的新空间,关系到社会主义文化事业和文化产业健康发展,关系到国家文化信息安全和国家长治久安,关系到中国特色社会主义事业全局。"^②随着物质生活的改善,人民群众的精神需求也日益增长。因此,为人民群众提供更多更好的网络文化产品和服务变成了文化建设的当务之急。在实际工作中,为满足人民群众的精神文化需求,我国着力提升网络文化产品的供给力,积极探索网络文化生产传播规律,以新技术拓展新业务,充分发挥出先进文化滋润心灵、陶冶情操、愉悦身心的作用。意识形态工作坚持以人为本,将坚持先进文化的要求贯彻到精神文化产品的创作生产中,渗透到网络文化服务的提供中。"把博大精深

---

① 《胡锦涛文选》(第二卷),北京:人民出版社,2016年,第561页。
② 《胡锦涛文选》(第二卷),北京:人民出版社,2016年,第559页。

的中华文化作为网络文化的重要源泉,推动我国优秀文化产品的数字化、网络化,加强高品位文化信息的传播。"①给网络空间提供了强大的道德动力和精神支撑。另外,这也规定了文化工作者和文化单位自觉按照坚持社会效益和市场效益相统一的原则进行创作和生产,将积极的人生态度、正确的政治观念和健康的生活旨趣传递给人民群众,有效地改变了意识形态领域思想混乱、价值转向和道德失范的网络现象。

三、全面提升:营造日益清朗的网络空间

无须赘言,马克思主义话语权总是随着社会的发展进程而不断推进的。马克思主义话语权在网络空间的全面提升和技术迭代密不可分。2009 年以来,微博、微信等新媒体工具的相继出现叩开了网络新时代的大门,人工智能、关联数据和语义网络构建等技术使人与人之间的信息往来的便利性达到了空前的程度,互联网进入以全方位互动为特色的互联网模式,特别是从 2012 年以后,我国全面进入了移动通信和互联网相结合的移动互联网时代。与此同时,网络空间的存在样态也由之前的有线网络和个人电脑载体的论坛、博客等,发展为以无线网络和移动手机为载体的移动 APP,网络空间的发展到达了空间广阔、空前活跃的阶段。

"主流文化作为一种文化形态,在本质上属于精神层面的产物,要发挥其影响力,需要依托一定的物质载体。"②新媒体工具创造了主流思想文化和信息传播的全新物质载体,同时又因其自身特质给意识形态工作提出了新问题新挑战,考验着现有的意识形态应对路径和话语权建构方式。从话语主体来看,多元主体的产生增加了网络空间的治理难度。移动互联网时代的开启,给马克思主义的传播提供了技术上

---

① 《胡锦涛文选》(第二卷),北京:人民出版社,2016 年,第 560 页。
② 王永贵、王建龙:《微时代背景下提升社会主义主流文化引领力探析》,《探索》2018 年第 4 期。

的优势的同时,也在事实上拓宽了社会思潮的衍生、传播和变异,其中不乏西方势力的渗透和介入,因而使得舆论场域的力量角逐也日渐激烈。再者,网络新媒体的出现和普及,让"人人都有麦克风"的时代悄然而至,人们既是信息的生产者也是信息的消费者,在此背景下,不仅更难掌控舆论场域的噪音和杂音的蔓延,人们信息渠道的空前自由和便利也在一定程度上消减马克思主义的信仰。从话语内容看,网络空间是一个符号社会,话语的生产和传播对主体的身份没有硬性局限,再加之缺失有效监管体系,话语场域更呈现泥沙俱下的网络乱象,网络谣言、网络暴力等失范的话语内容四处弥散,威胁风清气正的网络意识形态空间的建设。从话语权的生成方式来看,互联网时代的信息传播具有个体化、去结构化和再中心化等特征,这种变化对于原有的话语权构建方式造成的影响是多重的、复杂的。如果说之前舆论的生成和传播都由国家掌控,马克思主义可以声情并茂地传达到人民群众之中,引领舆论导向。而在现时代的语境之下,信息的生成和传播下放到普通个体,催动着主流意识形态"权威"的结构和"元叙事"的消解,舆论场域却更加难以掌握,马克思主义话语权的绝对优势地位面临严重挑战。

"如何加强网络法制建设和舆论引导,确保网络信息传播秩序和国家安全、社会稳定,已经成为摆在我们面前的现实突出问题。"[1]世界变局的出现、改革开放的深入,客观上使社会主义意识形态建设进入风险叠加期和战略关键期,唯有综合研判、变革创新方能不断稳固马克思主义的话语权。置于复杂的时空语境下,马克思主义在网络空间话语权的构建也必须有更高标准和更严要求,这事关意识形态工作的整体实效,事关党的执政和国家长治久安。在这一时期,中国共产党高度重视网络意识形态工作,特别是十八大以来,以习近平同志为核心的党中央将网络话语权工作纳入国家总体战略布局之中,以战略视野审视和解决意识形态工作的焦点与难点,充分捕捉机遇、积极应对挑战,明确提

---

① 《习近平谈治国理政》(第一卷),北京:外文出版社,2018年,第84页。

出"加强互联网内容建设,建立网络综合治理体系,营造清朗的网络空间"①,从价值、制度和国际话语权等层面科学谋划网络意识形态建设,有力地确保了马克思主义在网络空间的话语权。

（一）在价值层面,培育和弘扬社会主义核心价值观,引领网络空间的思想舆论走向

人类文明发展的历史一再证明,任何国家和社会要实现正常运转,延续和发展自身文明,必须要有相对一致的价值观念体系来维系和支撑,并以此凝聚社会共识,规范日常生活秩序。党的十八大明确提出"三个倡导"的社会主义核心价值观,集中体现了社会主义的思想文化、意识形态和道德理想,是对国家精神、社会追求和公民道德的创新凝练,反映了我们党对社会主义意识形态建设探索和认识的新跃迁,同时也为网络空间的话语权建设提供了强大的价值支撑。在网络空间中培育和践行社会主义核心价值观,既能在同资本主义意识形态交锋过程中稳固马克思主义阵地,争夺话语权,对内又有助于提升社会主义意识形态的凝聚力和影响力,为引领多元社会思潮、营造纯净网络环境提供了必要的价值引导。习近平强调,要将核心价值观的培育当成凝魂聚气、强基固本的基础工程,"牢牢掌握意识形态工作领导权和主导权,坚持正确导向,提高引导能力,壮大主流思想舆论"②。为此,十八大以来,党在社会主义核心价值观的落小落细落实上下功夫,大力推动主流意识形态内容的视觉化、话语的网络化和表达的通俗化,将马克思主义的磅礴思想力量以更加直观生动的形式传达到人民群众之中,有效地拓展了马克思主义在网络空间的话语版图。再者,发挥政策的导向作用,将核心价值观的实践要求转化为政策设计、法律规定以及体现到社

---

① 习近平：《决胜全面建成小康社会　夺取新时代中国特色社会主义伟大胜利——在中国共产党第十九次全国代表大会上的报告》,北京:人民出版社,2017 年,第42 页。

② 《十八大以来重要文献选编》（上）,北京:中央文献出版社,2014 年,第25 页。

会管理之中，依法加强网络空间的治理，反对违法行为、抵制错误行为、谴责不雅行为，从而使文明清新之风充沛整个网络空间。与此同时，坚持"内容为王"，积极培育和传播正面向上的网络文化，"用社会主义核心价值观和人类优秀文明成果滋养人心、滋养社会，做到正能量充沛、主旋律高昂，为广大网民特别是青少年营造一个风清气正的网络空间"。① 不断提高优秀网络文化的供给力，进而牢牢掌握网络空间的话语权。

（二）在制度机制层面，完善坚持舆论引导工作机制，牢牢掌握网络舆论战场上的主动权

强化马克思主义在网络空间的领导权和话语权，制度是保证。在这一时期，党着眼于顶层设计、系统布局，坚持和完善构建马克思主义话语权的制度机制，特别是十九届四中全会首次从制度维度强调和擘画社会主义意识形态建设，为牢牢巩固马克思主义阵地提供了制度保证和基本遵循。例如，在党的领导上，坚持党管媒体、党管宣传的原则不动摇，用主旋律和正能量充盈网络空间。在管理体制上，针对现行管理体制存在的职能划分不清晰等弊端，不断完善互联网管理领导体制和责任机制，《中国共产党宣传工作条例》明确规定了各级党委和宣传部门的职责，推动了意识形态工作责任制的完善和落实。在媒体融合上，中央出台了《关于推动传统媒体和新兴媒体融合发展的指导意见》，明确提出要以互联网思维变革媒体传播格局。党从社会舆论多层次的实际出发，坚持"构建网上网下一体、内宣外宣联动的主流舆论格局，建立以内容建设为根本、先进技术为支撑、创新管理为保障的全媒体传播体系"②，推动传统媒体和新兴媒体的深度融合发展，创新主流意识形

---

① 习近平：《在网络安全和信息化工作座谈会上的讲话》，北京：人民出版社，2016年，第9页。

② 《中共中央关于坚持和完善中国特色社会主义制度、推进国家治理体系和治理能力现代化若干重大问题的决定》，北京：人民出版社，2019年，第24页。

态的传播方式,占据思想舆论引领的制高点。在现实工作中,各大主流媒体逐步构建出以"两微一端"为主要内容的新媒体传播格局,使传播载体更新了技术样态,有力地扩大了马克思主义的传播力和影响力。在舆论监督上,"改进和创新正面宣传,完善舆论监督制度,健全重大舆情和突发事件舆论引导机制"。① 以依法治网为总体要求,一方面,通过法律权威和正面宣传规范和引导网民的话语表达,相继出台《互联网跟帖评论服务管理规定》《互联网论坛社区服务管理规定》《互联网用户公众账号信息服务管理规定》《互联网群组信息服务管理规定》《网络信息内容生态治理规定》等政策法规,积极做大做强正面宣传,提升主流话语在网络空间的占有率,另一方面,充分发动广大网民群体参与网络空间治理,同时依靠网络媒体自律营造良好的话语表达秩序,从而打造出多元主体参与网络治理的舆论监督制度,推动着清朗网络空间的形成。

(三)在国际层面,积极谋求和大国地位相匹配的国际话语权

习近平强调,"推进国际传播能力建设,讲好中国故事,展现真实、立体、全面的中国,提高国家文化软实力"。② 强调提升在国际话语场域的影响力,是这一时期马克思主义话语权构建的鲜明主题之一,反映了我们党在世界变局中对国内外形势的新思考,也是在新的历史方位下对网络空间意识形态话语权建设提出的更高目标。对此,中国共产党顺应时代发展要求,在意识形态建设中积极推动理论、方法等方面创新,有效地扩展了当代中国的国际影响版图。在理论创新维度,精心构

---

① 《中共中央关于坚持和完善中国特色社会主义制度、推进国家治理体系和治理能力现代化若干重大问题的决定》,北京:人民出版社,2019 年,第 24 页。

② 习近平:《决胜全面建成小康社会 夺取新时代中国特色社会主义伟大胜利——在中国共产党第十九次全国代表大会上的报告》,北京:人民出版社,2017 年,第 44 页。

建对外话语体系,着力打造出一系列融通中外的新概念新范畴新表述,从而为宣示中国主张、回应世界关切和提升国际形象奠定了基础,使国际话语权建设视野更加宏阔,更加富有实效。例如,在十八大之后,党相继提出"中国梦"和"人类命运共同体"的宏大命题,有力地传导出当代中国的发展理念和价值追求。"人类命运共同体理念的提出充分体现了主流意识形态创新的包容开放自信的气质,具有全球眼光、世界视野和时代特征,为中国意识形态国际话语权夯实了思想基础、指明了航向,中国意识形态国际话语权提升由此进入了新时代。"[①]习近平在各种国际场合对"中国梦"的内涵和外延进行了充分说明和阐释,清晰地回应了"中国向何处去"的疑问。"中国梦"的提出以更具解释力和通俗性的国际话语沟通方式,实现了话语体系在对内对外两个层面的衔接和统一。在方法创新维度,着眼于阵地守护和对外宣传,坚持以新思维新方法推进网络话语权建设,进一步增强了马克思主义的话语影响力。就阵地守护来说,既树立正确的网络安全观,出台《网络安全法》等法律法规明晰网络阵地的安全边界,形成了从法律到技术的强大合力,有效地增强了网络安全的防御能力和威慑能力,也积极通过国际交流协作维护网络安全,倡导尊重网络主权、构建网络空间命运共同体,提出了关于全球网络治理的"四项原则""五点主张",从而获得了世界各国的认同和支持。就对外宣传来说,一方面,提升传播能力,既善于利用国际新媒体向世界宣介中国故事,也着力增强外宣旗舰媒体的国际影响力,更好地传播中国声音;另一方面,优化传播方式和途径,通过经济交往、政治互动等方式,特别利用文化交流的方式,向世界展示中华文化的魅力,增进世界各国对中国的认识和了解,从而拓展了中国在国际网络空间的文化疆域。

---

① 张志丹:《人类命运共同体视阈中的中国意识形态国际话语权》,《河海大学学报(哲学社会科学版)》2018 年第 2 期。

第二节　网络空间马克思主义
话语权建构的历史经验

马克思深刻揭示:"人们自己创造自己的历史,但是他们并不是随心所欲地创造,并不是在他们自己选定的条件下创造,而是在直接碰到的、既定的、从过去承继下来的条件下创造。"①在我国互联网二十多年的发展进程中,中国共产党高度重视网络空间的马克思主义话语权的建构,坚持从技术、内容到方式方法等层面推进网络话语权建设,在动态的社会发展中始终保持无产阶级政党的理论自信和实践自觉,把握时代历史趋势和中国发展的实际需要,不断明晰和发展马克思主义话语权建构的目标体系和实践方略,在网络空间有力地巩固了意识形态的话语阵地,在马克思主义话语权建构上取得了丰富的经验。鉴往知来,在现时的复杂语境之下,深刻总结和分析中国共产党在网络空间中提升马克思主义话语权的历史经验,能够为新时代进一步增强意识形态领导权和话语权、牢牢巩固网络空间的话语阵地提供诸多启示和借鉴。

一、必须牢固树立网络意识形态阵地意识

阵地是开展意识形态工作的空间场域,阵地守得住,才能在意识形态交锋中占据优势地位。实践一再证明,在意识形态的话语斗争中,一种话语力量的壮大总是伴随着另外一种话语力量的退却,如果马克思主义不去占领网络阵地,那么非主流思潮就会乘虚而入,弄不好可能阵

---

① 《马克思恩格斯文集》(第二卷),北京:人民出版社,2009 年,第 470—471 页。

地失守,危及执政安全。中国共产党历来强调要巩固马克思主义的指导地位,新中国成立初期,毛泽东就指出:"无论在党内,还是在思想界、文艺界,主要的和占统治地位的,必须力争是香花,是马克思主义。"①互联网接入中国伊始,我们党就着重强调网络阵地的重要性,并在实践中强化阵地建设和管理,有力地巩固了马克思主义在网络的话语主导权。

（一）在工作定位上,高度重视网络话语阵地建设,不断增强阵地意识

网络信息技术的发展在影响人们社会生活的同时,也给社会主义意识形态建设带来深刻变化。从网络时代的序幕开启之时,我们党就充分认识到网络信息对意识形态原有传播版图和安全格局的冲击。因此,一方面,我国积极利用互联网技术推动意识形态工作向前发展;另一方面,也将网络阵地的巩固和维护视为社会主义意识形态建设不容忽视的方面。

针对改革开放进程中存在忽视网络安全问题的现象,江泽民提出,"在大力推进我国国民经济和社会信息化的进程中,必须高度重视信息网络的安全问题"。② 必须牢牢守住党的思想文化阵地,"要加强对宣传思想文化领域的管理,包括切实加强对报刊特别是小报小刊、图书出版、电视电影、网络以及其他传媒阵地的管理"。③ 进入新世纪,世界形势发生深刻变化,网络信息技术的发展也呈现迅猛之势,胡锦涛更是鲜明指出,"互联网已成为各种社会思潮、各种利益诉求的集散地,成为意识形态较量的一个重要战场"。④ 因此,要"努力使互联网成为传播社会主义先进文化的前沿阵地、提供公共文化服务的有效平台、促进人们

---

① 《毛泽东文集》(第七卷),北京:人民出版社,1999年,第197页。
② 《江泽民文选》(第三卷),北京:人民出版社,2006年,第301页。
③ 《江泽民文选》(第二卷),北京:人民出版社,2006年,第566页。
④ 《胡锦涛文选》(第三卷),北京:人民出版社,2016年,第64页。

精神文化生活健康发展的广阔空间"①。

进入信息技术发展的新阶段,意识形态建设格局和面临的形势出现新变化,舆论斗争日趋激烈,各方力量在网络中粉墨登场,和马克思主义抢夺意识形态阵地,习近平进一步强调:"互联网是当前宣传思想工作的主阵地。这个阵地我们不去占领,人家就会去占领。"②从网络空间是意识形态斗争的"重要战场"的表述到"主阵地"的新论断的演绎,凸显出我们党对网络意识形态工作的极端重视。十八大以来,习近平多次强调,宣传思想工作必须增强政权意识和阵地意识,确保党的思想阵地守得住、建得好,并科学划分出思想舆论领域的"三个地带"——红色地带、黑色地带、灰色地带,指出要采取不同的实践策略以巩固和提升话语权。可以说,在长期的网络意识形态斗争中,中国共产党保持强大的战斗力,以高度的阵地意识构筑出意识形态安全的坚强防线,真正稳固了网络意识形态领域的主导权和话语权。新时代的网络话语权建设,也必须要在实际工作中继续重视网络意识形态工作,不断增强阵地意识,强化阵地和平台的管理和维护,切实抢占话语阵地的制高点。

(二)在领导力量上,坚持党对意识形态工作的全面领导

马克思主义认为,任何一个社会的思想领域,统治阶级的思想总是占统治地位的。所以,在阶级社会中,不存在超阶级的意识形态,即使是以"意识形态多元化"标榜的资本主义社会,同样是资本主义意识形态占据宰制地位。因此,在社会主义社会,无产阶级的意识形态必须要占据主导地位。但必须认清的现实是,意识形态建设面临的形势和挑战是多样而严峻的,要驾驭意识形态的复杂局面,维护马克思主义的主导地位,其关键在党,关键在坚持党对意识形态工作的坚强领导。实际上,我们党一贯重视对意识形态工作的领导,毛泽东就告诫全党,强调

---

① 《胡锦涛文选》(第三卷),北京:人民出版社,2016年,第64—65页。
② 《习近平谈治国理政》(第二卷),北京:外文出版社,2017年,第325页。

思想领导权是第一位的，必须毫不松懈地将意识形态领导权和话语权掌控在党和人民手中。在网络信息时代，意识形态斗争更加错综复杂，网上舆论工作已然成为国家意识形态工作中的重中之重，党为了巩固马克思主义的领导权和话语权，在思想和实践上不断提升对意识形态工作的领导力，为提高网络话语权建设的实效性提供了强有力的组织保障。

保证党对意识形态工作的全面领导，具体来看，一是坚持党管媒体、党管宣传的原则和制度不动摇。胡锦涛曾指出，"加强和改善党对新闻媒体的领导，有效引导社会舆论，是加强党的执政能力建设的重要方面，也是对党的宣传思想工作的重要考验"。① 新的历史方位下，习近平强调，必须旗帜鲜明地坚持党管宣传、党管意识形态，有效掌控媒体话语权和管理权，这既是对历史经验的科学总结、对宣传规律的精准把握，也是新时代加强意识形态话语权的重要遵循。二是要聚焦"关键少数"，推进各级党委肩负起使命和责任。在实际工作中，既要注重领导干部的政治建设和能力建设，使其以敢管的斗争意识和能管的斗争能力，在风云变幻的意识形态环境中守护好网络话语阵地，也要落实好意识形态责任制，明晰好"责任田"，从上至下层层传导压力，层层抓落实，以防阵地失之于宽、失之于软。三是要推动宣传思想部门强起来。"宣传思想部门承担着十分重要的职责，必须守土有责、守土负责、守土尽责。宣传思想部门工作要强起来，首先是领导干部要强起来，班子要强起来。各级宣传部门领导同志要加强学习、加强实践，真正成为让人信服的行家里手。"②新时代，要使网络这一"最大变量"变成"最大增量"，不仅需要宣传部门的领导干部政治过硬、本领高强，也要加强宣传思想工作队伍建设，要有政治强、业务精、作风好、信得过的理论人才、技术人才和网络意见领袖，推进网络话语权建设不断取得实效。

① 《胡锦涛文选》(第二卷)，北京：人民出版社，2016年，第529页。
② 《习近平谈治国理政》(第一卷)，北京：外文出版社，2018年，第156页。

（三）在内容建设上，正确把握思想舆论导向，占据网络阵地的制高点

聚焦网络话语空间，现实一再证明，绝对的自由必然导致社会的失序发展，如果对错误言论和思想放任不理，任由其蔓延滋生，极有可能在思想文化领域出现劣币驱逐良币的逆淘汰现象，最终危害党和人民利益。因此，我们党特别强调要加强网络空间的内容建设，引领网络的价值导向和思想方向。早在 2000 年中央思想政治工作会议上的讲话中，江泽民就曾强调指出，"包括理论、新闻、出版、报刊、小说、诗歌、音乐、绘画、舞蹈、戏剧、电影、电视、广播、网络等，都应该成为我们宣传科学理论、传播先进文化、塑造美好心灵的阵地，决不能给违反四项基本原则、违反改革开放政策、违反党的方针政策的错误观点，以及危害人民特别是青少年身心健康的东西提供传播渠道。"[①]

信息技术日新月异式的发展，使网络安全的内涵和外延进一步扩大，网络信息呈现"爆发式"增长，内容良莠不齐，各种"主义""思潮""谣言"混入其中，危害人民合法权益，也弱化了马克思主义的话语权和引领力。因此，习近平强调："我们要本着对社会负责、对人民负责的态度，依法加强网络空间治理，加强网络内容建设，做强网上正面宣传，培育积极健康、向上向善的网络文化，用社会主义核心价值观和人类优秀文明成果滋养人心、滋养社会，做到正能量充沛、主旋律高昂，为广大网民特别是青少年营造一个风清气正的网络空间。"[②]包括宣传思想工作的导向论和价值论，需要贯彻和落实到新时代的网络话语权建设之中。推进马克思主义话语权的构建要坚持正确的导向论，即必须主动发声、正面引导，以正面宣传达成风化人的目的，让正能量始终充盈网络空间，掌控好整体的舆论走向，努力形成良好的

① 《江泽民文选》（第三卷），北京：人民出版社，2006 年，第 97 页。
② 《习近平谈治国理政》（第二卷），北京：外文出版社，2017 年，第 337 页。

舆论氛围。当然,营造积极向上的舆论氛围不是说网络空间只能有一种声音,而是强调要守护好话语安全边界,对搬弄是非、颠倒黑白等话语失范行为给予规制,防治错误言论和信息侵蚀蔓延,冲击主流意识形态的话语主导地位。

推进马克思主义话语权的构建要坚持正确的价值观。营造风清气正的网络空间,准确把握广大网民的思想动向和价值诉求是关键。因此,党一贯将社会主义核心价值体系的建设当作网络意识形态工作的重中之重,在新时代,必须要大力培育和践行社会主义核心价值观,使网民主体、网络言论、文化生产、服务供给等都符合核心价值观的标准和要求,从而厚植网络空间的精神根基,引导网络意识形态主流化。当然,需要明确的是,仅凭价值观的引领也难以有力地掌握话语权,必须要德法兼施,以政策导向、法律权威和网络管理推动舆论阵地的夯实。唯此,网络空间才能愈加清朗。

二、必须正确处理马克思主义与多元网络文化的关系

"任何一个国家的统治阶级,为了巩固其政治统治,都要维护和发展自己占统治地位的意识形态。这是一条普遍的社会规律。"[①]人类社会的思想意识必将伴随着时代发展和文明进步而不断从愚昧走向开化、从一元走向多样,这是不以人的意志为转移的必然趋势。当然,在国家意识形态领域,多样化的社会思想不可能平分秋色,任何社会都有一个占主导地位的意识形态。在网络空间中,除了马克思主义这个指导思想外,还有其他的思想形态存在。因此,党始终面临如何协调和处理"一元"和"多元"之间关系的重大课题。在这一问题上,中国共产党坚持"一主多样"的原则,既巩固了马克思主义的话语权和领导权,也推

---

① 中共中央文献研究室编:《改革开放三十年重要文献选编》(下),北京:人民出版社,2008年,第1158页。

动网络空间的文化繁荣发展。具体来说就是坚持方向、包容多样、掌握主动,既坚持马克思主义在意识形态的指导地位,又尊重和提倡思想文化的交流交融,同时掌握思想宣传的主动权,有利有理有节地开展正确的思想斗争。

(一)始终坚守和巩固马克思主义在网络意识形态领域的主导地位,牢牢掌握意识形态工作的领导权和话语权

在我国意识形态建设中,马克思主义是指导思想,居于主导地位,是社会主义意识形态的旗帜和灵魂。正如毛泽东所讲,"领导我们事业的核心力量是中国共产党。指导我们思想的理论基础是马克思列宁主义"。① 坚持马克思主义在思想文化领域的指导地位是意识形态建设的底线所在,网络话语权的构建必须坚守这一原则,须臾不可动摇和松懈。"在我们国内,必须坚持和加强马克思主义在意识形态领域的指导地位。在指导思想上绝不能搞多元化。西方国家就从来不允许马克思主义在他们的意识形态中居于指导地位。在这个大是大非问题上,我们必须清醒,切不可天真。"②网络信息时代的开启,使多样化的思想文化有了更加开放自由的栖息之所,网络空间因而也逐渐成为意识形态斗争的最前沿、主阵地。"西方敌对势力的鼓噪,国内的各种噪音杂音,不仅过去有,现在有,将来也还会有。关键是我们自己要有主心骨,要巩固和发展马克思主义在意识形态领域的指导地位。"③

在复杂的意识形态交锋中,中国共产党时刻保持马克思主义在网络空间的主导性地位和指导性作用,在坚持和巩固马克思主义指导地位的过程中推进了马克思主义话语权在网络空间的建构。一是依靠建设。坚持马克思主义的指导地位,固然需要依靠法律确定、行政命令和政策导向来实施,但更加需要依靠思想的力量来实现,这也是马克思主

① 《毛泽东文集》(第六卷),北京:人民出版社,1999 年,第 350 页。
② 《江泽民文选》(第二卷),北京:人民出版社,2006 年,第 564 页。
③ 《胡锦涛文选》(第二卷),北京:人民出版社,2016 年,第 528 页。

义直至当代依然显现强大生命力的根本所在。因此，构建马克思主义话语权重在建设，必须推进实践基础上的理论创新。"坚持以马克思主义为指导，必须落到研究我国发展和我们党执政面临的重大理论和实践问题上来，落到提出解决问题的正确思路和有效办法上来。"①通过提升马克思主义的解释力和说服力增进人民群众的思想认同。二是要凭借制度之力维护马克思主义的指导地位。在社会变革和发展中，制度问题是具有根本性和战略性的重大问题。大量事实证明，制度的顶层设计对推进马克思主义话语权的巩固和发展所起的作用绝不容忽视，依靠制度构建可以确保网络空间意识形态的发展方向，也可以推动意识形态工作有条不紊地开展。党的十九届四中全会首次从制度维度提出坚持马克思主义在意识形态领域指导地位的问题和任务，新时代必须一以贯之地坚持和完善这一根本制度，推进马克思主义话语权在网络空间的构建的新境界。

（二）正确认识当前思想文化领域的多样化局面

如何认识和处理"一"和"多"与"主旋律"和"多样化"之间的关系是马克思主义话语权建构过程中必须直面的问题。毛泽东对于这一问题曾指出，"实行百花齐放、百家争鸣的方针，并不会削弱马克思主义在思想界的领导地位，相反地正是会加强它的这种地位"。②承认思想文化的多样性是社会历史发展的逻辑必然。一方面，社会存在决定社会意识，经济、政治的变化必然反映在文化和意识形态领域；另一方面，思想文化的多样性和人们的思想水平、审美情趣等相联系。

我国的信息化进程伴随着改革开放的推进而向前发展，随着社会的转型，社会阶层和利益主体不断分化，思想观念日趋多样化。特别是互联网时代的到来，意识形态领域多元、多样、多变的特点进一步呈现

---

①　习近平：《在哲学社会科学工作座谈会上的讲话》，北京：人民出版社，2016 年，第14 页。

②　《毛泽东文集》（第七卷），北京：人民出版社，1999 年，第232 页。

出来,给网络话语权建设提出新的课题。在实践中,党历来旗帜鲜明地反对两种错误倾向,一种是以思想解放为由,或持马克思主义过时论、无用论等论调,否认马克思主义的主导地位,另一种是教条地固守马克思主义,拒斥任何思想资源和价值观念。在网络意识形态建设上,党强调和主张,"在尊重差异中扩大共识,在包容多样中增进认同,努力用社会主义核心价值体系引领网上多样化的思想意识,积极引导网络文化健康发展",①从而既维护了马克思主义在意识形态领域的指导地位,也推动了社会主义文化的繁荣发展。

当然,这并不意味着放任各种错误的思想意识滋生蔓延,而是强调在"一元主导、多元并存"意识形态领域必须坚持用马克思主义的主导去引领和带动多样性,用思想文化的多样性去激励和巩固马克思主义的主导地位。一方面,要在多样化的网络空间,"对危害中国共产党领导、危害我国社会主义政权、危害国家制度和法治、损害最广大人民根本利益的问题,必须旗帜鲜明反对,不能让其以多样性的名义大行其道"。② 以马克思主义规定意识形态的性质,引领多元思想文化,讲求原则、方法和手段有力地巩固话语权,防止各种非马克思主义意识形态占据主流。另一方面,强调要在坚守马克思主义核心地位的前提下包容多样,努力创造文化繁荣创新的活跃氛围,保证文化领域的生机活力,同时加强吸收,将多样的思想文化作为推进马克思主义与时俱进的有益资源,进一步彰显马克思主义的话语创新能力,提升马克思主义话语权的战斗力和生命力。

(三)有理有利有节开展正确的思想斗争,抓好网络意识形态舆论斗争

社会主义初级阶段,思想政治领域的斗争不仅长期存在,而且很复

---

① 《胡锦涛文选》(第二卷),北京:人民出版社,2016年,第560页。
② 《习近平谈治国理政》(第二卷),北京:外文出版社,2017年,第304页。

杂。特别是我国正处在全面、深刻的社会转型期,各种社会思潮从不同的利益角度,围绕社会转型期出现的各种矛盾和问题纷纷做出回应。其中有一些在涉及"四项基本原则"等重大方向性、政治性、思想性问题上有错误论调的思潮和观点,例如,虚构历史的历史虚无主义,否定改革的新自由主义、"普世价值"等,常在网络空间"兜售"其思想主张,迷惑人民群众,对马克思主义在意识形态领域的领导权和话语权造成了极大挑战。意识形态领域的斗争必须坚守原则和底线,也就是丝毫不能松懈,必须坚守阵地、寸土必争,决不能一团和气、是非不分,一旦有所退让,各种非马克思主义的思想就会占据关键地位,到那时再去消除其影响,就会更加困难。江泽民认为,"资产阶级自由化同四项基本原则的对立和斗争,实质是要不要坚持共产党领导、坚持社会主义道路的政治斗争,但这种政治斗争大量地经常地表现为意识形态领域的思想理论斗争"。① 因此,坚持马克思主义的指导地位,必须运用马克思主义的立场、观点和方法在意识形态领域同各种错误观点进行积极斗争。

　　总结网络话语权建设经验,其中重要的一条就是:思想文化阵地,马克思主义不去占领,其他思想就必然会去占领,它会抵消一切正面宣传,混淆视听,迷惑群众。所以说,有理有利有节地开展正确的思想斗争,不仅是合理的,而且也是必要的。有理,就是要强化思想说理,"凡是广大干部群众普遍关注的深层次问题,都要从历史和现实、理论和实践的结合上作出令人信服的回答"。② 非马克思主义思潮越具迷惑性、复杂性和隐蔽性,马克思主义就必须越要提升说服力和感染力,在把握时代发展趋势和总结人民实践创造的基础上推动理论创新,主动说理,有力地回答现实生活中人民群众关系的重大思想理论问题,澄清谬误,帮助人民树立正确的思想认识。有利,就是要积极应对,及时消除不利影响,充分发扬斗争精神、增强斗争本领,牢牢巩固马克思主义的话语

① 《江泽民文选》(第一卷),北京:人民出版社,2006 年,第 160 页。
② 习近平:《在全国党校工作会议上的讲话》,北京:人民出版社,2016 年,第 17 页。

阵地。有节,既要强调注重区分,正确区分学术问题、思想认识问题与政治问题的界限,科学区别中性社会思潮、错误社会思潮和不良社会思潮,也要体察人民群众的利益和思想愿望,通过耐心教育和宣传,教育人们摒弃错误的、落后的认识,逐渐引导人们认同主流意识形态。

三、必须不断创新马克思主义网络话语体系

意识形态作为一种观念上层建筑,具有总体性的认知范式的作用,能够将其价值立场和价值观点贯穿于自身的话语体系之中,从而对政权合法性、制度合理性等进行阐释说明,以其凝聚共识,引领社会发展。"把坚持马克思主义和发展马克思主义统一起来,结合新的实践不断作出新的理论创造,这是马克思主义永葆生机活力的奥妙所在。"[①]在意识形态建设方面,中国共产党敢于创新、善于创新,不断推进马克思主义在与时俱进中发展,大力加强话语权、话语体系建设为抓手,以高度的理论自信和话语自信,根据实践主题的变化推动马克思主义话语体系的创新,主动聚焦网络空间中的重大理论和现实问题,有力地稳固了马克思主义的话语权。

(一)立足中国实际,以马克思主义的立场观点和方法解读和引领时代,提升网络空间的话语主导力

创新马克思主义话语体系,其内涵就是要坚持构建贯穿马克思主义的立场、观点和方法的话语体系,不断增强马克思主义在网络空间的话语主导权。马克思主义认为,内容与形式是辩证法的一对基本范畴,内容决定形式,形式服从内容,并随内容的变化而变化。从某种意义上说,话语体系就是一定内容的表达方式。马克思主义的话语体系必须

---

① 习近平:《在哲学社会科学工作座谈会上的讲话》,北京:人民出版社,2016年,第13页。

要体现马克思主义的立场、观点和方法,坚持用马克思主义真理解读中国实际问题,从而构建出具有中国特色的话语体系。"中国特色社会主义理论体系归根到底是以马克思主义基本理论为指导的,是把这些基本理论同中国具体实际相结合的结果。马克思主义就是我们共产党人的'真经','真经'没念好,总想着'西天取经',就要贻误大事!"[①]因此,必须要深刻认识到,在网络话语权建设中,以贯穿马克思主义立场观点方法的话语体系解读中国现实问题的战略意义。对内来看,"主义"问题是关系到社会发展方向和国家稳定的重大问题,如果在这一问题上没有足够的警惕,有所偏误,必将消解全党全国共同的思想基础,更遑论为转型中的社会提供正确的价值规范和思想指引;对外来说,决不能用西方话语代替马克思主义话语,或者以资本主义的话语体系衡量我们的理论创新、裁剪中国的实践探索和发展得失,否则就会"贻误大事",消解马克思主义在网络思想文化领域的指导地位,冲击党和国家的意识形态安全。

坚持以马克思主义解读时代的同时,也应该立足现实,推动马克思主义在新实践中蓬勃发展。"要立足时代特点,推进马克思主义时代化,更好运用马克思主义观察时代、解读时代、引领时代,真正搞懂面临的时代课题,深刻把握世界历史的脉络和走向。"[②]只有把脉时代规律,直面现实问题,话语体系才有解释力和感染力。尤其是在信息化时代,网络技术日新月异,网络空间所聚集的话语议题也瞬息万变、难以掌控。因此,马克思主义话语体系只有坚持问题导向,"按照立足中国、借鉴国外,挖掘历史、把握当代,关怀人类、面向未来的思路,着力构建中国特色哲学社会科学,在指导思想、学科体系、学术体系、话语体系等方面充分体现中国特色、中国风格、中国气派"。[③]从而提升马克思主义话语体系的话语主导力,在网络空间中赢得越来越多的认同和支持。

---

① 习近平:《在全国党校工作会议上的讲话》,北京:人民出版社,2016年,第15页。
② 《习近平谈治国理政》(第二卷),北京:外文出版社,2017年,第66页。
③ 《习近平谈治国理政》(第二卷),北京:外文出版社,2017年,第338页。

（二）坚持人民主体，主动聚焦和阐释人民群众关心的重大思想政治问题，提升网络空间的话语感染力

马克思主义认为，思想本身不能实现什么东西，思想要变成现实，就必须掌握群众，诉诸物质力量。而思想要掌握群众就必须强化人民性，坚持人民立场，关心群众需求，反映群众利益；马克思说："任何一个阶级要能够扮演这个角色，就必须在自身和群众中激起瞬间的狂热。"①当然，要达成这一点，必然不能仅仅靠简单的宣传口号和政治承诺就能够实现的，而是需要提升理论的科学性，依靠逻辑的圆融自洽和理论的严谨周密获取群众理解和肯定。话语体系唯有坚持人民性、提升科学性，才能在现实社会中充分发挥作用，将思想理论转化为群众的自觉行动。意识形态斗争，归根结底是话语权之争，是关于争夺民心的斗争。马克思主义之所以能够在网络空间中取得统摄和主导地位，其中一个重要原因就是党坚持人民主体地位，主动聚焦人民群众关心的重大理论和现实问题，不断强化话语体系的人民性和科学性，创新话语表达，使之真正为人民群众所接受和认同。

首先，要善于学习和凝练人民群众的智慧总结。善于向群众学习，尊重人民群众的实践创造是马克思主义不断创新的动力源泉，胡锦涛强调，"学习邓小平同志建设中国特色社会主义理论，学习其他各种知识，都必须密切联系这一伟大实践，做到带着现实问题学理论、用理论指导解决现实问题，真正把读书和实践结合起来，把学习同总结亿万人民群众创造的经验结合起来"。② 这启示我们，要增强马克思主义话语体系的人民性和科学性，就必须始终植根人民之中，不断汲取群众的实践创造和生活经验，并将之体现到话语体系之中，使马克思主义话语体系得到充实和丰富，从而更容易为群众所理解，并成为人民群众的行

---

① 《马克思恩格斯文集》(第一卷)，北京：人民出版社，2009年，第14页。
② 《胡锦涛文选》(第一卷)，北京：人民出版社，2016年，第141—142页。

动自觉。

再者,要尊重人民群众的价值诉求和思想愿望。马克思主义的话语体系必须自觉地为广大人民群众吁求,体现人民的意愿,反映人民的呼声,实现并维护好人民的利益,进而增强在网络空间的群众基础。当然,也要用贴近实际、贴近生活、贴近群众的语言和方式表现出来。特别是在网络空间中,群众更加喜欢和容易接受具有灵活性、通俗性、娱乐性等特征的话语,空洞的话语内容和死板的表达方式反而不被群众亲近。因此,马克思主义话语体系的构建,一定要在向群众学习、与群众沟通的过程中寻找共同语言,善于使用人民群众听得懂、喜欢听的话语内容和表现方式来主动言说和表达,从而增强价值认同,推动马克思主义充盈在整个网络空间,牢牢巩固意识形态话语权。

(三)增强国际视野,精心构建对外话语体系,以融通中外的新概念、新表述讲好中国故事,提升网络空间的话语影响力

网络空间话语权建设的任务有内宣、外宣两个方面,对内要引领思想、凝聚共识,对外则是要努力谋求国际话语权,维护意识形态安全,增强国际影响。重视对外话语体系的构建,积极谋求国际话语权,是中国共产党网络话语权建设的又一重要经验。特别是十八大以来,党将"展形象"作为宣传思想工作的使命任务之一,即"推进国际传播能力建设,讲好中国故事、传播好中国声音,向世界展现真实、立体、全面的中国,提高国家文化软实力和中华文化影响力"。① 强调要提升讲故事的能力,积极向世界展现中国立场、中国力量和中国方案。新的时代背景下,"要精心做好对外宣传工作,创新对外宣传方式,着力打造融通中外的新概念新范畴新表述,讲好中国故事,传播好中国声音"。② 其中,最关键的就是要精心凝练和打造融通中外的新概念新范畴新表述,构建

_____

① 《习近平在全国宣传思想工作会议上强调:举旗帜聚民心育新人兴文化展形象、更好完成新形势下宣传思想工作使命任务》,《人民日报》2018年8月23日。

② 《习近平谈治国理政》(第一卷),北京:外文出版社,2018年,第156页。

具有中国特色和国际视野的对外话语体系,这是谋划国际话语权的重要前提,也是新时代网络话语权建设的着力点之一。

在对外话语体系的构建过程中,中国共产党一方面善于从中华优秀传统文化中汲取养分。中华传统文化是中国的鲜明标识,具有深厚的历史底蕴,深刻地反映出中华民族的文化传统和价值取向。因此,党强调要凝练和展现优秀传统文化中具有当代价值、世界情怀的文化精髓,并将其融入对外话语体系的构建中。另一方面,对接世界,积极借鉴,整合吸收。特别是在核心价值观及体系的提炼上,不仅体现出社会主义应有的价值追求,也是在吸收改造西方话语的合理成分基础上所做出的中国阐发,极大地提升了主流意识形态的解释力和包容性。在两个大局的历史交汇中,中国要进一步提升国际话语权,必须要继续加强对外话语体系的打造,构建出诸如"命运共同体""共同价值"等既有深厚文化底蕴、符合中国国情和价值情怀,同时又包括人类价值共识、在国际上具有强烈的道义感召力和话语创造力的话语体系。当然,也要主动出击,叫响中国话语。"把握大势、区分对象、精准施策,主动宣介新时代中国特色社会主义思想,主动讲好中国共产党治国理政的故事、中国人民奋斗圆梦的故事、中国坚持和平发展合作共赢的故事,让世界更好了解中国。"①通过积极主动诠释中国的思想文化和价值追求,使中国的话语体系更多地为世界理解和支持,使之有力地拓展马克思主义在网络空间的传播和影响。

四、必须大力发展网络信息技术

网络信息技术是话语权建设的基础和支撑,从政治安全和文化安全维度讲,技术水平是攻防实力的重要标准,网络技术的相对落后必然

---

① 《习近平在全国宣传思想工作会议上强调:举旗帜聚民心育新人兴文化展形象、更好完成新形势下宣传思想工作使命任务》,《人民日报》2018年8月23日。

限制信息传播和防御能力的发展,而过硬的技术实力则能够有效防范网络侵扰,并且利用信息采集和处理等技术构筑意识形态防御网,助力网络空间治理,守护话语安全边界;从传播能力建设维度讲,推动意识形态工作传统优势和信息技术深度融合,可以增强实效性和感染力,能够更加有力地将意识形态话语蕴含的思想力量融入人们的日常生活。信息化时代,中国共产党将推动网络信息技术的发展纳入网络强国战略布局之中,在实践中不断为马克思主义在网络空间的巩固提供坚实的技术保障。

(一)加快信息技术发展,充分利用网络传播马克思主义,巩固意识形态话语权

"网络安全的本质在对抗,对抗的本质在攻防两端能力较量。"①信息技术作为攻防能力的关键部分,历来受到党和国家的重视。在信息技术发展上,西方发达国家具有技术优势,时常以其拥有的技术霸权、话语霸权对我国进行侵扰和渗透。同时,境内外敌对势力利用网络相互勾结,企图冲击马克思主义的一元指导地位,削弱中国的国际影响力。在很长一段时期里,我国在技术上处于受制于人的被动局面,在网络空间中处于敌强我弱的局面。自信息化时代开启以来,党就立足中国特色社会主义事业整体需要,确定了"积极发展、加强管理、趋利避害、为我所用"的建设方针,极端重视网络信息技术的发展,并加强顶层设计,对网络技术的发展做了相应的规划和战略安排,制定出核心技术突破和发展的重要方向和重点领域,有序地推进网络信息技术的稳步发展,从而一定程度上也扭转了意识形态话语交锋中被动挨打、受制于人的劣势态势。

一方面,以网络技术拓宽意识形态工作的渠道和方式,提升意识形

---

① 习近平:《在网络安全和信息化工作座谈会上的讲话》,北京:人民出版社,2016年,第18页。

态传播能力。"运用新媒体新技术使工作活起来,推动思想政治工作传统优势同信息技术高度融合,增强时代感和吸引力。"①加快传统媒体和新兴媒体的深度融合发展,利用新技术新应用推动意识形态工作的手段创新,发挥其在宣传党的理论和路线方针政策、传播信息、学习知识方面的重要作用,占据网络信息传播的制高点。另一方面,以网络技术构筑意识形态安全防线,提升意识形态防御能力和威慑能力。"维护网络安全,首先要知道风险在哪里,是什么样的风险,什么时候发生风险,正所谓'聪者听于无声,明者见于未形'。感知网络安全态势是最基本最基础的工作。"②因此,在实践中,党和政府准确把握网络风险发生的规律和动向,着眼于网络安全的预警、研判等环节,以技术确保风险可管可控,构筑起全天候全方位感知网络安全态势。

新的历史方位下,既要坚持问题导向,也要以战略眼光超前布局,继续推进网络技术特别是核心技术的突破,"构建网上网下一体、内宣外宣联动的主流舆论格局,建立以内容建设为根本、先进技术为支撑、创新管理为保障的全媒体传播体系"。③ 对内确保马克思主义在网络斗争中立于不败之地,对外形成和我国综合实力和国际影响力相当的传播力量,让中国声音传得更广更远。

(二)重视发挥人才在技术创新发展中的作用,建设意识形态工作的技术人才队伍

人才队伍建设是中国共产党意识形态工作的重点领域和关键环节,在网络空间的话语权建设中,党重视包括技术人才在内的意识形态工作人才的培养和使用,使优秀技术人才的作用充分迸发,从而使我国

---

① 《习近平谈治国理政》(第二卷),北京:外文出版社,2017年,第378页。
② 习近平:《在网络安全和信息化工作座谈会上的讲话》,北京:人民出版社,2016年,第17—18页。
③ 《中共中央关于坚持和完善中国特色社会主义制度 推进国家治理体系和治理能力现代化若干重大问题的决定》,北京:人民出版社,2019年,第24页。

的信息技术事业呈现迅猛发展之势,真正使网络意识形态话语权建设有了强大保障。

我国的信息化进程刚起步,江泽民就强调:"信息网络管理是一个新的领域,没有一大批政治素质高、业务能力强,具有信息网络知识、法律知识和管理能力的复合型人才,工作是很难做好的。一定要把这方面人才的培养工作摆上战略位置,采取多方面措施加紧推进。"①指出信息网络事业的发展离不开网络专业人才,将网络技术人才的培育置于意识形态工作的重要位置。进入新时期,网络空间的意识形态斗争日趋激烈,技术的作用也更加凸显。因此,胡锦涛在谋划网络意识形态队伍建设时就明确提出,"要加快网络文化队伍建设,充实重点领域和关键岗位的力量,形成与网络文化建设和管理相适应的管理队伍、网评员队伍、技术研发队伍,造就一批拔尖人才和领军人物,培养一批政治素质高、业务能力强的干部"。②特别强调要加强高精尖人才的培育,从而改变在核心技术上受制于人的困局。在网络技术发展事业方面,为巩固马克思主义在网络思想文化领域的领导权和话语权,必须在网络技术人才的培养和使用中秉持"党管人才"原则。"从根本上说,党管人才就是党爱人才,党兴人才,党聚人才,通过制定政策、营造环境、整合力量、提供服务,为一切有志成才的人提供更多发展机遇和更大发展空间。"③从思想、体制、政策等方面凸显出爱才之心,从而吸纳了更多的优秀人才进入网络技术发展事业中来,调动了企业家、专家学者、科技人员积极性、主动性、创造性。中国共产党也不断在实践中深化和拓展了网络技术人才的内涵和外延。

网络信息技术的发展瞬息万变,因此需要坚持解放思想,在把握科技发展趋势和动向的基础上不断加深对网络技术和技术人才的认识;

---

① 《江泽民文选》(第三卷),北京:人民出版社,2006年,第303页。

② 《胡锦涛文选》(第二卷),北京:人民出版社,2016年,第562页。

③ 中共中央文献研究室编:《十六大以来重要文献选编》(上),北京:中央文献出版社,2005年,第597—598页。

同时,要从思想上和能力上加强对技术人才队伍的培育和建设,打造出信得过、靠得住的队伍。基于此,新时代的网络话语权建设的人才工作,要以此为实践遵循,清醒地认识人才的重要性,努力践行,化为行动,为网络空间的安全和治理提供智力与技术支撑。

(三)必须树立国际思维,在有序推进技术交流协作的过程中发展自我

中国信息化近三十年的实践历程启示我们,在世界大融通大合作的背景下,唯有坚持国际思维,勇于开拓视野,有序推进交流协作,才是实现信息技术自我发展、巩固网络空间话语权的正确选择。"扩大对外开放,加强国际科技交流和合作,积极引进国外先进技术,博采众长,为我所用,是加快我国技术升级和经济发展的有效途径。这项基本政策要长期坚持下去。"①技术的研发和创新固然要有所守,秉持底线思维,即坚持独立自主、自力更生的自主创新之路,但这并不意味着封闭自我和保守处世,如果采取"鸵鸟政策"或是闭门造车,企图将技术创新作为一个封闭的系统,既是不现实的,也必将使技术的创造力和生命力窒息。因此,必须以更加开放的姿态,积极主动地走向世界,这既是改革开放的题中应有之义,也是顺应世界趋势、提高我国的科技实力和意识形态安全攻防能力的必然选择。

在经济全球化大背景下,积极推进和开展网络技术的交流协作,密切关注国际形势,研究世界范围内的信息技术的发展和动向,既能充分利用好国际技术资源,也可以在与世界各国交流互动的过程中通晓局势、检视我国网络技术发展的不足,从而学习先进、拓展思路,制定科学正确的战略和对策,不断提升我国的网络技术实力和水平。"网络空间是人类共同的活动空间,网络空间前途命运应由世界各国共同掌握。各国应该加强沟通、扩大共识、深化合作,共同构建网络空间命

---

① 《江泽民文选》(第一卷),北京:人民出版社,2006 年,第 432 页。

运共同体。"①网络的发展推动国际社会向命运共同体发展,中国也需要在国际社会中宣示出中国主张,牢牢占据道义的制高点,并且在推动建立和形成多边、民主、透明的全球互联网治理体系的过程中提升对网络技术标准及规则制定的话语权,进而争取中国影响力在国际网络的话语版图中的扩大和增强,实现国际话语权发展的新跃升。

---

① 《习近平谈治国理政》(第二卷),北京:外文出版社,2017 年,第 534 页。

第五章　网络空间马克思主义话语权建构的现实问题

党的十八大以来，以习近平同志为核心的党中央高度重视网络空间马克思主义话语权的建构工作，取得了丰硕的成绩，主要表现在建构的主体日益明确、责权界定更加清晰，相关的制度架构趋于完善，互联网内容建设整体向好，中国网民的公共理性程度逐步提高，在国际网络话语格局中的地位逐渐提升，等等。但是应该看到，网络空间马克思主义话语权的建构是一项系统工程，网络意识形态话语权的争夺与斗争是一项长期的工作，全面审视马克思主义在网络空间面临的现实境遇，清醒把握马克思主义话语在网络话语空间遭遇的现实挑战，深刻剖析话语挑战背后的主客观成因，不仅是加强网络意识形态治理的题中之义，也是进一步理清思路建构网络空间马克思主义话语权的基本前提。

第一节　西方国家依托网络侵蚀马克思主义话语感召力

为了攫取世界霸权和实现殖民统治，西方国家一直将内蕴赋权功能的网络空间视为向发展中国家推行文化殖民和意识形态渗透的强力工具。以美国为代表的西方国家针对中国推行的诸多网络意识形态渗透战略的实质是现实世界霸权主义、殖民主义与和平演变策略的网络翻版,其中暗含着利益的冲突和世界秩序的塑造,其最终目的是征服和控制人心。我国作为当今世界最大的社会主义国家,基于国情差异、历史因素和独立自主理念的考量,在价值观念和制度设计等层面与西方资本主义国家存在较大差异,近年来中国快速发展和崛起的速度更是让秉持西方中心和西方优越理念的资本主义国家所不能容忍。"西方反华势力一直妄图利用互联网'扳倒中国',多年前有西方政要就声称'有了互联网,对付中国就有了办法','社会主义国家投入西方怀抱,将从互联网开始'。"[1]西方国家依托网络话语资源优势和强大的传播能力,在网络空间构筑意识形态陷阱,将承载其利益诉求和价值倾向的意识形态话语融入网络传播的全过程,渗透到人们日常生活的方方面面,强力压缩挤占马克思主义在网络场域的话语空间,歪曲、攻击和解构马克思主义的真理与价值性,使其在网络空间饱受质疑和诘难,已经严重侵蚀马克思主义网络话语根基,对网络空间马克思主义话语权的建构构成挑战。

一、依托技术控制谋取网络话语垄断权

技术的核心内涵是人类在改造主客观世界的进程中萃取生成的高度实践性的智慧与技巧。技术的发展进步是人类实现自我超越和获取自由的条件。人类以革命性的技术突破为坐标,划分和标注了一个又一个崭新的时代。在当代,网络技术的日新月异,突破了时空界限,为人类的缺场交往实践拓展了更为广阔的空间,人类因此进入信息化时

---

① 《习近平关于社会主义文化建设论述摘编》,北京:中央文献出版社,2017 年,第28—29 页。

代。然而不可否认，技术突破与进步为人类在理想与现实之间构筑桥梁的同时，也制造一面镜子，毫无遗漏地映照出人类内心的真实世界，网信技术也不例外。网信技术一经与意识形态结合，便构造了崭新的符号镜像，折射出网络空间多元意识形态博弈的纷繁复杂、层次多样的数字景观。网信技术本身是中性的，不具备意识形态性，但是技术运用的主体、承载的信息以及营造的空间却无不烙上人类意图和观念的标签。网络信息技术上的非对称性，严重制约了我国与西方国家进行意识形态斗争的能力。

（一）西方国家掌控网络核心资源和关键技术

网络意识形态博弈的表象背后是核心资源和技术的支撑。谁掌握了核心技术和资源，谁就掌控了全球网络意识形态话语权的关键命脉。离开了网络信息技术支撑和防护，马克思主义话语将无法实现网络有效传播，直面反马克思主义的意识形态思潮的长驱直入会变得不堪一击。互联网技术最早诞生在美国，在关键技术和资源方面，美国占据了其他国家无法比拟的优势，并将其锻造为文化和价值观输出的利器，向以中国为代表的广大发展中国家进行广泛的意识形态渗透。

全球13台控制域名与 IP 地址进行转换的域名根服务器，堪称控制网络运行"血脉"，美国独占10台，在美国控制之下，其盟友日本、英国和瑞典各拥有一台，具有更高顶尖级别的隐藏发布主机也被美国控制。中国等发展中国家网络域名的转换都在西方国家的掌控之下，利比亚、伊拉克等国家的网络二级域名服务器都曾在战争时期被美国断开与根服务器的链接而沦为信息的孤岛，中国也同样存在被物理掐断和从互联网上抹掉的信息风险。类似 PC、平板机和智能手机网络运行"神经"的操作系统 Windows、IOS 和 Android 等品牌均由美国研发和制造，全球个人电脑90％以上的操作系统市场份额由美国公司微软掌控，具有其他国家和企业无法撼动的垄断地位。中央处理器（CPU）负责计算机的运算和控制，是电子计算机的主要设备之一，好比人的"心脏和大脑",美国企业英特尔、AMD、高通等是我国 CPU 产品的主要供应商,采用国外的 CPU 产品,内部逻辑、软件代码控制权均掌握在国外企业手中,存在逻辑炸弹、软件后门等安全性问题。掌控网络核心技术的美国肆意对我国实施网络侵略。CNCERT(国家互联网应急中心)监测报告显示:"2019 年计算机恶意程序传播次数日均达约 998 万次,计算机恶意程序传播的境外的 IP 地址主要来自美国;美国等境外约 3.9 万个计算机恶意程序控制服务器控制了我国境内约 210 万台主机;约有 1.3 万个境外 IP 地址对境内约 2.3 万个网站植入后门,位于美国的 IP 地址最多。"①

美国是世界上第一个成立网络司令部的国家,拥有一支强大的网络黑客部队,在全球范围内实施有组织、大规模、有预谋的网络监控和网络窃密活动,凭借网络技术霸权为其文化霸权、文化殖民服务。美国还将中国作为主要目标国启动"棱镜计划""X-关键得分""精灵""涡轮"等监听监控计划项目进行全天候监窥,进行情报搜集和恶意软件植入,危及我国的网信和意识形态安全,也对网络空间马克思主义意识形态话语权构成严重威胁。

(二)西方国家掌控网络规则制定和技术标准

以美国为首的西方国家依托网络的先发优势,控制网络技术和资源的绝对主导权,在网络空间拓展了广阔的权力疆域,极力排挤和压缩中国等发展中国家的网络空间。即便如此,在霸权优势逐渐缩减的时代背景之下,出于对未来掌控力的忧虑,美国无视国际社会的反对,强力推进美版网络国际规范,强势构筑网络制度和技术标准的全球网络霸权,进而使美国的网络霸权制度化、标准化、长久化。主要表现为,一方面压制全球网络运行与治理接纳美国网络技术标准。众所周知,虚

---

① 国家互联网应急中心:《2019 年上半年我国互联网网络安全态势》,http://www.cac.gov.cn/2019-08/13/c_1124871596.htm。

拟互联网运行依托系统兼容与实现数据交换的现实技术标准,谁掌握了技术标准,谁就在事实上拥有了对互联网的绝对控制权。目前网络空间的通用技术标准,诸如传输控制协议/因特网互联协议(TCP/IP)、网页制作的超文本标记语言(HTML)以及无线网络传输技术(WIFI)等通用网络规范均是由美国制定的,彰显着美国的网络治理理念,为美国的国家利益服务。承担着互联网技术标准研发和制定的监督机构互联网协会(Internet Society)以不具任何利益偏颇的独立非政府、非营利性国际组织示人,但遮蔽在表象背后的实质仍然是美国政府控制的傀儡组织,其技术的研发与解决方案的制定依然是"美国标准"。即便是美国标准损害他国网络主权,遭遇全球多数国家的质疑、反对与抵制,一旦启动商讨和制定更优标准,即会遭到美国及其盟友的恶意阻挠和极力打压。另一方面,美国还频繁制定和出台《网络空间国际战略》《网络空间行动战略》等网络空间制度,联合其西方盟友共同构筑网络霸权体系。以上种种都成了美国等西方国家进行网络空间话语操纵的重要砝码。对于中国而言,网络制度、技术标准受制于人,不仅严重威胁网络空间安全,而且也造成了马克思主义话语与西方意识形态话语在网络空间博弈时,处处受到"美版规范"的掣肘。

二、依托资本力量掌握网络话语发布权

资本的本质是为资本家服务的,被资本掌控的网络媒介必然成为资本财团的耳目喉舌,必然发布和传播资本所代表的那个阶级的意识形态。以美国为首的西方发达国家利用资本追求利益最大化和内在扩张掠夺的本性,渗透和控制全球网络空间,操纵全球网络舆论演化,诱导网络舆论价值偏向,传播西方价值观念,排挤和压缩异质文化生存空间。西方资本对网络空间的掌控既实现了资本自身的价值增值,也将全球网络空间变成了其实施价值扩张和文化霸权的强大工具。马克思主义话语在中国的网络空间能否占主导和支配地位,关键在于中国的

网络场域被什么力量所掌控。西方敌对势力掌控的外国垄断资本在我国互联网企业中占据控股或实际支配地位，必然促成互联网融入资方意志而沦为其谋求意识形态斗争优势地位的工具，对马克思主义话语的传播构成严重威胁。

（一）西方国家凭借资本优势控制全球网络话语传播媒介，妖魔和污名化马克思主义

网络媒介是网络信息得以畅通传播的载体与平台。任何意识形态话语要实现在网络空间传播最基本的条件就是要具备一定的传播载体与平台。网络媒介传播什么、如何传播、何时何地传播都有媒介所有者把控。"资产阶级思想体系的渊源比社会主义思想体系久远得多，它经过了更加全面的加工，它拥有的传播工具也多得不能相比。"①当前全球网络空间传播媒介分布和控制处于极度失衡的状态，西方国家通过资本的优势掌控着全球信息近 90％的传播量、70％的节目生产与制作量。在网络空间"80％以上的网上信息和 95％以上的服务信息都有美国提供的。美国独取国际互联网信息流量的 67％以上，而中国只占整个互联网信息输入量的 0.1％、输出量的 0.05％，美国成了名副其实的'网络信息宗主国'"。② 这些被美国资本财团掌控的网络媒介传播的信息内蕴着资本主义的意识形态和美国的价值观念，极尽所能地丑化和抹黑马克思主义，制造民众对中国的意识形态偏见，为美国针对中国的价值观输出和利益扩张提供方便。美国拥有全球访问量最大的搜索引擎 Google、最大的门户网站 Yahoo、最大的视频网站 YouTube、最有影响力的社交网络 Facebook。在社交网站 Facebook、Twitter、视频共享网站 YouTube 和图片共享网站 Flickr 等国际社交媒体上，美国等西方国家也占尽了天时地利，反马克思主义、诋毁中国的网络信息狂轰滥炸式

① 《列宁全集》(第六卷)，北京：人民出版社，2013 年，第 40 页。
② 时伟：《努力推动我国网络社会精神文明建设》，《红旗文稿》2014 年第 23 期。

的传播,马克思主义过时论、意识形态终结论、中国崩溃论等各色论调在搜索引擎、社交平台、门户网站轮番上演,丑化领袖、独裁专制、人权问题、环境问题等话题也是西方把控的网络媒介经常推出的热门议题。

(二)西方资本不断渗入我国的互联网企业,试图分享网络舆论调控的资格和权力

在我国,社会主义市场经济的确立既激发了资本的经济动能,发挥了其进行资源调节的高效性,也释放和放大了其逐利的本性,一定程度上也为外国资本渗入我国互联网企业提供了可能。对于普通的中国民众来说,搜狐、新浪、网易、百度、腾讯等主要商业门户网站社交平台是他们与外界交流、了解信息的主要渠道,在中国网络空间具有较大舆论影响力。但是一段时间以来,这些主要网络平台,几乎都有外资参股或控股,这些被外资掌控、受到外资深刻影响的网络平台不可能自觉地为巩固马克思主义的主导地位和维护中国社会的团结统一服务,它们在舆论导向上必然受到外资的钳制,投其所好为外国资本的价值增值服务,为其资本和文化的扩张服务。在外国资本的驱使之下,非马克思主义甚至反马克思主义的西方价值观念和意识形态得以堂而皇之地在国内各主要网络社交媒体肆意传播,形成了强大的话题制造、舆论引导和绑架民意的能力。相反,马克思主义话语却在外国资本中国网络代理人的商业利益考量之下,在深受外国资本价值观念影响的网站技术人员筛选、裁剪、屏蔽、删除等技术手段的处理之下,被淡化、被忽视、被曲解、被抹黑。

同时,西方敌对势力与外国资本联手在我国的网络空间扶植利益代理人,极尽能事地攻击和诋毁马克思主义意识形态。外国资本收买网络大V,贿赂网络精英,引导他们传播网络谣言、制造危机话题,挑拨社会矛盾、夸大社会问题、丑化英雄人物、制造民众和政府的对立,控制网络舆论走向。外国资本雇佣网络水军在网络空间针对教育医疗、官员腐败、环境污染、群体事件等群众关注的敏感话题发表误导性意见,

促成意见气候,制造舆论压力,形成"网络民意"的假象,误导网民的正确认知和价值判断,影响政府科学合理的决策。网民如果长期受到此种网络舆论氛围浸淫,就有可能沦为西方价值观念的俘虏。西方敌对势力与资本联手渗透中国的网络空间,不仅在政治上增加了其染指本应由党和政府掌控的舆论权力的风险,而且在技术上增加了其绑架本应由社会公众掌握的公共舆论权力的可能。

三、依托文化霸权逻辑觊觎网络话语控制权

互联网自身是一种技术性的存在,但是其设计、架构、运行等环节无不融渗着人类的文化理念,互联网的社会文化属性,为不同文化的交流互鉴、融合发展提供了可能,也是一个国家人文精神的重要载体。当前,世界正处在全球化不断深化和推进的阶段,全球空间不同文化之间相互激荡、相互交融、相互渗透,这是一个多元文化相互融合、发展,强势文化吞并消解弱小文化辩证统一的进程。在这场文化全球化的较量中,发展中国家处于集体守势地位,以美国为首的西方资本主义国家正在利用互联网的社会文化属性,借助所谓的"普适性"话语悄无声息地侵蚀和重塑异质文化,假借倡导网络自由的理念,强力推进其文化霸权向全球蔓延,广大发展中国家正在遭遇网络空间民族文化和意识形态的合法性危机。

(一)以美国为首的西方国家利用网络强力推行普世价值

马克思指出"每一个企图取代旧统治阶级的新阶级,为了达到自己的目的不得不把自己的利益说成是社会全体成员的共同利益,就是说,这在观念上的表达就是:赋予自己的思想以普遍性的形式,把它们描绘成唯一合乎理性的、有普遍意义的思想"。① 价值观是文化的核心,作

---

① 《马克思恩格斯选集》(第一卷),北京:人民出版社,2012年,第180页。

为美国核心价值观的"普世价值观"终究是为美国推行文化霸权,进而谋求天下一统的全球霸权服务的。美国学者塞缪尔·亨廷顿曾指出:"普世文明的概念有助于为西方对其他社会的文化统治和那些社会模仿西方的实践和体制的需要作辩护。普世主义是西方对付非西方社会的意识形态。"①互联网的普及应用和网络信息技术的勃兴发展,让以美国为首的西方国家借助信息的迅速流动和话语的网络表达,以一种更加便捷、隐蔽、易于接受的方式推行"普世价值观"传播转向成为可能。西方敌对势力及其在国内的追随者在网络空间围绕社会热点问题肆意宣扬和传播普世价值观,渲染和放大社会矛盾,伺机制造舆论议题,并以西方标准任意评判裁剪中国的社会发展实践,质疑和诋毁中国的价值理念、政治制度和公共政策,对中国网民形成较大的误导。

涉及的议题无外乎以下层面:在社会现实层面宣扬抽象人性论和抽象人道主义。一些为西方势力服务的网络平台,采取网络营销、水军灌水、编制谣言等方式煽动民众情绪,他们对中国在经济发展、政治民主、民生改善等领域取得的成绩视而不见、避而不谈,紧紧抓住就业、医疗、教育等热点问题大做文章,这些话语并不是为了促进问题的解决,而是脱离中国实际和中国国情,孤立夸大、肆意渲染中国发展中的问题和阶段性的矛盾,借机大谈特谈西方的自由、民主、平等、人权等抽象的价值理念。在理论制度层面极力推崇和鼓吹"西方优越论",歪曲和贬低中国特色社会主义制度的优越性。在微信公众号、QQ空间、知乎等公共网络平台,西方普世价值观的宣扬者和追随者,竭力攻击中国的政治制度,将中国共产党的领导污蔑为一党专制,将社会主义制度污蔑为制度的怪胎,大肆传播"西式民主""美式自由""三权分立""轮流坐庄""意识形态终结"等西方话语;攻击中国的经济制度,宣扬私有制是经济发展的永动机,公有制是贫穷落后的代名词,丑化和攻击国有企业,将

---

① [美]塞缪尔·亨廷顿:《文明的冲突与世界秩序的重建》,周琪等译,北京:新华出版社,2009年,第45页。

其经济支柱地位视为对国计民生关键环节的垄断,应当推行私有化,为外国资本和私有资本垄断中国开路;丑化和抹黑中国的优秀文化传统,为西方文化大唱赞歌,不遗余力地攻击马克思主义在网络文化领域的主导地位。如此等等,普世价值观在网络空间的隐形渗透无论在理论认知层面,还是在现实实践层面都在悄无声息地弱化我们的文化自信,消解着马克思主义网络话语权。

(二)西方国家倡导网络自由理念消解他国网络主权

首先,以美国为首的西方国家大肆在网络空间兜售"网络自由"的理念,主张网络的绝对自由,否认网络空间主权的普适性和网络边界的存在,究其实质并不是为了实现世界各国网络自由平等均衡的发展,而是为强力介入输入国网络空间提供合法性依据,为实施文化价值观输出战略扫清障碍,进而强化其在全球网络空间的霸权地位。以网络联络自由、网络表达自由、集会自由和结社自由等为主要内容示人的网络自由理念在输入国网络空间公开或幕后怂恿煽动街头政治,引发政权更迭,催动了西亚北非的"颜色革命",给输出国造成了持续的政治秩序混乱。作为一种话语陷阱,"网络自由"理念在美国的持续阐释、包装和演绎之下,加之我国国内居心叵测的网络媒体的恶意炒作与推波助澜,对我国广大网民特别是青少年网民正确思想认识和价值判断的形成也造成了较大的冲击。

其次,互联网与文化产品的结合催生了网络文化消费,西方国家通过为中国的网民提供蕴含西方价值理念的文化产品进行文化的输出与渗透。中国网民在网络空间可以免费或者付费的形式消费西方的文学作品、影视作品、音乐作品、网络游戏等文化产品,这些文化产品借助网络信息先进技术,采用图片、视频、音频等多种方式,让西方文化理念和价值观念更加立体化、生动化、形象化地展示给中国的网络消费者。网络文化的强力价值渗透过程与网民的消费行为融为一体,消费过程衍生成认同西方文化价值理念的过程,中国网民在"自由"选择与消费的过程中成为西方网络文化产品蕴含价值理念的忠实信众。

最后,以美国为首的西方发达国家垄断着网络文化标准规则的制定,它们不仅通过网络向中国输出好莱坞电影等文化产品,还以更加隐蔽的方式输出西方文化审美的标准和理念。诺贝尔文学奖、奥斯卡电影奖等国际文化奖项的评价标准都掌握在以美国为首的西方国家手中,成了西方意识形态渗透的工具,发展中国家只能沦为西方文化的模仿者和追随者,民族尊严和意识形态自信在西方文化规则中存在被消磨的风险。

第二节　网络自身特征消解马克思主义话语穿透力

回顾人类社会思想文化传播的历史进程,从口头传播到印刷传播再到电子传播的发展演进脉络清晰可现,每一次技术的突破不仅催生人类社会新的文化实践,而且极大拓展了人类交往实践的疆域,催生新的时代变革。思想文化传播依托的技能坐标清晰地勾勒了人类交往实践活动的时代特征。口耳相传时代的思想观点交流空间狭窄且影响力弱。印刷时代的信息第一次有了稳定的物质载体,从而使批量生产成为可能。电子技术实现了思想的远距离快速传播,特别是当下基于信息技术的网络化传播彻底突破了时空的限制,呈现出多元性、虚拟性、即时性、交互性、碎片性等多维鲜明特征。思想文化传播的历史和实践反复证明,网络化传播的内在特征愈是明显,网络空间思想引导的必要性就愈加凸出。网络化既给马克思主义话语传播带来了机遇,也极强地增大了其话语穿透力弥散的风险。如何有效驾驭网络空间信息传播的双刃效应,让话语拨开现实场域的层层迷雾直抵网民的内心,是当下马克思主义话语权建构面对的重大时代课题。

一、话语主体多元虚拟造成网络空间众声喧哗

网络信息技术的发展赋予网络话语主体两方面的显著特征：一是主体的多元性，在前网络时代，话语的传播权力被报社、电台、电视台等媒介从业人员所把控，个人的话语自由传播受到时空的局限，只能在有限的范围内进行。网络的诞生赋予个体网民自由表达的权力，个人不仅可以自由地思想，而且可以自由地表达，自主地决定、支配自我的网络交往实践行为，在网络话语传播中，人的主体性大大增强；二是主体的虚拟性，网民以符号化的形式存在于网络之中，超越了现实社会现实关系的羁绊和身份的制约，不再屈服于任何话语权威，虚拟身份的平等促成了话语表达的无拘无束和酣畅淋漓。毋庸讳言，多元与虚拟的话语主体制造海量话语，汇聚成信息洪流，网络空间一度成为众声喧哗之地。

（一）马克思主义话语权威存在"被解构"的风险

以电视、报纸、广播为代表的传统媒体时代，党和政府依靠对媒体的把控来实现对意识形态话语权的掌握，采取的是自上而下、以点对面的传播模式。作为传播主体的人民日报和中央电视台等各级各类新闻媒体在舆论传播中处于一元绝对权威地位，发挥着层层把关的过滤功能。受众能够接触和掌握到的信息来源都是经过管理部门精心筛选、加工编码的内容，他们很难能够接触到异质的意识形态话语，即使存在少量的传播渠道也难形成气候，造成影响，马克思主义意识形态的主导权和话语权牢牢掌握在党和政府手中。互联网的诞生彻底改变了马克思主义话语在媒体一统天下的传播格局，取而代之的是即时传播、网状发布的模式，突破了传播主体与受众之间的清晰界限，"去中心化"特征凸显，形成了"人人都有麦克风""人人都是一个没有执照的电台"的传播新格局，信息传播的主体日益多元，传播的议题和内容更加多样。代

表着不同利益诉求和政治主张的多元话语,尤其是与主流意识形态相异甚至敌对的意识形态话语在网络空间中与马克思主义意识形态话语"平等"地争夺网络受众。马克思主义话语在传统媒体传播格局中,基于政府的管控、筛选和媒体的"把关人"作用而形成的话语权威地位在网络空间受到挑战。

此外,网络信息技术以数字化的方式促成网民主体以符号的形式在网络世界存在。现实与虚拟之间自由转换极易引发网民空间边界认知幻化和身份认知的模糊,诱发对现实法制与道德约束的突破,进而生产和制造大量网络不理性话语,造成网络信息良莠不齐、鱼龙混杂的局面,甚至在网络圈层聚合、群体极化等功效助推下,冲击马克思主义主流意识形态话语。

(二)马克思主义话语面临"被选择"的境况

网络空间主体的多元带来了网络话语的多元和多样,意味着作为主导意识形态的马克思主义意识形态话语在网络空间要以"被平视"的姿态与多元话语争夺网络受众的认同。仅仅从网络空间静态信息容量的视角考量,网络空间中的多元多样话语依据科学家估算大约有800EB,需要1.68亿张DVD光盘或者80万个硬盘方能完成存储。置身如此巨大的海量信息之中,马克思主义意识形态话语在传统媒体格局下依靠政权优势保障形成的集中"大块头"的集中体量优势丧失,在海量信息面前的话语显示度明显下降,马克思主义话语在网络空间存在"被稀释"的风险。网络的赋权功能不仅赋予国家、社会、组织等更加自由平等的话语传播权力,也赋予了网民更加自由自主的选择。面对多元意识形态话语,网民选择什么与不选择什么有了更大的自主性和自由空间。以严肃性、严谨性、理论性、系统性等内在特征示人的马克思主义话语,在充斥着感性化、生活化、娱乐化、戏谑化的网络生态系统显示出种种不适应和不合群,存在着被孤立被消解的风险。

同时,在网络空间,不同网民基于受教育水平、文化素质、兴趣爱好、社会阶层等多元因素差异,对网络信息的需求体现出多样性,对网络理论性信息、生活类资讯、娱乐性信息等不同类型的网络信息内容需求体现出较大的层次和差异性,即使是同一网民在不同时空转换中对于网络信息的需求也体现出较大的差异和交叉性。在满足多元网络受众多样化信息需求方面,快手、抖音、映客、斗鱼等非官方网络媒体凭借视频、动画等丰富的符号建构系统,以及分众式传播、精准化推送的信息传播模式,往往更加容易获得网民的青睐。相比之下,专注于严肃的马克思主义政治话语生产的官方主流网络媒体在满足网民多样化的信息需求方面供给能力略显不足。

二、话语内容碎片化非理性化催生网络空间拟态环境

网络语境下,基于技术建构的信息传播流动呈发出的碎片化、细微化特征愈发明显,信息以一种短平快的方式裂变式传播,表现为时间上的不连续性和偶发性,内容上的不系统性、随意性以及场域上的分散性。网络碎片化的信息传播,易造成信息内容脱离和偏离客观实际的本真,不能实事求是地反映社会生活的全部,催生"拟态环境"的幻象。拟态环境是指"人们通过主观认识功能对现实环境的一种描绘、摹写、重构和再现,它以现实环境为蓝本,运用符号系统在媒介上构建出反映现实环境的信息,形成一个符号化的环境"。① 转而言之,人们由于受到时空和认知能力的限制,很难通过自我独立的认知理解和掌握客观真实世界的全貌,那些不能被人类直接把握的世界,往往是由媒介协助完成认知的。然而事实上在网络空间,碎片化的信息流动构建的偏离事实本真状态的网络"拟态环境"不仅消解着网民整体性和同一性的思维,而且以被人为加工和裁剪的信息,干扰着网民正确的价值认知和判断,马克思主义意识形态话语也可能因此而遭受被解构的风险。

---

① 曹劲松:《论拟态环境的主体建构》,《南京社会科学》2009 年第 2 期。

（一）碎片化传播极易造成网民理性思考能力丧失，社会共识更能达成

从网络传播客体认知的角度考量，话语碎片化传播易造成网民理性思考能力丧失，社会共识更能达成。现代社会技术进步并没有像设想的那样带来人类的自由与解放，相反对于劳动生产率提高和生产力进步的无休止追求催促着现代人的生活节奏不断加快。人们在日常承担着繁重的生产工作任务，日常休闲时间变得支离破碎，拥有一段相对完整的时间去系统完整地了解理论和掌握信息成了一种奢望。网络移动终端的产生更是迎合和加重了这一趋势，为人类碎片化的信息接收提供了空间和平台，人们更加习惯于在碎片化的空闲时光里，依凭网络空间碎微化的信息去把握世界。这种把握世界的方式不利于网民形成系统完整的知识体系，思考变得原始和粗浅化，理性思考和逻辑判断、沉思和反省的能力正在逐渐丧失。自由自主的网络世界异化成被他人引导的世界，那些具象、有趣、蕴含感官刺激的信息更易获得裂变式的传播，系统、整体、深刻地传播马克思主义意识形态，获取网民的认同历程愈发艰难。

同时，从人类的认知心理机制分析，在网民猎奇心理和逆反心理的双重作用之下，那些为了博取流量，追求"眼球效应"，获取"被关注"效果，对主流价值理念进行肆意裁剪和遮蔽，片面解读和断章取义，精心打扮和装饰的非主流意识形态话语、反主流意识形态话语似乎更容易被网民选择和接收，意识形态的煽动变得简单而高效。在网民的个体认知中，会将头脑中长期集聚的诸如此类的负面的反向话语进行认知的"拼接"和信息的"组装"，使原本散落零碎的信息系统起来，实现了思想的重组和价值的重构，对于主流意识形态话语具有很强的解构力和影响力。此外，网络碎片化的信息传播，促成了网络空间圈层化的特征更加凸显，加重了网络群体的进一步分化，圈层内片面偏激、负向盲从的非理性情绪集聚，致使群体共识更难达成，也加大了社会多元价值整合的难度。

（二）碎片化传播不利于马克思主义话语的完整性传播

从网络信息传播主体的视角审视，话语碎片传播破坏马克思主义意识形态传播的完整性。一方面网络碎片式话语传播致使马克思主义的话语符号系统"被挤压"。话语符号是一种工具性的存在，如果失去了对意义的表征也就意味着失去自身存在的价值，话语符号的背后都承载着话语主体的意图和价值理念。意识形态与话语符号是一种共生的关系，话语符号需要意识形态赋予存在的意义，意识形态需要话语符号的承载以实现价值所指，包括文字、字母、声音以及图像等在内的话语符号对于建立价值观念系统与受众之间的思想联通意义重大。马克思主义作为一种意识形态理论在长期的传播过程中形成了一套自身特定的话语符号系统，具有规范性、系统性和连贯性的特征。然而，网络空间建立在碎片化传播的基础之上形成了一套独立的话语符号系统，这套符号系统具有强烈的个性化色彩和尚简崇微的"微叙事"的显著特征，更符合网民对信息选择的需求而受到追捧，而马克思主义话语符号系统却被贴上了"呆板教条""机械固化"的标签，在网络话语权力空间中遭受挤压和排斥，宏大叙事有余、微叙事能力不足的问题需要重点关注和解决。

另一方面网络碎片式话语传播致使马克思主义话语内容被"边缘化"。首先，马克思主义话语是在一定的话语语境中阐释理论的意义和价值的，表征为显著的整体性和系统性，网络空间的碎片化传播将其化整为零，将系统的"元叙事"切割成分散的"小叙事"片段，离开了系统的话语语境，马克思主义在话语博弈中面临被肢解的风险。其次，科学与价值性兼备的意识形态理论常常以理论的严谨和严肃示人，马克思主义逻辑严谨、规范化和严肃化的政治话语、学术话语与网络空间因碎片化传播滋生的具象性、娱乐性、随意性的话语之间横亘着明显的"话语鸿沟"，马克思主义严肃的话语置身网络狂欢式的非理性情绪宣泄和碎片化戏谑性的语言之中显得"曲高和寡"。再次，网络空间的信息传播，在发布、点赞、转发、评论等流程中不断被重新诠释、任意分解、随意切割和自由拼接,呈现出面目全非和可怕狰狞的信息放大镜像,"导致局部问题全局化、细小问题放大化、表象问题本质化、具体问题普遍化、社会问题政治化、特称问题全称化,形成了'政治审丑'和'社会描黑'等不良舆论氛围"。① 事实真相在众声喧哗中被遮蔽、被扭曲,网民的价值判断在假象和错觉中被重塑、被误导,马克思主义意识形态的客观真实性遭受消解和质疑。

三、话语传播即时与交互化增大意识形态引导压力

在网络空间,信息传播从单向传播向多向互动传播转变,从一点对多点向多点对一点和多对多点交叉传播转变。网民个体和个体之间、个体与群体之间以及群体与群体之间基于网络平台的交互实践活动变得十分频繁。网民在网络空间中不再是孤立的存在,网络化的生存越来越呈现出即时互动的显著特征。在此种信息传播模式下,信息总是从信息高地流向信息洼地,从具有强势资源一方向弱势资源方移动。普通网民在经历信息交换、认知冲突、意志强加以及共识达成等诸多环节中,交流了思想、拓展了视域、丰富了思想,也在悄然间被动式完成了自身意义世界的重建。瞬间辐射式的信息传播对于谋求网络空间意识形态主导和主流地位的马克思主义话语既是机遇,更给其传播方式方法,传播的"时、度、效"提出了严峻的考验。

(一)话语传播即时与交互化极易引发网民个体与群体极化现象

群体极化现象是一个社会学专有研究的范畴,美国的学者最早从网络空间的视角关注和研究网络群体极化现象。芝加哥大学凯斯·

---

① 黄明理:《马克思主义的理论自觉、自信与信仰研究》,《南京政治学院学报》2013年第1期。

桑斯坦教授在其《网络共和国:网络中的民主问题》一书中指出:"群体极化的定义极其简单:团队成员一开始即有某些偏向,在商议后,人们朝偏向的方向继续移动,最后形成极端的观点。在网络和新的传播技术的领域里,志同道合的团体会彼此进行沟通讨论,到最后他们的想法和原先一样,只是形式上变得更极端了。"①伴随着流量的竞争与博弈日益激烈,出于对用户的争夺,移动新闻客户端、社交 APP 以及内容平台等网络信息发布者,纷纷采用大数据分析、算法推荐等技术手段采集网民的阅读时长、点赞、评论、收藏、转发等网络互动行为数据,获取网民的兴趣偏好,持续甚至重复向网民精准发送同质化的、符合网民认知倾向的信息内容,将其囿于"信息茧房"之中。对于网民个体而言,长期接收同质化的信息内容,他们只能听到单维度的声音,进一步固化其已有信息认知,这营造了个体认知的幻象,极易引发个体认知极化。对于网民群体而言,技术的过滤将个体认知和利益诉求趋同的网民集聚在同一"信息茧房",就信息内容进行交流互动和讨论,基于同频的关注点和兴趣点,更易达成一致,诱发从众、共鸣与蝴蝶效应等群体极化现象,个体认识在群体非理性中被消化和融合。

应当说,因网络互动而引发的群体极化并不都是洪水猛兽,具有正向效应和负向效应之分,正向效应的群体极化事件既可以充当社会矛盾的"解压阀",同时经过网民群体的激烈讨论与发酵引发政府和公众的关注,放大问题的显示度,也有助于政府和社会及时采取有效措施予以解决,维护社会的公平与正义,推进社会的发展与进步。然而事实上,网络信息消费低门槛带来的网民素质偏低、别有用心的网络意见领袖诱导、市场逻辑刺激的网络平台社会责任感缺失等因素合力导致了孤立的"信息茧房"内,流动着低俗且低质量的信息,标题党泛滥、对社会问题和群体事件的过度解读等,诸如此类的负面信息以即时互动的

---

① [美]凯斯·桑斯坦:《网络共和国:网络中的民主问题》,黄维明译,上海:上海人民出版社,2003 年,第 47 页。

辐射式传播正在悄然误导着网民的理性判断和重塑着网民的价值观，加剧网络空间滋生疏离主流意识形态话语的倾向。体制归因、指导思想归因等网络空间的矛盾荒谬逻辑正在引导网络群体极化向现实群体极化转化，极易激化社会矛盾，增加中国社会治理整合的成本。

（二）即时与交互化的网络话语语境下意识形态的教化方式亟待创新

在传统媒体时代，马克思主义的传播依靠政权的力量以及政府对媒体的绝对把控，采取的是单向式、下沉式传播的模式。马克思主义传播更习惯于居高临下的、高压式的强势灌输。毋庸置疑，无论过去、现在还是将来的时空如何转换，无论媒介技术以何种超乎人类想象的方式跃迁，灌输作为马克思主义掌握话语权的一种不容小觑的方法永远都不会过时。因为对群众进行理论灌输有着深刻的理论依据和实践需求。马克思将运用科学的理论武装群众的过程形象地比喻为思想的闪电击中素朴的人民园地，用以强调理论灌输的重要意义。列宁指出："工人本来也不可能有社会民主主义的意识。这种意识只能从外面'灌输'进去，各国的历史都证明：工人阶级单靠自己本身的力量，只能形成工联主义的意识。"①中国共产党人领导中国人民在新民主主义革命和社会主义建设实践中取得的巨大成就都得益于依靠科学理论对群众的掌握，重视依靠报刊、广播、电视等传统媒体对群众实施理论灌输，进而统一思想，激发群众的主体自觉和革命建设热情。

历史和实践也反复检验和证明，在传统的媒体生态和舆论格局下，话语受众可以接收到的话语的内容同质化，接收的载体单一化，缺乏释放个人情绪、表达利益诉求和反馈意愿想法的平台和渠道，通过对受众进行有目的的理论灌输，可以有效实现对群众的政治启蒙，达到群体意识形态认同的目标。然而审视当下，不得不承认，网络的出现，特别是

---

① 《列宁全集》（第六卷），北京：人民出版社，2013年，第29页。

微博、微信、手机 APP、内容平台等新兴媒体即时互动的传播性能为网民搭建了一个畅所欲言、平等参与和民主讨论的互动式交流传播平台。传统集体"大水漫灌"式的意识形态教育方式已经不能适应网络信息传播和网民意识形态认同的规律，迫使我们不得不对熟悉的理论灌输方法进行重新反思和追问，在承认理论灌输价值基础之上，不断创新适宜网络理论灌输的时机、内容、载体和方式，力避理论灌输的"自言自语""自娱自乐"，提升理论灌输的效能。

第三节　虚拟与现实问题交织削弱马克思主义话语吸引力

"人们的观念、观点和概念，一句话，人们的意识，随着人们的生活条件、人们的社会关系、人们的社会存在的改变而改变。"①网络空间意识形态作为意识形态的一种新样态，其内在的本质规定性并没有发生根本性的变化，仍然是现实空间的人在网络空间呈现的观念形态，只是意识形态主客体交往实践的场域由现实社会实现了向网络空间的延伸与拓展，网络空间意识形态的生成固然需要技术因素的支撑，但作为一种观念的上层建筑仍然受到现实经济社会发展状况的支配与制约，网民的价值、思想、意识仍然受到社会经济生活的影响，是现实生活在网络空间的技术化呈现与反映。信息时代，网络空间现实性与虚拟性的融渗，现实问题网络化与网络问题现实化的交织，致使马克思主义意识形态话语权在现实社会面临的矛盾与问题在网络空间以新的形态表征。互联网之父温顿·瑟夫有一句名言：互联网好比是一面镜子，反映出我们的社会。我们若不喜欢镜中所见的映像，问题不在于去矫正镜

---

① 《马克思恩格斯选集》(第一卷)，北京：人民出版社，2012 年，第 419—420 页。

子,我们必须纠正社会。① 马克思主义在网络空间话语权的巩固除了加强对网络空间的治理之外,还需要我们以更大的耐心将我们的视野回归到现实的世界,在现实社会中寻找解决问题的答案。

一、经济社会的转型加大网络意识形态整合的难度

网络空间是中国社会现实的"晴雨表",是社情民意的集中呈现地,以数字虚拟的方式折射着人民群众的精神世界和思想状况。现实的中国正在经历着经济社会转型、深化改革攻坚和传统媒体转型的特殊时期。经济基础决定上层建筑,经济社会的深刻变革必然推动着人们思想的解放和观念的更新。三期在一个时空内的重合形成的叠加与共振效应给中国民众的生产生活方式带来巨大变革的同时,也对其价值观念和心理结构产生了巨大的影响。市场经济趋利倾向引发的人们对于精神世界的漠视,社会分化引发的不同社会群体的利益冲突等经济社会转型症候在网络空间给马克思主义话语引导带来了前所未有的挑战,网络舆论导向工作难度加大。

(一)市场经济的负面效应引发了人们对精神世界的漠视

当代中国经济社会正在经历着一场历史上最深刻和激剧的转型,正在逐步推进着从农业社会向工业社会、乡村社会向城镇社会、计划经济向市场经济、封闭半封闭的社会向开放的社会、伦理社会向法治社会转变,其中发挥着最关键作用的当属经济体制由计划经济向市场经济的转换。改革开放以来,我国对社会主义市场经济的探索经历在资源配置中发挥辅助性作用到决定性作用的转变。市场秉其自由竞争、平等交换的原则以及自身焕发出的对资源配置的高效魔力,极大地激发

---

① 转引自夏忠敏:《转型中国的网络民粹主义:话语形态与风险治理》,《湖北社会科学》2018 年第 6 期。

了市场主体的活力,充分地调动了每一个参与者的主观积极性,促进了中国经济社会的快速发展和人民群众生活的持续改善。

然而不得不承认,市场经济与社会主义制度之间还存在内在的张力,如果不能很好控制和平衡,市场的魔性的一面就会最大限度地侵蚀社会主义制度的本质。在市场逐利冲动之下,市场主体奉行"经济至上"的价值实用原则,将金钱视为衡量一切事物的尺度,这导致等价交换原则的泛化和人际关系的世俗化,进而衍生了整个社会征信缺失、法治失序、道德失范。市场经济的趋利性、自主性等特征也会引发整个社会极端个人主义、享乐主义、拜金主义盛行,人们沉浸在对个人利益的追逐和物质消费带来的快感之中,不再关注所谓的理想和信念,也漠视精神的追求。一切思想和主义都在市场现实功利的价值评判中烟消云散,"马克思主义意识形态的理想信念教育、集体主义教育等社会引导整合功能,在市场经济以及自由观念的侵蚀和消解下不断弱化"。[①]

(二)社会分化致使意识形态利益协调与整合功能弱化

改革开放以来,我国社会的社会结构发生了深刻的变革。原先简单明了、边界清晰的"两阶级一阶层"结构内部日益分化,私有企业主、自由职业者等新的阶层伴随着经济体制的变革不断涌现。复杂多元、自由流动的社会结构为多元价值观念提供了生长的土壤,人们基于不同的利益诉求和利益主张,呈现出思想的多元多样甚至对立的局面,意识形态社会调节和整合的难度加大。特别是当前和今后一个时期,我国的改革进入了攻坚期和深水期,由自下而上的增量改革进入了自上而下的存量改革阶段,剩下的都是难啃的硬骨头,推进改革的阻力增大。在调整和重组公有制经济与非公有制经济、政府与市场、先富群体与后富群体以及城市与农村等突出矛盾利益关系的改革进程中,必然

---

① 申文杰:《马克思主义意识形态话语权理论阐释与实践探索》,北京:人民出版社,2017 年,第 222 页。

需要强力突破固化利益的藩篱,必然涉及社会资源和社会福利的再分配。加之基于公平公正目标指向的改革政策和措施预设的实现也是一个动态调整逐步完善的过程,既得利益群体的特殊权益在较长一个时期内将被打破,普通社会群体和阶层的利益诉求和主张短期内也不可能都得到全面合理而有效的回应,社会利益分化和冲突将更加剧烈,社会矛盾和冲突的风险在加大。这些矛盾和冲突表现在思想观念领域就是社会群体在同质化社会环境下形成的相对统一的价值观念逐步裂解,代表不同利益诉求和主张的意识形态得到更多社会群体的认同接受,多元意识形态的冲突不断加剧。作为中国社会主流意识形态的马克思主义及其中国化的理论成果如何帮助人们树立科学合理的利益观,如何通过制定兼备公平与效率的利益政策和利益导向机制实现多元主体的利益诉求,如何引导人们将个人利益与社会整体利益兼顾起来,统一到共同理想和民族复兴的价值目标上,考验党和政府的智慧,也是话语权建构必须直面和破解的难题。

二、社会矛盾的网络呈现亟需马克思主义予以关照回应

理论在一个国家的实现程度取决于理论对人民需要的满足程度。意识形态能否得到人们的认同不在于其理论本身如何完美,而在于其能否正确表达及实现人们的利益诉求。党的十九大报告中指出,中国特色社会主义进入新时代,我国社会主要矛盾已经转化为人民日益增长的美好生活需要和不平衡不充分的发展之间的矛盾。党的二十大报告在充分肯定党和国家事业取得举世瞩目成就的同时,也列举出了当前和今后一个时期工作中存在的突出矛盾和问题。比如,发展不平衡不充分的问题仍然突出,城乡区域发展和收入分配差距仍然较大,群众在就业、教育、医疗、托育、养老、住房等方面面临不少难题,等等。这些国家和社会发展过程中面临的现实问题成为马克思主义意识形态话语

当下必须直面的最直接的实践语境。网络问题是现实问题的反映,新时代网络话语是社会主要矛盾在网络空间的现实表征和语言症候,亟需马克思主义予以关照回应。

(一)新生社会问题亟需理论予以关照

依据马斯洛的需要层次理论,人们基本需要得到满足后还会产生更高层次新的需要。在新时代生产力发展水平和社会物质条件下,我国人民的需要呈现出更加广泛和多元的特征,对美好生活的向往更加迫切。习近平总书记曾在 2017 年"省部级主要领导干部专题研讨班"开班式上发表重要讲话,对此进行过详细而具体的描述:"人民生活显著改善,对美好生活的向往更加强烈,人民群众的需要呈现多样化、多层次、多方面的特点,期盼有更好的教育、更稳定的工作、更满意的收入、更可靠的社会保障、更高水平的医疗卫生服务、更舒适的居住条件、更优美的环境、更丰富的精神文化生活。"①党的十九大报告指出:"人民美好生活需要日益广泛,不仅对物质文化生活提出了更高要求,而且在民主、法治、公平、正义、安全、环境等方面的要求日益增长。"②党的二十大报告重申:"我们要实现好、维护好、发展好广大人民根本利益,紧紧抓住人民最关心最直接最现实的利益问题,坚持尽力而为、量力而行,深入群众、深入基层,采取更多惠民生、暖民心举措,着力解决群众急难愁盼问题。"③经济社会发展不平衡不充分问题,已经成为满足人民日益增长的美好生活需要的主要制约因素,成为中国特色社会主义实践亟需破解的重大战略议题,这些涉及群众的重大现实关切往往也是网络公共讨论的焦点和舆论的风险点。

---

① 习近平:《高举中国特色社会主义伟大旗帜 为决胜全面小康社会实现中国梦而奋斗》,《人民日报》2017 年 7 月 28 日。
② 习近平:《在中国共产党第十九次全国代表大会上的报告》,北京:人民出版社,2017 年,第 11 页。
③ 习近平:《在中国共产党第二十次全国代表大会上的报告》,北京:人民出版社,2022 年,第 46 页。

马克思主义理论要有效指导中国当下的实践,获得人民的认同,就必须继续立足中国发展实际,坚持人民立场、突出问题导向,以新时代中国特色社会主义实践为依托,在深入实践的基础上,按照中国的实际情况,进行重大理论和现实问题研究,敏锐地捕捉体现时代发展的中国问题并及时地破解时代难题,建构起能破解"中国问题"的原创性"中国理论"。特别是要加强研究破解诸如发展不平衡不充分、生态环境保护、民生领域短板、社会文明水平提升、国家治理体系和治理能力现代化、国家意识形态安全、人类命运共同体构建、从严治党等党和人民关注的,关系改革、发展、稳定的重大理论和现实问题,着力解决我国当前理论和实践中面临的系列突出矛盾,从而不断推进马克思主义理论创新,增强其对现实问题的阐释力、指导力,进一步提升其在意识形态领域的话语权。

(二) 诉求表达的现实空间匮乏激化网络空间话语纷争

毋庸置疑,与冷冰冰的抽象主义相比,现代人们更看重热气腾腾的现实生活。审视当下,部分人不相信马克思主义,并不是他们在读马克思主义和听马克思主义的过程中有了独特的见解,更多的是因为对话语主体漠视群众诉求的行为以及对社会现实的不满引发的反应。马克思主义意识形态话语权的实现不仅依赖把握时代脉搏的理论创新对于社会实践的关照,还有赖于意识形态实践主体对于群众切实利益与现实诉求的回应。

多样的诉求表达渠道和高效的诉求回应机制是化解社会冲突、维护社会和谐的重要支撑,也是排解意识形态风险、获取话语认同的人心基石。长期以来,我们国家在制度设计上除了党委、政府、人大等权威机构以及传统媒体等媒介组织承担着群众利益诉求表达沟通功能之外,还专门设置了信访部门作为社会权利救济的有益补充,但是从沟通与回应的效能看,多样表达渠道背后也呈现出同质性与单一性,一定程度上存在着渠道狭窄且不通畅的问题。"现实利益表达的必要性、内容的丰富多样性与传统利益表达渠道的单一性之间,在相互匹配性上的矛盾日益突出"。①

网络信息技术的发展在群众诉求的表达上显示出了强大的技术赋能功能,为利益诉求表达提供了广阔的新空间,然而网络诉求表达的冲突也对现实社会产生了巨大影响。网络诉求表达冲突的诱因是多方面的,最为关键的表现主要是话语主体面对网民诉求表达时囿于传统社会的执政思维,习惯于采用遮掩、封堵、删帖等"捂盖子""灭火"的处理方式,诉求主动回应和话语引导的意识不强。理论素养、信息技术素养、解决问题办法欠缺造成的本领恐慌,致使话语主体在选择合适的时机,以恰当的方式发声,以解决现实问题的实效回应舆论诉求的能力不足。无论在现实社会还是网络空间,建立科学顺畅的利益表达机制,回应群众的现实关切,对马克思主义话语权的捍卫显得尤为重要而紧迫。

三、网络文化生态失衡蚕食马克思主义文化根基

文化是人类在改造实践过程中创造的一切精神财富的总和,既是人类改造客观世界的产物,也在形塑和充盈着人类的主观世界。意识形态与文化之间相互交织又相互影响。意识形态作为一种宏大而抽象的理论存在引领和决定着文化的发展方向和道路,文化也以其独有的方式为意识形态的呈现提供着具象载体和最佳介质。网络文化是技术与人文融合中生成的网络空间一切精神创造活动和成果的总称,内蕴着传播信息、休闲娱乐、教化传承、社会动员等功能。"网络空间是亿万民众共同的精神家园。网络空间天朗气清、生态良好,符合人民利益。网络空间乌烟瘴气、生态恶化,不符合人民利益。"②作为文化的一

---

① 高鹏程、张恩:《网民公民化与共意提取:网络利益表达理性秩序的构建》,《新视野》2019年第3期。
② 《习近平关于社会主义文化建设论述摘编》,北京:中央文献出版社,2017年,第50页。

种新的样态一经生成,极大拓展了文化生产传播的方式,丰富了文化产品和服务的样式形态,满足了人民群众多样文化选择的需求。同时,网络负面文化不受节制的野蛮生长、主流网络文化的供给能力不足也在威胁着我国的文化生态环境,消解着马克思主义主流文化的吸引力。

(一)负向网络文化大行其道恶化文化生态环境

一段时间以来,我国的网络文化空间在技术工具理性、市场运作逻辑、人性内在缺陷、外来文化渗透等多元因素的合力支配之下,充斥着大量的网络负向文化垃圾。这些网络负向文化常常以迎合谄媚的取悦心态、花言巧语的灵活表达、浓妆艳抹的外在形象以及赏心悦目的图像旋律示人,即便"缺心少魂",诱人的立体外表一经示人极易俘获网民,网民个体长期浸染其间必然会引发其精神世界的空虚和价值思想的沦丧。对于网络空间马克思主义话语权来说,问题的关键在于网络负向文化的肆意泛滥必然在有限的空间中对马克思主义文化造成挤压,从而使其正向优势引导地位和功能的丧失,形成思想涣散、价值疏离和精神漂移的畸形文化生态。

此种挤压症候诱发的原因主要表现为:首先,从网络文化自身审视,网络文化空间工具理性淹没了价值理性,"技术万能""技术至上"的思维带来的是工具理性的膨胀和价值理性的萎缩。功利主义和实用主义被追捧,文化自身的意义被搁置,意义世界的建构被抛弃。网络文化的生产传播者基于流量、点击量背后的利益考量,挖空心思地制造亮点、吸引眼球、取悦观众,甚至不惜践踏社会公序良俗和法律道德规范。网络文化的消费者以"愉悦自我"为价值取向,沉湎其中寻求刺激、猎奇逐艳,醉心于情绪的排解、低级趣味和欲望的满足。在网络文化生产者、传播者、消费者看似"各取所需"的过程中,一切人文价值、终极关怀在网络技术的狂欢中被祛魅、被肢解;网络文化空间还带来了感官享受对精神追求的遮蔽,技术发展以视听全方位沉浸式虚拟文化体验不断刺激和满足着网民的感官需求,加剧网络空间泛娱乐化的倾向,在互动聊天、内容点播、打赏赠礼等网络文化行为中,感官体验凌驾于理性判断之上,娱乐至上的理念消解着一切精神的追求。网络空间庸俗文化也在以偷梁换柱的方式僭越着通俗文化,迷信、虚假、暴力、色情、审丑、猎奇的内容,低俗、庸俗、媚俗的元素充斥网络文化空间,腐蚀了网民思想,败坏了社会风气。

其次,就网络文化的消费群体看,截至 2022 年 12 月,"我国网民规模达到了 10.67 亿,10—39 岁群体占网民整体的 48.1%"①,2020 年 12 月底的统计数据显示"初中、高中/中专/技校学历的网民群体占比分别为 40.3%、20.6%;小学及以下网民群体占比由 2020 年 3 月的 17.2% 提升至 19.3%"。② 由此可见在我国的网民群体中,中等及以下学历占比居高,青年群体是网络空间最活跃的群体,是网络文化消费的主力军,网民群体整体理性判断和鉴别能力不强,面对纷繁复杂、泥沙俱下的网络负面文化,更易被干扰和诱导。

最后,就网络文化监管看,网络文化监管法律不健全,存在被动跟进、应急出台的现象,监管行政部门职能交叉,缺乏顶层统筹规划,监管技术发展滞后、手段单一,监督管理的缺位也在一定程度上助长了网络负向文化现象。

(二)主流网络文化供给不能满足网民不断发展的需求

进入新时代,人民群众在物质生活得到极大满足的同时,对于精神文化生活的需求愈发旺盛,网络空间作为文化生产和消费的新兴领域在满足人民多样化多层次的文化需求方面扮演着更加重要的角色。经过近三十年的发展,尤其是十八大以来党和政府从文化自信的视角将网络文化繁荣发展与网络文化乱象治理摆在更加突出的位置,网络文

① 中国互联网络信息中心:《第 51 次中国互联网发展状况统计报告》,https://www.cnnic.net.cn/n4/2023/0303/c88-10757.html。
② 中国互联网络信息中心:《第 47 次中国互联网发展状况统计报告》,https://www.cnnic.net.cn/n4/2022/0401/c88-1125.html。

化建设取得了突出的成就。但是整体审视,网络文化空间"文化产品数量多但高质量的少,虚幻轻浮的内容多而现实深刻的少,炒作变现的流量水作多而悉心打磨的精品制作少"①,与人民群众的更高层次的需求和网络意识形态话语权实现的要求相比,还有较大的差距。

作为网络文化建设关键环节的主流网络文化供给不足,已经成为制约我国网络文化健康发展进程中亟须突破的"瓶颈",问题主要聚焦在以下几个方面:一是网络文化内容建设上,网络文化内容是滋养网络文化生态的养料,加强网络主流文化建设首先要有充足的主流文化内容供给。当前网络空间本土文化内容匮乏,彰显中华优秀传统文化特色的网络文化精品力作稀缺,融渗红色文化基因、传承革命文化的网络文化品牌创新度乏力,弘扬社会主义先进文化、传播社会主义核心价值观的网络文化栏目偏少,这些严重制约着主流文化在网络空间凝聚共识、成风化人、涵育人心的作用发挥。二是网络文化平台建设上,网站建设的整体质量不高,目前已经建成的以新闻重点网站为骨干,政府网站、专业文化网站以及商业门户网站为补充的网站体系中,新闻重点网站创作能力欠缺,信息同质化严重,政府网站多以发布政策资讯为主,表面形式化的内容多,更新速度缓慢,专业网站以晦涩呆板的风格示人,融思想性、知识性、趣味性于一体的专栏极度匮乏,致使点击量和吸引力不高;主流文化主动占领新兴平台的意识和能力不强,即便开通微博和微信公众号,但是在与网络名人、网络大V的流量较量中因影响力和感召力不足而处于下风,在短视频、网络直播等平台几乎难觅主流文化传播的身影;传统媒体平台与新兴媒体平台融合度不够,简单的"互联网+""+互联网""左手一只鸡,右手一只鸭"的现象大量存在。三是主流网络文化的表现形式上,目前马克思主义网络文化传播形式主要表现为传统媒体文本内容在网络空间的简单再现,复制模仿、低级重复、粗制滥造的文化作品大量泛滥,原创力作和文化精品屈指可数,

---

① 魏鹏举:《着力提升主流文化供给能力》,《人民日报》2018年3月30日。

将马克思主义文化价值意蕴融入网络文学、网络音乐、网络剧、微电影、网络动漫等多种表现形式的创新能力不足,借助创意驾驭体裁和技术推进文化生产传播方式变革的能力不强,等等。

第四节　多元社会思潮冲击马克思主义话语引领力

社会思潮是具有广泛影响的,特定阶级或阶层利益诉求的理论表达,是一定理论逻辑与实践逻辑的辩证统一。在理论逻辑层面,社会思潮包含着思想的因素,表征为一种特殊的理论存在,具备一定的理论魅力和逻辑力量,"它常常表现对整个社会现象或社会现象某些方面较为深刻系统的理性认识"。[1]在实践逻辑层面,社会思潮作为一种社会意识源于社会现实,反映的是特定的经济利益关系,是在回应人民关注的社会焦点和热点基础上迎合民众心理,赢得人们的认可和附和。"进入新时代,我国社会经济发生深刻变化,改革进入'深水期'和'攻坚期',人们的利益诉求、思想观念的多元、多样、多变特征将更加凸显,社会不同思想意识激荡交锋,一系列的社会思潮暗流涌动,竞相发声。"[2]毋庸讳言,社会思潮的多样化对于促进文化交流、活跃社会思想、增强民众主体意识、吸收借鉴异质文化有益部分具有积极意义,但是多样化的社会思潮也引发了思想多元化、价值观念多样化,对巩固马克思主义意识形态话语权提出了严重挑战。特别是在网络信息技术飞速发展的背景下,抵制各种错误思潮的干扰,打赢"思想的阻击战",牢牢掌握马克思主义在网络空间的话语权,仍然是新时代我们亟须破解的重大课题。

---

① 佘双好:《当代社会思潮的内涵、特征及意义研究》,《学校党建与思想教育》2011年第 7 期。

② 吕峰:《新时代我国主流意识形态话语权建构的多重维度》,《思想政治教育研究》2018 年第 1 期。

一、网络历史虚无主义虚化马克思主义的历史观

古人讲,"灭人之国,必先去其史"。对历史的认识和解释,历来是各种社会思潮较量、争夺话语权的重要战场。近年来,一些历史虚无主义者打着"深刻反省历史""重新评价历史""还原历史真相"的幌子,通过肆意夸大捏造事实、无中生有、随意裁剪历史等手段,丑化党史国史,否定马克思主义的指导地位,否定党的领导和社会主义制度。历史虚无主义思潮与网络的联姻更是大大拓展了其传播的空间,严重干扰着网民的历史认知和价值判断,侵蚀着马克思主义网络话语的历史根基。

(一)网络历史虚无主义话语的外在表征与实质揭示

历史虚无主义在网络空间制造话语、传播话语以及争夺话语权的进程中,呈现了一套鲜明的话语表征。

一是采取去语境化的手段,肆意裁剪历史,解构历史的整体性。历史是以时空的整体性与连贯性呈现的立体贯通与前后继起的客观实在,任何一段历史事件的发生都有其特殊的时代语境,任何历史主体的行为逻辑中都隐含着历史条件的制约,因此对于真实历史和历史主体行为的客观评价必须植根于其发生的时代土壤之中,原原本本地回归具体的历史语境。然而审视网络空间历史虚无主义对于历史的呈现图景却呈现出碎片化、任意裁剪,悬空并剥离真实语境的主观镜像,历史片段与整体的关系被肢解,历史事件、历史人物与历史环境的联系被割裂,历史在被俯视中遭遇随意解构和重组,沦为了任人打扮的小姑娘。

二是从迎合大众心理与娱乐消费需要出发,采用娱乐化与戏谑的口吻调侃历史,挑战历史的严肃性。网络历史虚无主义者迎合媚俗化的舆论倾向,采用"恶搞"的惯用伎俩,制造情感宣泄式的狂欢,进而实现丑化人格、调侃崇高、扭曲经典和颠覆真相。"翻案""秘史""真相"等夺人眼球的标题,揶揄、搞笑、恶俗的"段子"充斥网络空间。历史成了

历史虚无主义者依托话语谋取权益随意编造、丑化的对象，一切历史人物、历史事件、历史经典的正统形象在集体狂欢中瞬间被瓦解，背后的价值意蕴被抽空殆尽。

三是肆意地假设虚构历史，历史客观真实性被遮蔽。历史是客观发生的真实存在，"在自然界和历史的每一科学领域中，都必须从既有的事实出发"[①]，解读和评价历史首先要对其保持最朴素的尊重，从基本的历史事实出发。网络历史虚无主义者却枉顾基本历史事实和历史规律，在网络空间恣意地替换编造历史，主观随意且孤立片面地解读历史，在其荒谬的手段之下，历史成为任人塞填的空壳。

法国思想家米歇尔·福柯认为"'话语'意味着一个社会团体依据某些成规将其意义传播于社会之中，以此确立其社会地位，并为其他团体所认知的过程"。[②] 网络历史虚无主义在网络空间的荒谬历史话语并不是简单为网民提供免费公益的文化供给，而是借助历史的误导致使网民陷入历史认知和价值认同混乱的泥沼，进而达到消解网民对中华民族的集体认同，对社会主义道路的集体认同，对中国共产党领导的集体认同，与马克思主义争夺话语权，实现其话语背后的利益。

（二）网络历史虚无主义话语生产的逻辑陷阱与成因探析

全方位地透视网络虚无主义惯用的伎俩和由其衍生的话语表征，其话语背后的逻辑陷阱清晰可见。网络历史虚无主义者惯用唯心主义的假设论否认历史内在的客观规律。马克思主义唯物史观认为，历史发展同自然科学一样有其内在的客观规律可循。生产力与生产关系的矛盾运动在推动历史发展的进程中发挥决定作用，人们不能随心所欲地创造历史，人的主观能动性的发挥必然受到客观历史条件的制约，历史发展的偶然性寓于必然性之中，实事求是是审视历史最基本的方法

---

① 《马克思恩格斯选集》(第三卷)，北京：人民出版社，2012 年，第 878 页。
② 王治河：《福柯》，长沙：湖南教育出版社，1999 年，第 159 页。

论遵循,等等。概言之,历史是不容假设的,然而细究历史虚无主义者的网络叙事逻辑却刻意遮蔽和拒斥马克思主义唯物史观的基本理论和观点,以假设论的方式主观臆断历史,夸大历史发展的偶然性因素,放大领导人物意志、个性与心理在历史发展中的作用,本质上是一种唯心主义的历史观。网络历史虚无主义者惯用抽象的人性论取代马克思主义的阶级分析法。马克思主义唯物史观认为,在阶级社会一切人类发展的历史都是阶级斗争的历史,阶级斗争是推动历史进步的直接动力,任何社会思潮都是为特定阶级服务的,历史的评价首先要站稳阶级立场。网络历史虚无主义者避开人的社会性与阶级性,将人从"现实的社会"中剥离开来,单个的、孤立的、抽象的揭示人的本质,必然站在人的对立面,究其本质是在为资产阶级的利益代言。网络历史虚无主义惯用形而上学的思维否认历史的全面客观性。"如果不是从整体上、不是从联系中去掌握事实,如果事实是零碎的和随意挑出来的,那么它们就只能是一种儿戏,或者连儿戏也不如。"①网络历史虚无主义有所虚无,有所不虚无的历史选择论,违背了历史事实,遮蔽了历史的本质。

斩断历史虚无主义的网络传播一方面要从理论上认清其话语本质,另一方面也要深刻反思其恣意泛滥的现实成因。从其话语传播的主体维度看,西方势力的推波助澜,利益受损者的情绪化表达,将历史视为商品的资本逻辑是历史虚无主义思潮网络传播的主体动力。从其话语传播的介质维度看,网络的虚拟化、多元化特征,审查制度的缺失等弱控制性属性助推了历史虚无主义思潮的网络化传播。从其话语的受众看,网民的娱乐心态、猎奇心理、理想化心理等社会心理因素,历史教育乏力引发的网民历史素养不高等现实因素,也给历史虚无主义思潮的网络化泛起提供了可乘之机。鉴于此,在马克思主义话语与历史虚无主义话语的网络较量中,亟须从理论上批判揭露其虚伪的理论本质,从网络空间治理策略的视角铲除其网络传播的生存土壤,进而有力

① 《列宁全集》(第二十八卷),北京:人民出版社,2017年,第364页。

抵制网络历史虚无主义对马克思主义历史观的虚无,营造健康向上的网络文化氛围。

二、网络民粹主义弱化马克思主义的话语权威

民粹主义是一种反对精英主义的政治思潮,"作为一种社会思潮,民粹主义的基本含义是它的极端平民化倾向,即极端强调平民群众的价值和理想,把平民化和大众化作为所有政治运动和政治制度合法性的最终来源,以此来评判社会历史的发展"。① 民粹主义既是普通民众对社会不公表达不满情绪的社会心理和社会思潮,也是民粹主义者裹挟民意、操纵民众的政治策略。民粹主义与网络信息技术相勾连,显著放大了其草根性、批判性和极端性的话语特征,"言马必反""言党必反""言官必反"的话语基调,给网络空间和现实社会的秩序造成了极大的冲击,也让马克思主义的理性话语淹没在众声喧哗和哗众取宠的话语暴力之中。当下,马克思主义话语如何在约束与宽容之间寻得平衡,既有效压制网络舆论的民粹主义倾向,又不压抑和窒息网民民主的追求和表达,考验话语主体的智慧。

(一)民粹主义的网络表征和现实危害

对网络民粹主义进行全方位的扫视,可以完整地理清其内在的逻辑表征。一是借以反映社会底层民众的民意为基础。网络民粹主义内蕴着民主理念,多是以表达网民对于平等、自由、公正等基本民主理念的追求与表达为源头从而吸引网民的参与与认同,具有合理的因素。然而民主与民粹最大的区别在于,民主承认多元社会民意的多样性,整体与局部、眼前与长远的利益表达都理应得到尊重与认同,民粹主义主张存在一元民意,鼓吹民意的整体性。事实上,网络空间民粹主义事件

---

① 俞可平:《现代化进程中的民粹主义》,《战略与管理》1997 年第 1 期。

的整体民意多是民粹主义者借助网络媒体的主动建构,借助整体民意的垄断实现个体或某一团体的政治目的。网络民粹主义表面上看是草根阶层和边缘群体抗争不公的武器,实质上却常常沦为网络意见领袖操纵民意、攫取名利的工具。二是以批判社会负面问题为重点在网络空间集聚。网络民粹主义将批判的矛头直指社会发展中呈现的矛盾和冲突。不可否认,对于社会现实的建设性批判有助于推动社会问题的暴露与解决。网络空间折射出的真实镜像却是大量知识水平有限、政治经验不足的民众集聚网络空间表达对绝对平等、普惠福利的向往与追求,表现出了极强的反精英、反权威、反体制、仇官仇富的舆论心态。三是多数人支持即为合理的舆论逻辑。网民置身于多数人的群体之中扮演着群众演员的角色,复杂的思考和自我的反思沦丧。事实真相和是非曲直、逻辑的严谨性已经不再重要,重要的是"非我即他""非黑即白"的二元对立思维和臆想的"弱者""利益受损者"的身份与标签。在简单的道德义愤和集体舆论的压力之下,多数人的暴政轮番上演,少数人的权利被肆意践踏。四是情绪化、极端化的非理性话语表达。网络民粹主义最擅长采用夸大渲染的悲情叙事、英雄叙事以及复仇叙事等叙事方式唤起网民的愤怒、仇恨与恐惧,从而团结最广大的底层群众对社会精英和社会体制发动猛攻,网络话语也因此从沟通协商的工具异化成了伤害他人的利器。

　　循着网络民粹主义内在逻辑表征,其现实的危害清晰可见。网络民粹主义一味否定和反对,堵塞了现代社会依靠沟通协商达成共识的可能,极大地降低了政策决策实施的效率,网络舆论审判僭越法律审判,伤害了社会的法治秩序;对公平竞争和效率优先的漠视,以及超越社会发展阶段的对绝对公平和普惠福利的追求,存在拖垮国民经济发展的风险;极端化、偏激化和非理性的表达方式放大了社会冲突和对抗,撕裂着不同社会群体之间的信任和共识,增加了社会的不稳定因素,提高了社会治理的成本。

（二）网络民粹主义持续发酵的成因分析

其一，社会现实不公诱发民粹主义在网络空间的持续发酵。恩格斯说"人们自觉地或不自觉地，归根到底总是从他们阶级地位所依据的实际关系中——从他们进行生产和交换的经济关系中，获得自己的伦理观念"。① 毋庸置疑，经过七十多年的发展，特别是四十多年的改革开放，中国社会发生了翻天覆地的变化，综合国力日益提升，人民群众的生活水平持续改善。发展带来人民群众历时性幸福指数提升的同时，也带来了共时性社会心态的转变。政治、文化、社会、生态等诸多领域发展速度落后经济发展水平形成的社会结构不平衡，东西部、城乡之间形成的区域发展不平衡，基于产业、行业、年龄、教育背景等因素形成的不同群体受益不平衡，致使不同阶层、不同社会群体之间的贫富差距持续拉大，人民群众对于社会分配不公的不满情绪日益累积。特别是互联网为不同群体分享社会发展利益的比较提供了空间和可能，利益享有和发展机会的差异比较，大大加重了社会底层民众"不患寡而患不均"的相对剥夺感。社会阶层的固化，权力、财富和知识的结构性失调，部分社会精英群体的自私自利、贪污腐化、道德失范等行为进一步激化了草根民众对于政府机构、社会精英群体的不信任、污名化和仇视心理。住房、就医、上学、食品安全、环境保护等诸多关系切实利益的民生问题突出助长了中国民众对于未来的焦虑心态。诸此种种为裹挟"人民"名义、追求平等的民粹主义在网络空间的蔓延提供了滋生的现实土壤。

其二，制度民意吸纳能力不足刺激诉求的网络表达。当前中国民众的民主意识觉醒，政治参与的热情激剧膨胀，而在现实空间公共决策的过程相对封闭，社会制度性参与的渠道缺失，基层政权缺乏听取民意的诚意耐心，导致现有的制度吸纳民意的能力有限，致使诉求的表达和

---

① 《马克思恩格斯选集》(第三卷)，北京：人民出版社，2012年，第470页。

情绪的宣泄被集中排挤至互联网空间,互联网政治参与呈现"井喷"和"爆炸"之势。

其三,互联网赋权功能是网络民粹主义盛行的技术诱因。在现实社会,以反对精英、批判体制的面目呈现的民粹主义的传播受到时空的局限,人们也很难觅得满意的平台和渠道集中表达对社会不满情绪。网络技术的出现制造了一个信息自由流通、成本低廉的意见市场和众声喧哗、哗众取宠的表达空间,社会问题的网络表达和社情民意的网络聚合,让民粹主义把握住了民意和技术相勾连的绝佳时机,"网络民粹主义以一种放大的乃至报复性的姿态,宣泄着现实空间无法集中表达的政治不满、平等诉求和弱者心态"。①

其四,网民公民素养和政治参与能力缺乏也是导致网络舆论民粹化倾向的重要因素。中国网民整体上知识储备不足、逻辑素养缺失,非黑即白的极端化思维和缺乏理性思考的跟风盲从在网络群体中盛行,都易于使其被"看不见的手"鼓动和操纵,从对民主的表达和追求滑向民粹主义。

三、新自由主义借助网络传播全面攻击马克思主义

新自由主义是一种为资本代言,以倡导完全市场化、彻底私有化和绝对自由化为核心内容的社会思潮。改革开放之初传入我国,在知识分子和社会精英阶层有较大的影响。传统媒体时代,新自由主义思潮主要借助学术交流、学术讲座、期刊电视等方式散播理论观点。网络的普及为新自由主义思潮的传播提供了便捷的渠道和载体,新自由主义观点的持有者不再满足于传统的传播方式,而是实现资本与理论的沆瀣勾结,在思想传播层面借助于网络撰写理论文章大肆宣传其理论观

---

① 刘小龙:《多元动因与网络聚合:当前中国网络民粹主义的生成机制》,《理论改革》2019年第4期。

点,全面地肢解、否定和批判马克思主义;在实践层面操纵网络新媒体进行舆论造势,试图向政府施压,将中国引向资本主义的道路。近年来,新自由主义思潮的网络蔓延引起党中央的高度重视,理论界也对其进行了集中批判和有力回击,新自由主义略显式微,但是其制造的思想混乱的威力不容小觑。

（一）新自由主义的演进脉络与理论实质

自由主义作为一种意识形态理论诞生于十三、十四世纪的文艺复兴时期,主张个人自由、人性解放,崇尚个人权利的至高无上性,反对封建制国家对经济运行的干预。作为一种资产阶级的意识形态理论为资产阶级冲破封建专制的压迫和促进资本主义经济的发展提供了理论支撑,是资产阶级反对封建主义的思想武器。二十世纪三十年代,资本主义世界爆发了严重的经济危机,为了摆脱经济困境,美国政府采纳凯恩斯主义的政策主张,采取扩张性的经济政策,加大政府对经济的干预,逐步实现了国家经济的复苏。自由主义理论实现了由国家不干预经济运行到干预经济运行的转变。二十世纪七十年代末,面对经济发展滞胀的危机,西方国家采纳了"实施货币主义的反通货膨胀政策,压缩福利开支,减少国家对经济的干预,调整所有制结构,推行国有企业私有化"等新自由主义的理论主张,推动反滞胀改革,取得了良好的效果。但是当西方国家不顾他国经济社会发展实际将新自由主义的发展模式向发展中国家强行推广和贩卖的时候,新自由主义就沦为了国际垄断资本在全球攫取利益和帝国主义全球扩张的工具。拉美、东欧等国家在美国等西方国家的诱导之下纷纷在本国推行新自由主义性质的"休克疗法",不仅没有带来经济社会的快速发展,反而诱发了通货膨胀、外债大增、经济下滑等经济问题和贫富差距加大、财团控制、社会动荡等严重的政治问题和社会矛盾。

从总体上看,新自由主义的核心理论主张主要表现为,"在经济理论方面实际上主张'三化',即自由化、私有化和市场化;在政治理论方面强调'三个否定',即否定公有制,否定社会主义制度,否定国家干预;在战略和政策方面极力鼓吹以超级大国为主导的全球经济、政治、文化的一体化和全球化,即全球资本主义化、西方化和美国化;等等"。① 每一种理论都是为一定的利益群体服务的,从根本上讲新自由主义的理论主张与代表无产阶级利益的马克思主义是根本对立的。无论新自由主义理论如何美化和遮蔽,也掩盖不了其资产阶级意识形态的本质,揭示其内在的理论逻辑就是将资本的自由泛化描述为全体社会成员的自由,将资本攫取的利益描述为全体社会成员的共同利益。

(二)新自由主义在中国网络传播的现实危害

国内的新自由主义思潮是西方新自由主义的理论变种,在理论实质上或者为国内资本辩护,或者充当西方国家改变中国颜色的马前卒,为其利益的全球扩张代言。网络上新自由主义的言论主要呈现在以下几个方面:

在经济方面极力鼓吹私有化、市场化和自由化,企图误导我国的改革开放政策。近些年针对社会主义经济私有化的主张集中在国有企业私有化和土地私有化方面。国内的新自由主义者炮制了"低效论""垄断论""与民争利论""腐败论""产权不清晰论"等各种论调,鼓吹"私有化""去国有化""去主导化",企图动摇公有制经济的主体地位和国有经济的主导作用。对此习近平总书记有过明确的表述:"如果把国有企业搞小了、搞垮了、搞没了,公有制主体地位、国有经济主导作用还怎么坚持? 工人阶级领导地位还怎么坚持? 共同富裕还怎么实现? 我们党的执政基础和执政地位还怎么巩固? 我们一定要想清楚,各级领导干部特别是高级干部要想清楚,国有企业广大党员、干部、职工要想清楚,不

---

① 王永贵:《全球化背景下冲击我国主流意识形态的西方思潮分析》,《中共云南省委党校学报》2006 年第 1 期。

能稀里糊涂跟着喊口号，更不能中别人的圈套。"①同时新自由主义者也极力主张农村土地的私有化，认为只有土地成为农民的私有财产，农村存在的大量社会问题才会迎刃而解，实际上土地一旦私有化，农民会实现短期内受益，但是长期看这势必会造成农民失去土地，大量的土地高度集中到少数人手中，这是几千年中国社会动荡不安的重要诱因。新自由主义者宣扬"市场万能论"，反对国家对宏观经济发展的干预，事实上我们国家发展的是社会主义市场经济，如果放弃了国家对市场的合理调控，不仅无法弥补市场自身的缺陷，市场化也会沦为资本化进而迷失社会主义的方向。

在政治方面，新自由主义者否定"四项基本原则"，实质上是追求实行资本主义的制度。新自由主义将马克思主义污蔑为僵化的欺骗民众的意识形态工具，将共产主义污蔑为不可能实现的乌托邦，将社会主义的制度和实践污蔑为集权主义和专制主义的代名词，污蔑共产党的领导必然导致一党专政、专政集权等，膜拜多党执政、三权分立等资本主义的西式宪政民主模式，企图将我国引上资本主义的发展道路。

在思想文化上，新自由主义主张意识形态的多元化，否定和消解马克思主义在思想文化领域的指导地位，实现自身对我国思想文化领域的控制。在网络空间全面地对新自由主义散布的"流言蜚语"进行积极的回应和批判，肃清其给网民思想造成的混乱影响，对于夯实马克思主义的话语权基础至关重要。

---

① 中共中央党史文献研究院编：《十八大以来重要文献选编》（下），北京：中央文献出版社，2018 年，第 393 页。

第六章 网络空间马克思主义话语权建构的战略思考[①]

马克思主义自诞生以来,自始至终面对着如何维护和巩固自身话语权的重大课题。网络空间的出现极大地拓展了马克思主义传播的阵地,为话语的传播提供了更好的实践平台,为增强马克思主义的吸引力、凝聚力与说服力提供了新的路径。同时,网络空间也给马克思主义话语权的实现与巩固带来了巨大的挑战。网络传播媒介技术的发展要求马克思主义话语传播的内容、形式、载体都必须在新的技术"语境"下做出适时应对与自我调整。社会利益分化引发网络空间的自由言说,纷繁复杂的多元社会思潮在网络空间中激荡蔓延,西方国家利用话语资源与技术优势不断强化对全球意识形态网络话语权的争夺,网络舆论控制与引导的难度日益加大。

历史和现实已经警示我们,在意识形态领域,马克思主义不去占领,各种非马克思主义和反马克思主义就会去占领。如果任其自由发展,将带来非常严重的后果,马克思主义意识形态话语权的主导地位就会受到冲击甚至有丧失的风险。因此,面对新时代新形势新任务,牢牢

---

① 本章部分内容以《新时代网络空间主流价值传播力提升策略探析》为题发表于《中国出版》2023年第9期。收录本书时略有修改。

掌握网络空间马克思主义话语权,用马克思主义来引领多样化的社会思潮,使马克思主义为人民群众所理解、认同并成为自觉的理想信念、价值取向与行为选择,守护好亿万网民共同的精神家园,确保马克思主义成为网络空间的最强音,成为当前意识形态工作迫切需要研究并解决的重大课题。对此,当前重点需要明确网络空间马克思主义话语权建构的战略任务和基本原则,全面加强话语主体、话语内容和话语载体建设,在更开阔的视野、更广阔的空间、更有力的举措中探寻马克思主义实现自身话语权力的战略保障。

第一节　网络空间马克思主义话语权建构的战略任务

　　网络空间建构马克思主义话语权是一项长期的系统工程,必须明确工作目标、主要任务和努力方向。当前,着力提升马克思主义意识形态在网络空间的话语认同和话语安全,已经成为我国意识形态工作的首要战略任务和重要历史使命。这规定着网络空间马克思主义话语权的内容和方向,也为建构马克思主义话语权提供了根本遵循。

一、提升马克思主义在网络空间的话语认同

　　随着网络社会的崛起及发展,人类的生产生活方式、思想观念、价值理念、思维模式等都在发生着深刻的改变。由于网络技术与规则的强势介入和全面渗透,网络成为意识形态的新载体。网络话语产生了巨大的影响力和辐射力,多元多样的网络意识形态话语相互碰撞、相互交锋、相互融合,不同程度地影响着人们的价值判断和评价标准。作为各种社会思潮竞相发声、激烈争夺的场域,网络意识形态话语权在线上社会和线下社会、虚拟个体和现实个体中高度融合,按照自身的逻辑进

行网络化生成和网络化传播,呈现出鲜明的话语特色。

话语权是意识形态认同的表现形式,话语权一旦形成,意识形态思想体系就会转化成内在的价值规范或精神信仰,从而形成强大的向心力和号召力。因此,网络意识形态话语权的形成是以认同为基础和根本。"网络意识形态话语权的产生是以富含价值观念体系的话语思想、话语观点、话语见解对处于一定社会关系中的他者产生影响为标志的,其影响的程度又是由话语接收方的认同程度决定的。"①话语认同是主流意识形态话语权构建的前提和基础,也体现着意识形态的内在功能和属性。法国思想家皮埃尔·布尔迪厄的"场域理论"为研究网络意识形态话语认同提供了分析视域。在他看来,语言效力的大小、语言能否得到认同、语言承载思想的不同都与语言生成的场域密不可分。他认为,场域由各种客观关系组成、场域空间有规则、场域有界限、场域内部具有争斗性等结论。② 语言作为重要的符号资本,彰显着不同话语主体、话语客体以及各个群体之间的权力属性。在网络场域中,各种参与主体都会把自己的意识形态、思想观念渗透到自己的网络话语体系中,成为影响人们价值判断的最常用的表达方式。当一种意识形态被披上象征性的话语表达的外衣,就会比较容易被网络场域内的民众所接受和认同。网络空间中,人们在这种话语力量的影响和引导下逐渐达成共识,自觉接受意识形态所传递的现实场域法则,自愿认同并积极传播、践行这种话语思想。如果这种话语认同被打破,就会出现各种网络意识形态参与主体竞相争夺话语权的局面,各个主体都希望在网络场域中发出意识形态最强音,占有更多的话语资源,拥有更强的话语能力,占据网络意识形态的主导性地位。

实现建构网络空间马克思主义话语权的战略任务,首先要牢牢掌握党在网络意识形态领域的话语权,提升马克思主义意识形态在网络

---

① 吴满意、黄冬霞、苗国厚:《网络意识形态相关问题初探》,北京:人民出版社,2019 年,第 143 页。

② 转引自杨善华:《当代西方社会学理论》,北京:北京大学出版社,2001 年,第 281 页。

空间的话语认同,强化网络空间对马克思主义意识形态的话语认同和价值认同。这对于巩固马克思主义在意识形态领域的指导地位,巩固全党全国人民团结奋斗的共同思想基础,提升马克思主义意识形态的说服力、凝聚力和支配力,具有极其重大的理论价值和实践意义。网络社会构建了一个新的意识形态场域,使得以新媒体、全媒体为代表的信息传播平台成为各种社会思潮和思想观念相互交流、交锋的前沿阵地,深刻影响着人们的价值判断与价值选择。网络空间马克思主义意识形态话语认同,是指网民对于各种网络媒介所传递的海量化、立体化、即时化的意识形态话语信息,以及由此衍生出来的对话语主体、话语内容、话语体系、话语方式等的内心认可及肯定。通过各种网络实践活动和网络媒介平台,以信息生产和信息传播的方式赋予马克思主义意识形态新的话语表征,来阐述马克思主义意识形态所蕴含的价值理念和实践旨向,从而在马克思主义意识形态与其他意识形态的交锋、交融中占据绝对的统治地位和话语优势的内心认同。

随着我国互联网内容建设和治理相关法规的出台,互联网治理体系不断完善,党和国家对于网络舆情的控制力不断增强,主流媒体主动发声、声势浩大,广大网民的信息甄别能力不断提升,网络空间日趋清朗,民众对马克思主义意识形态的认同显著提升。但同时,网络意识形态话语权也面临着一系列严峻挑战。"当前的现状是,基于政治权威而建立起来的强制性主流意识形态认同正在被网络的自由性消解着,未能下沉到社会底层,也未能真正主导网络空间。"①尤其在信息全球化的背景下,西方资本主义国家利用信息网络的技术优势和话语优势,对意识形态渗透进行伪装和粉饰,对我国网民群体进行话语干扰,这给马克思主义意识形态话语权的确立带来了巨大挑战。另一方面,网络社会信息传播具有"非中心""多中心"的明显特征,"人人都有麦克风""所

---

① 刘波亚、李金玉:《网络空间中主流意识形态的认同逻辑》,《教学与研究》2019年第4期。

有人对所有人"的传播格局已经形成,每个人都有可能成为信息发布的中心和焦点,引起社会舆论的广泛关注。网络传播的这种特点赋予话语主体平等的地位,开放与平等的对话交流成为实现意识形态认同的主要方式,这与传统的自上而下灌输式意识形态传播策略有着天壤之别。尽管执政党拥有传播主流意识形态的政治权力与媒介资源,但是这并不意味着就可以居高临下把民众作为信息被动接收者。如果困囿于传统意识形态宣传方式而不积极利用网络平台来创新话语表达和话语传播方式,则无法彰显党的意识形态主导力、公信力,毕竟建立在单纯控制基础的认同是不能持久的。

马克思主义要深入大众的内心世界,才能获得最深沉和最持久的价值认同。这就要求意识形态教育必须根植于大众的网络虚拟世界和现实生活世界,实现理论逻辑和现实逻辑的有机统一。从理论逻辑来看,要提升马克思主义在网络空间的话语认同,必须坚持马克思主义在网络意识形态领域的主导地位,将其作为一项关系国家发展大计和全局的战略任务毫不动摇地贯彻落实。通过网络媒介平台实现马克思主义意识形态话语对其他意识形态的引领、整合和控制,在与各种社会思潮的对话中体现马克思主义强大的解释力、批判力和科学性、价值性,以创新的话语表达彰显马克思主义理论的生机活力。马克思主义意识形态具有凝聚人心和思想动员的强大功能,能够从理论、道路、信仰、文化等层面为中国特色社会主义事业提供大众话语认同的思想基础。意识形态话语权具有政治性和文化性两重属性,从不同方面发挥着意识形态的功能作用。意识形态话语权的认同要依靠党和国家的政权机构,通过各种传播方式和控制方式在全体人民中确立统一的政治、文化、情感导向,以意识形态引导强化大众对马克思主义的自觉认同,从而为党的执政提供合法性支持,为中国特色社会主义伟大事业奠定思想基础。

从现实逻辑来看,要提升马克思主义意识形态在网络空间的话语认同,要求价值层面的意识形态诉求在现实的实践生活中能够得到落实,通过人们自身利益的不断满足,使人们逐渐认同意识形态话语体系所承载的价值追求。否则,没有经济社会发展的显著成就,没有人民物质文化生活需求的不断满足,一味地空谈理想信念和道德观念,只会使人们对话语体系的权威性和现实性产生怀疑,缺乏现实支撑的话语权是没有办法长久的。意识形态话语权需要实现理论逻辑的价值正当性和现实逻辑的利益满足性的相统一。只有二者相辅相成、相互支撑、同向发力,才能从根本上确立意识形态的话语权。人类的一切活动首先都是为了满足自身多样性的需要,需要是人的个体和整个人类发展的根本动力。是否能够且在多大程度上满足人们的需要也是决定一种理论是否被人们认同和多大程度上认同的关键因素。马克思主义之所以成为党和国家的主流意识形态,就在于其代表了广大人民群众的根本利益,不断满足和实现人民群众的物质文化需要,并通过中国共产党的执政合法性化使之被大众所接受认同。提升马克思主义意识形态在网络空间的话语认同,就是要使马克思主义及其具体的理论、路线、政策、方针等在网络空间被广大人民群众所认同并内化为自身的行动指南,调动广大人民群众参与社会主义建设的积极性、主动性。新时代,满足人民日益增长的美好生活需要成为马克思主义意识形态现实逻辑的必然要求。新中国成立七十多年来,在中国共产党的领导下,在马克思主义主流意识形态的指导下,人民群众勠力同心、奋发进取,我国从积贫积弱迈向繁荣昌盛,从温饱不足迈向全面小康,创造了人类发展史上的奇迹。特别是新时代十年,中国经济社会发展取得历史性成就、发生历史性变革。十年来,中国经济年均增长 6% 以上,国内生产总值从 53.9 万亿元增长到 121 万亿元,按年平均汇率折算,经济总量达 18 万亿美元,稳居世界第二位。我国人均 GDP 从 6 300 美元上升到 12 741 美元,人民生活水平大幅提升。十年间,我们打赢脱贫攻坚战,攻克一个又一个贫中之贫、坚中之坚,取得举世瞩目的成就:现行标准下 9 899 万农村贫困人口全部脱贫,832 个贫困县全部摘帽,12.8 万个贫困村全部出列,我们历史性地解决了绝对贫困问题,如期全面建成小康社会,提前十年实现《联合国 2030 年可持续发展议程》中的减贫目标,赢得国际社会广泛赞誉。十年间,中国形成了世界上规模最大、最具成长性的中等收入群体——超过 4 亿人,我国居民人均可支配收入从 16 500 元增加到 36 883 元。随着脱贫攻坚各项政策和乡村振兴战略纵深推进,农村居民人均可支配收入增速持续快于城镇居民,城乡居民人均可支配收入比由 2.88∶1 降至 2.45∶1。十年来,城镇新增就业年均 1 300 万人以上,累计促进失业人员再就业 5 501 万人。重点群体就业平稳,8 000多万高校毕业生总体就业水平保持稳定,农民工总量增至 2.9 亿人。建成世界上规模最大的教育体系、社会保障体系、医疗卫生体系,等等。①

利益关系决定话语表达。改革开放四十多年以来特别是新时代十年来,我国经济社会发展取得了举世瞩目的伟大成就,人民物质精神文化生活水平日益提高。但是,随着我国改革开放的不断向前推进,改革进入深水区和攻坚期,触及各种深层次矛盾,一些利益藩篱需要打破,各种社会深层次不合理利益关系、矛盾问题日益暴露出来。而互联网则成了这些矛盾凸显或者爆发的重要渠道,网络已经成为民众表达自身利益诉求和维护自身合法权益的重要媒介。网络具有开放性、即时性、扩散性、交互性、多元性等显著特点,各种利益矛盾冲突的信息、博人眼球的话题通过网络迅速广泛传播,形成相对一致或者趋同的舆论导向,很容易成为舆论焦点和社会热点,从而被整个社会所知晓,还有可能使得原来的隐蔽性问题浮出水面。不合理的利益分化和各种社会深层次矛盾不仅是实现中华民族伟大复兴的最大障碍,也是阻碍马克思主义话语权在网络空间实现的根本要素。"我们判断一个人不能以他对自己的看法为根据,同样,我们判断这样一个变革时代也不能以它的意识为根据;相反,这个意识必须从物质生活的矛盾中,从社会生产力和生产关系之间的现存冲突中解释。"②从当前我国的具体国情来看,马克思主义意识形态与中国共产党的执政目标是高度统一的,但在

---

① 樊曦等:《十组数据看新时代中国发展之变》,《新华每日电讯》2023 年 3 月 5 日。
② 《马克思恩格斯文集》(第二卷),北京:人民出版社,2009 年,第 591 页。

具体实践层面还客观存在着一些背离马克思主义意识形态价值诉求的社会现象,例如贫富差距过大、部分官员贪污腐败严重、社会保障体系不健全等,这些问题的长期存在必然会影响到马克思主义意识形态的说服力和话语权。尤其是有的党员领导干部把手中掌握的权力资源作为谋取私利的工具,以权谋私、权钱交易、索贿受贿等腐败现象滋生蔓延,生活作风腐化堕落,违法乱纪、奢侈浪费、形式主义、官僚主义问题突出。由于这些党员领导干部往往掌握着巨大的权力及社会公共资源,一旦出现问题往往性质严重、影响巨大,损害国家和人民群众的切身利益。腐败与马克思主义的本质、宗旨是格格不入的,这些丑恶现象会严重影响到党执政的公信力和合法性,使得人民对马克思主义的认同度降低,影响到马克思主义话语权在网络空间的实现。

改革开放以来我国经济发展飞速,创造了人类发展史上的奇迹。但是,伴随着经济快速增长,我国贫富差距也不断拉大,已经从一个改革开放前平均主义盛行的国家转变为当今贫富差距较大的国家。根据世界银行的统计数据,2022年我国基尼指数为0.474,仍然超过了0.4的国际警戒线。根据瑞士信贷《2019全球财富报告》,截至2019年年中,中国目前百万美元富翁人数为440万,在全球范围内仅次于美国;财富超过5000万美元的超高净值人数为18132人,也是仅次于美国。中国的贫富差距还体现在城乡差距和地区之间发展的不平衡。根据国家统计局的数据,2023年上半年我国城镇居民人均可支配收入为26357元,农村居民人均可支配收入则只有10551元。从地区之间的发展来看,2023年上半年上海市居民人均可支配收入达42870元,居全国首位,新疆地区只有11378元,中国最发达省份的人均GDP是最低省份的4倍多。[①] 在中国经济总量已经做大做强的现实条件下,现阶段我国发展的重点应该是发展成果被全体人民所共享。如果贫富差

---

① 参见国家统计局网站:《2023年上半年居民收入和消费支出情况》,http://www.stats.gov.cn/sj/zxfb/202307/t20230715_1941274.html。

距进一步过大、普通劳动者收入增长滞后,马克思主义的真理性、科学性、价值性就有可能走向抽象空泛。面对关乎民众切身利益的各种网络舆情事件,例如贪污腐败、人身安全、公共危机、消费侵权、食品安全等敏感问题和突发事件,党和政府要始终把人民的利益放在首位,通过及时掌握客观事实情况,切实解决现实问题,还原事件的真相,追责相关部门,依法惩治相关责任人。马克思主义的生命力来源于实践,是理论与现实的高度契合统一。网络空间马克思主义意识形态话语权建构的根本在于通过对网络舆论热点难点问题的科学解释,化解人们的思想困惑,在人们的生产实践活动中解决各种不合理不公正的社会问题,不断消除社会发展过程中的不和谐因素,加大社会公共产品供给,使得更多的人享受到社会发展进步所带来的成果。要建立健全人民群众的利益表达和维护机制,不断提升人民群众的幸福感、获得感,在贴近生活、贴近实际的具体实践中,在包括网络空间在内的各个领域中增强马克思主义意识形态的号召力、凝聚力,使得马克思主义获得民众的内心支持和信仰认同,从而提升马克思主义意识形态在网络空间的话语认同。

二、维护马克思主义在网络空间的话语安全

互联网时代,网络空间已经成为意识形态斗争的主战场。只有掌握了网络空间的意识形态话语权,才能巩固和加强马克思主义在意识形态领域的主导地位。习近平总书记在中共中央政治局第十二次集体学习中强调:"主流媒体要及时提供更多真实客观、观点鲜明的信息内容,掌握舆论场主动权和主导权。要从维护国家政治安全、文化安全、意识形态安全的高度,加强网络内容建设。"①话语权体现了特定话语体系在意识形态领域的号召力和控制力,掌握了话语权也就是指这一

———————

① 习近平:《推动媒体融合向纵深发展 巩固全党全国人民共同思想基础》,《人民日报》2019 年 1 月 26 日。

话语体系具备了在社会思想文化方面能够产生主导作用的影响力。意识形态作为统治阶级的话语体系,必然在现实和网络空间中拥有最大的话语权,这是意识形态安全最直观最直接的表现形式。相反,一旦意识形态话语权弱化,不能在网络空间对其他话语形式和社会思潮产生支配力,不能在网络思想领域发挥主导力,这也就意味着意识形态危机的出现。

互联网进入中国近三十年来,发展速度非常快。根据中国互联网络信息中心(CNNIC)2023 年 3 月发布的第 51 次《中国互联网发展状况统计报告》显示,截至 2022 年 12 月,我国网民规模达 10.67 亿,较 2021 年 12 月增长 3549 万,互联网普及率达 75.6%,较 2021 年 12 月提升 2.6 个百分点。我国手机网民规模达 10.65 亿,较 2021 年 12 月增长 3 636 万,网民使用手机上网的比例为 99.8%。我国 IPv6 地址数量为 67 369 块/32,较 2021 年 12 月增长 6.8%。我国即时通信用户规模达 10.38 亿,较 2021 年 12 月增长 3 141 万,占网民整体的 97.2%。我国网络视频(含短视频)用户规模达 10.31 亿,较 2021 年 12 月增长 5 586 万,占网民整体的 96.5%;其中,短视频用户规模达 10.12 亿,较 2021 年 12 月增长 7 770 万,占网民整体的 94.8%。我国网络新闻用户规模达 7.83 亿,较 2021 年 12 月增长 1 216 万,占网民整体的 73.4%。[①] 根据腾讯发布的统计数据,2022 年第三季,微信及 WeChat 的合并月活跃账户数达 13.089 亿。网络不仅成为推动我国经济社会发展的重要动力,而且已经渗透到人们日常生活的方方面面,人们的生产生活方式、行为习惯、思维方式、价值取向、交流方式甚至话语表达都在互联网的普及和影响下发生了深刻改变。网络空间已经成为意识形态交锋的主阵地。环顾全球,正是依靠对网络空间的技术掌控,西方发达国家通过对本国意识形态和文化价值观念的话语传播与话语宣扬,对其他国家

[①]　中国互联网络信息中心:《第 51 次中国互联网发展状况统计报告》,https://www.cnnic.net.cn/n4/2023/0303/c88－10757.html。

的传统文化与意识形态安全带来了威胁。构建网络空间马克思主义意识形态话语权,必须把维护马克思主义意识形态话语安全作为重要的战略任务。

国家权力包括各个方面,军事权力、政治权力、文化权力、经济权力、意识形态权力都是其重要组成部分。相对于其他方面权力,意识形态权力虽然不是直观的物质力量,但是却是一种处处存在、影响深远的精神力量,主要通过语言、文字、文化来产生支配性力量,通过理论体系、话语表达并借助一定的传播媒介来影响人们的思想观念。"从国家安全角度看,话语权其实就是以政治理论为基础的意识形态权力。经济权力、政治权力和军事权力都离不开意识形态权力的引导作用。"①意识形态是国家软实力的核心和根基,其他方面权力要发挥作用均需要意识形态权力的支持,意识形态话语权是国家安全的精神内核。在现代政治社会中,社会安全稳定在于普遍价值共识基础上的政治制度安排。现代化所带来的价值观更迭,会对原有政治秩序带来挑战。亨廷顿曾断言:"现代化免不了带来异化、沉沦颓废和无常等一类新旧价值观念冲突造成的消极面……新的价值观往往会破坏社交和权威的旧基础。"②意识形态对于维护社会秩序稳定的意义就在于此。尤其在互联网时代,各种形形色色的价值观念、道德文化、意识形态突破了国界地域的限制,在网络平台上相互交锋、暗自较劲,威胁着国家意识形态的安全。正如马克思所指出的:"如果从观念上来考察,那么一定的意识形态的解体足以使整个时代覆灭。"③价值冲突往往是社会冲突的先导,意识形态衰退成了影响国家安全稳定的根源,意识形态安全构成了社会稳定的深层结构。一种新的社会政治力量的崛起就是以新的意识形态为先导的,并依托这种意识形态把人们动员起来参与到对抗旧秩

---

① 杨光斌:《思想话语权事关国家安全》,《人民日报》2018年3月8日。
② [美]塞缪尔·P.亨廷顿:《变化社会中的政治秩序》,王冠华、刘为等译,上海:生活·读书·新知三联书店,1989年,第34—35页。
③ 《马克思恩格斯文集》(第八卷),北京:人民出版社,2009年,第170页。

序和旧统治阶级的行动中。此外,意识形态作为"制度精神"和"话语权力",除了为社会政治制度体系提供合法性支持,还可以为整个社会稳定运行提供统一的价值规范和精神纽带,消解多元文化、多样思潮对于社会秩序的冲击,保持各方力量对于国家统治的向心力和归属感,从而在精神层面为社会稳定提供"安全阀"。

网络空间意识形态话语安全是国家安全的重要范畴。当前,网络已经成为国家治理的新领域,网络空间主权成为海、陆、空、天之后的第五大主权领域空间。2017 年 6 月 1 日起施行的《中华人民共和国网络安全法》,明确把网络安全作为国家重要战略。互联网时代,文化思想、意识形态、国家战略主要是通过网络来进行传播。在此背景下,网络空间意识形态话语安全显得尤为重要,因为任何意识形态都需要首先通过话语表达来进行传播。因此,相比较其他方面安全,意识形态话语安全或者说意识形态的网络话语表达或者网络传播安全就显得更为突出和紧要。网络意识形态话语安全是意识形态安全在网络空间的实现和拓展,对于国家安全、社会稳定具有极其特殊的意义。

维护马克思主义意识形态在网络空间的话语安全,是新时代主流意识形态建设的重要战略任务。当前,主要从以下几个方面重点开展工作:一是要在互联网阵地自觉维护马克思主义的指导地位,对于网络上恶意攻击马克思主义的错误言论要予以分析揭露和正面回应,对于抹黑我国社会主义革命、建设、改革和攻击党的领导的言论予以坚决回击。以美国为代表的西方发达国家利用在网络技术上的领先地位,向全世界进行意识形态渗透和话语侵袭,宣传西方意识形态和普世价值观,在网络话语权争夺上具有很大的优势。美国将中国作为和平演变的重点对象,通过建立网站、培植网络亲美势力、投资机构、学术交流、文化传播、宗教宣传、教育培训等方式,妄图将其意识形态渗透到我国网络空间,削弱马克思主义意识形态话语权的影响力。要旗帜鲜明地反对资本主义意识形态,自觉抵制西方错误思潮的侵蚀,坚决捍卫马克思主义在社会思想领域的主导地位,巩固马克思主义话语主阵地的地位,维护中国共产党的执政安全和国家的政治安全;二是要加强网络安全治理,坚决打击网络虚假信息,治理网络谣言。有的网络谣言利用煽动性、伪装性言论,恶意诋毁党的形象、歪曲攻击马克思主义,使得民众对马克思主义意识形态产生疑惑,削弱马克思主义意识形态的话语公信力。加之随着市场经济的深入发展,个人主义、拜金主义、享乐主义、功利主义等消极思潮不断冲击着人们的价值观念和道德底线,这些不良思潮与马克思主义的价值取向背道而驰。而网络"碎片化"的传播渠道和"娱乐化"的表达方式更容易形成多元价值文化的相互碰撞,短平快的信息输出模式使得各种非理性观点更易传播,成为冲击马克思主义意识形态的重要力量。另外由于点对点的信息传播方式具有一定的私密性,各种非主流的信息更易在熟人之间传递,并很快在网络空间扩散,从而形成了主流与非主流两个不同的网络舆论场。这就要求加强对网络文化、网络舆论的管控,健全网络信息安全立法和网络监管体系,完善网络舆情监测机制,广泛调动政府、企业、公共组织、个人参与到网络安全治理的行动中;三是要大力发展网络信息技术,为构建马克思主义话语权提供技术支持和安全屏障。面对互联网给马克思主义意识形态话语权带来的机遇和挑战,要求我们必须树立意识形态安全的"互联网思维",占领意识形态话语权的最广阔平台。加快推进"网络强国"战略,建立一支高水平网络技术人才队伍,做好网络核心技术的开放及应用,拓展传播媒介,建立全天候全方位全覆盖的网络监控机制、舆情监测机制,牢牢掌握网络意识形态安全的主动权,提高马克思主义的引导力、影响力和公信力。

第二节 网络空间马克思主义话语权建构的基本原则

网络空间马克思主义话语权建构要与时俱进,针对新时代新形势网络意识形态所呈现的新特点新趋势,以及自身生成演化规律,更新应对策略。因此,要尊重意识形态话语权建设的基本规律,根据意识形态话语权在网络社会所呈现规律的基本要求,提出建构的基本原则。总体而言,要坚持党性和人民性相统一、主流引导和多样共存相统一、正面宣传和话语交锋相统一,为网络空间建构马克思主义话语权指明正确方向。

一、党性和人民性相统一

党性和人民性相统一是我国主流意识形态建设的本质要求,也是马克思主义话语权构建的根本原则。"党是宣传的主导者、党是意识形态的管理者,这是中国共产党经过长时间的摸索而构成的制度及基本原则,是始终坚持党的领导的一个重要方面,必须牢牢坚持,任何时候都不能动摇。"①习近平总书记指出:"党的新闻舆论工作坚持党性原则,最根本的是坚持党对新闻舆论工作的领导。党和政府主办的媒体是党和政府的宣传阵地,必须姓党。"②中国共产党领导是我国社会主义事业最本质的特征,是中国特色社会主义制度的最大优势。坚持党管宣传、党管思想、党管意识形态是中国共产党的优良传统,也是我们党夺取、巩固执政地位的重要法宝。互联网时代,意识形态话语权构建同样也需要中国共产党的坚强领导,这是由党的先进性决定的,也是社会发展进步的必然要求。网络意识形态工作是党领导下的意识形态宣传教育工作的重要内容,必须把党的领导放在首要位置,牢牢把握网络意识形态宣传工作的正确方向。各级党组织和广大党员干部要牢固树立"四个意识",将政治意识、大局意识、核心意识、看齐意识贯彻落实到网络意识形态工作的方方面面,把坚持党的领导、宣传党的声音作为网

---

① 中共中央文献研究室:《十六大以来重要文献选编》(下),北京:中央文献出版社,2008年,第684页。

② 《习近平谈治国理政》(第二卷),北京:外文出版社,2017年,第332页。

络意识形态工作的第一要务,保证网络舆论、网络宣传与党中央保持高度一致。网络媒体要毫不动摇地服从党的领导、听从党的指挥、服务党的事业、反映党的主张,维护党的权威和马克思主义的核心地位,宣传党的理论路线政策方针。习近平总书记指出,过不了互联网这一关,就过不了长期执政这一关,这对党的领导提出了新的更高的要求。这就要求全面提高执政能力、增强执政本领,善于运用互联网技术和信息化手段开展网络意识形态工作,在网络治理、网上正面宣传、网络舆情监测、网络危机事件处理等领域完善工作体制机制以及方法。网络意识形态工作要紧紧围绕党的路线展开,充分利用网络宣传迅速、便捷、交互、广泛、纵深的优势,通过完善网络宣传机制、丰富网络宣传内容、搭建网络宣传平台、优化网络传播环境、制定网络宣传法规等,宣传好党的路线的科学性、先进性,阐释好我国经济社会发展所取得伟大成就与党的路线的关联性,澄清人们对于马克思主义的错误认识和片面理解,与国内外各种反马克思主义的错误思想作坚决斗争。通过网络宣传,让人民群众对马克思主义做到真学、真懂、真信、真用,真正把党的执政理念、执政纲领转化为人民群众积极投身中国特色社会主义事业的伟大实践行动。

网络信息技术的发展和各种网络媒介平台的出现给社会经济、政治、文化都带来了深刻的改变,并且影响辐射到社会的各个领域和人们生产生活的方方面面。网络技术为人类提供了获取、处理、传输和控制信息的新手段和新方式,极大地提高了人们处理信息的能力,实现了信息内容与人文精神的高度融合。网络媒介融合的过程就是马克思主义以及党的思想理论占领网络宣传阵地的过程。构建网络空间马克思主义话语权,要始终坚持党对网络宣传工作的领导,深入贯彻习近平总书记对网络宣传工作的新指示、新要求。在网络平台宣传好习近平新时代中国特色社会主义思想,构建全方位全覆盖多层次的宣传舆论矩阵,通过学习强国等平台做好宣传,确保习近平新时代中国特色社会主义思想牢牢占据网络宣传的主渠道,推动习近平新时代中国特色社会主义思想深入网络、深入人心。当前，随着网络技术的普及和各种新媒介平台的涌现，在网络宣传过程中，少数新媒体在舆论宣传过程中过度放大言论自由，丧失了马克思主义的立场、观点和方法。西方国家以各种隐蔽方式派出网络代理人，渗透我国门户网站，利用网络新媒体打着"民主""自由"的旗号混淆大众视听，恶意攻击党的领导，丑化诽谤马克思主义。这要引起我们的高度警惕，必须坚持党管网络、党管意识形态，坚持马克思主义一元指导来统领多样舆论。特别是要教育广大网民，树立正确的马克思主义世界观、人生观、价值观，明辨是非，坚定理想信念，与错误思想作坚决斗争。这不仅关乎能否牢牢掌握网络意识形态话语权与主动权，更是关乎我们党和国家的前途命运。

党性和人民性是高度统一的，二者从来都是一致的。中国共产党代表最广大人民群众的根本利益，党的利益和人民的利益是一致的。无论传统媒体还是网络新媒体都要坚持以人民为中心的工作原则，把组织群众、动员群众、服务群众作为网络宣传根本目的。坚持走群众路线，把实现好、维护好、发展好最广大人民群众的根本利益作为网络意识形态工作的出发点和落脚点，及时为群众答疑解惑，更深入地反映人民群众的心声，把真心服务群众与真情教育群众有机结合起来，不断满足人民群众日益增长的文化需求。互联网时代，马克思主义话语权的建构必须建立在广大人民群众的认同基础上，只有得到社会成员的认同和支持，才能将主流意识形态转化为人民群众的个人思想意识。只有让人民感觉到我们党与人民同呼吸、共命运、心相连，党群关系成为"同心圆"，才能让人民相信党的宣传口号，消除隔阂与疏离感。前几年，个别党员干部在面对媒体舆论监督时，讲出了"你是替党说话，还是替老百姓说话""你是不是党员"等雷人话语，既反映了一些党员干部缺乏掌握话语权的基本素养，也反映了他们把党与人民的利益对立起来，是脱离群众的典型表现。掌握话语权，既需要艺术、能力和技术，更需要广大党员干部牢固树立公仆意识，把人民拥护不拥护、赞成不赞成、高兴不高兴、答应不答应作为一切工作的出发点和落脚点。习近平总书记在阐述党群关系的时候曾经深刻指出,经济社会发展并不意味着党与人民的关系更加亲密,有时候反而更加疏远。他强调:"如果群众观点丢掉了,群众立场站歪了,群众路线走偏了,群众眼里就没有你。古罗马历史学家塔西佗提出了一个理论,说当公权力失去公信力时,无论发表什么言论、无论做什么事,社会都会给以负面评价。这就是'塔西佗陷阱'。"①一旦失去群众的信任,无论媒体如何宣传,都不会让人民相信。因此,党领导的网络宣传媒体,必须把人民的利益放在第一位,做群众的代言人,倾听反映人民的意见、要求和呼声,维护保障人民群众的切身利益。只有人民群众切实得到了实实在在的具体利益,才能在情感上得到共鸣,才能相信党媒的宣传,才能从根本上增强马克思主义意识形态的话语权。

以微信、微博、微视频为代表的网络"微空间"是新兴话语场域,拓展了网络意识形态教育的场域和交流方式。话语生产的大众化、话语内容的碎片化、话语传播的即时化、话语议题的聚焦化、话语受众的模糊化,都改变了传统的话语权力结构,使得意识形态的党性和人民性的统一性在一定程度上被遮蔽和分解。西方国家对网络舆情事件大肆炒作、混淆视听,煽动群众不满情绪,使得不明真相的人们被其迷惑;网络发展为民粹主义传播提供了平台,有的人打着"言论自由""民主"的旗号在网上大肆传播极端言论,带动舆论审判,传播"虚无主义""零度价值观"的价值标准,激发民众的非理性参与和网络暴力,对马克思主义意识形态带来负面影响;还有的人通过编造谣言、篡改历史、诬蔑领导人、诋毁英雄模范等方式,或明或暗地对党和国家进行妖魔化,不少人被其迷惑蒙蔽……虽然网络"微空间"中的每个"微话语"看似微小,但是一旦聚沙成塔、聚水成涓,就会在网络中掀起万丈巨浪,网络"微空间"就有可能失守,直接冲击到主流意识形态的话语权,必须引起高度重视。

---

① 习近平:《做焦裕禄式的县委书记》,北京:中央文献出版社,2015年,第35页。

牢牢掌握网络"微空间"的马克思主义意识形态话语权,必须坚定不移地坚持党性和人民性相统一、相一致的基本原则,加强网络话语阵地建设。首先,要从我国实际出发,构建具有中国特色的网络话语体系,实现传统意识形态话语体系的现代性转换。在话语体系转换过程中不能割断历史、不能割裂马克思主义,运用马克思主义的立场、观点、方法来分析问题、解决问题,破除对西方话语的盲目乱用和肆意嫁接,避免陷入西方国家设定的意识形态话语陷阱。要重视研究网络流行的各种学说思潮,在与错误思潮斗争中夯实意识形态阵地。与此同时,要培养一批政治可靠、作风端正、纪律严明、理论扎实、技术过硬、网感敏锐、善于引导的网络舆情管理员、评论员和引导员,充分利用网络微空间中的民众话语资源,及时捕捉、分析、甄别、评判信息,主动发布权威信息,澄清事实真相,纠正话语偏差;其次,要深入研判网民思想,尊重网民的话语权、参与权,保障民众的网上对话权利,汲取网民智慧,充分发挥其参与网上正面宣传的积极性、主动性和创造性,彰显网民的主体地位。"意识形态话语的人民立场落实在对人民利益诉求的维护上,更落实在对人民实践经验和生活创造的正确认识和充分凝练上。能不能认识到群众的作用,愿不愿意向群众学习,关系到政党及其意识形态的生命力。"①网络新媒体时代,要处理好公民个人话语权与公共话语影响之间的关系,健全网络信息平台监管法规体系,加强对传播平台和传播信息的监督,建立网民广泛参与的网络自主监督机制,积极疏导和控制负面舆情,消除网络微空间错误思潮的负面影响。筑牢网络意识形态阵地,要根植人民火热生活,反映民生民情,彰显民心所向,回应百姓关切,讲好群众身边故事,把马克思主义意识形态的理论话语转变为广大人民群众喜闻乐见的网络话语,将晦涩难懂的专业术语转变为通俗易懂的生活语言,让马克思主义理论"飞入寻常百姓家",把网络微空间

①　廖鹏辉、王永贵:《新时代意识形态话语权建设践行群众路线的理与路》,《中国矿业大学学报(社会科学版)》2019 年第 6 期。

打造成具有正面舆论导向的主流意识形态话语主阵地。

二、主流引导和多样共存相统一

举什么样的旗帜,关系到网络意识形态工作的根本方向。党的十九届四中全会明确提出,坚持马克思主义在意识形态领域指导地位的根本制度。这是我们党第一次把马克思主义在意识形态领域的指导地位作为一项根本制度明确提出来,以制度化的方式明确了意识形态是党的一项极端重要的工作,指明了意识形态工作的根本原则。党的二十大再次从推进文化自信自强的角度重申要坚持马克思主义在意识形态领域指导地位的根本制度,并就落实好此项制度做出了战略性的安排。在网络空间中建构主流意识形态话语权,要巩固马克思主义在网络意识形态领域的指导地位,处理好马克思主义意识形态的主导性和社会意识形态的多样性之间的关系。

首先,必须要毫不动摇地坚持和巩固马克思主义在网络意识形态领域的指导地位,发挥马克思主义的主导和引领作用。"话语背后是意识形态的幽灵。"[1]构建网络意识形态话语权的首要任务也是根本任务,就是坚持和巩固马克思主义在网络空间的主导地位。马克思主义在意识形态领域的指导地位,任何时候都不能动摇。尤其在网络空间,各种社会思潮和价值观念交织在一起,成为思想文化传播、交流、交锋的主要阵地,必须排除各种干扰,坚定马克思主义政治立场和话语立场。互联网时代,国内外环境发生了深刻的变化,形势错综复杂,更需要广大人民群众坚定马克思主义理想信念,用主流意识形态来教育人民、凝聚人心、汇聚力量,防止马克思主义在网络上被弱化、淡化和边缘化。网络新媒体尤其是党和政府主办的新媒体,是党和人民的喉舌,是

---

[1] 侯惠勤:《意识形态的变革与话语权——再论马克思主义在当代的话语权》,《中国社会科学》2006年第2期。

维护意识形态话语权的重要阵地,绝不能因为片面追求阅读量、盲目追求经济利益而罔顾意识形态性、政治性,纵容各种反马克思主义和不良社会思潮的传播,给网络意识形态安全带来巨大隐患。坚持马克思主义在网络空间的主导地位,要不断增强马克思主义理论的说服力、感召力和引领力,加强面向网络空间的马克思主义理论应用和方法研究,把马克思主义的世界观和方法论作为牢牢掌握意识形态工作话语权的导向,构建马克思主义网络传播的有效方法,形成能够为国家指引发展方向、为网民答疑解惑的网上传播形态的马克思主义理论方法,为马克思主义意识形态话语权的构建提供必要的思想理论资源。

马克思主义作为迄今为止最科学、最有生命力的思想体系,不是脱离现实的空洞教条,不是单纯的思辨哲学,而是在人类认识世界和改造世界过程中不断与时代对话、不断解答时代课题的科学理论。马克思认为,任何抽象的理论如果与现实生活相背离,不能描述人们的实践活动,是没有时代意义和价值的,"这些抽象本身离开了现实的历史就没有任何价值"[①]。只有在广大人民群众的社会实践活动中得到检验和发展创新,马克思主义才能永葆生机活力,发挥认识世界和改造世界的功能作用。我们党坚持马克思主义指导地位的一个宝贵经验,就是从我国国情出发,以当前我们正在做的事情为中心,着眼于理论的发展和运用,用发展的马克思主义来创造性地回答时代提出的新课题,通过大众化使抽象的理论被人民群众所理解掌握,并在新的实践经验基础上形成新的理论,引领社会发展进步。当前,党和国家高度重视马克思主义研究工作,实施马克思主义理论学科建设与理论研究工程,成立了一大批权威性研究机构,有一大批著名学者从事理论研究,产出了一大批具有学术价值、理论价值和指导意义的重要研究成果,马克思主义研究呈现出欣欣向荣、百花齐放的发展态势。但是,受各种因素以及环境的影响,马克思主义研究也存在理论成果与大众生活的互动不足、学术成

---

① 《马克思恩格斯文集》(第一卷),北京:人民出版社,2009 年,第 526 页。

果对现实的关照不足等问题。尤其是目前高校及科研机构对马克思主义研究成果的考核评价指标化、单一化,使得当前很多学术成果高深玄奥、晦涩难懂,对现实问题的研究不够、缺乏与大众的互动,普通群众难以理解,无法得到大众的认可和共鸣,不能发挥其思想引领的作用。互联网时代,各种网络媒介发展迅猛,以今日头条、抖音、快手等为代表的各种短平快视频、网文在互联网上大量传播,不仅灵活性高、覆盖面广,还呈现出内容丰富、贴近生活、表现力强、娱乐性强的特点,满足了网民碎片化的阅读观看需求。与之相对比,部分以马克思主义研究之名的学术成果以及宣传文章往往照本宣科、千篇一律,没有体现出马克思主义应有的话语魅力,影响到马克思主义话语权在网络空间的实现。面对这些问题,要求我们必须结合国情以及网络发展的现状及趋势,构建面向现实、生动活泼、引发共鸣的网络话语体系,创新宣传的方式方法,拓展网络宣传的平台和媒介,使得马克思主义逐渐融入大众的网络生活,缩短马克思主义与人民群众在网络空间的距离,为人民群众的现实生活提供理性思维和启迪智慧。需要引起重视的是,一方面要适当引用一些新鲜生动、符合大众口味的网络语言和网络热词,辅以短视频、动画、图片等多种交互性强的形式,引入人工智能、VR、AR 等先进技术,不断增强马克思主义的话语魅力和传播影响力;另一方面,也要避免为了迎合取悦网民而使用一些低俗、粗俗、戏谑的网络俚语热词,不能把网络流行文化强加到马克思主义名下,要把政治性与生活性有机结合起来,保证马克思主义的权威性和严肃性,让马克思主义真正成为"网络好声音"。

其次,坚持主流引导和多样共存相统一。党的十九大报告指出:"落实意识形态工作责任制,加强阵地建设和管理,注意区分政治原则问题、思想认识问题、学术观点问题。"①改革开放四十多年来,伴随着社

① 习近平:《决胜全面建成小康社会 夺取新时代中国特色社会主义伟大胜利——在中国共产党第十九次全国代表大会上的报告》,北京:人民出版社,2017 年,第 43 页。

会经济结构的发展变迁,多样化的社会思潮、多元化的思想文化和复杂的社会矛盾不断形成,意识形态工作面临的环境有了深刻的变化。网络意识形态工作的目标不是只允许有一种声音,不是消除其他思潮和其他文化,而是在主流引导的前提下实现多样共存、兼容并包,在多样中立主导、在多元中谋共识。网络意识形态工作要把马克思主义的立场、观点、方法和马克思主义中国化的理论成果渗透到人们的网络生活中,变成人们认识世界和改造世界的工具和准则,进而巩固马克思主义的指导地位。同时,要积极吸收、借鉴有利于马克思主义发展的文化文明成果,丰富中国马克思主义的话语体系,不断赋予马克思主义时代特色和民族特色。"各国各民族都应该虚心学习、积极借鉴别国民族思想文化的长处和精华,这是增强本国本民族思想文化自尊、自信、自立的重要条件。"[1]"我们要拓宽理论视野,以海纳百川的开放胸襟学习和借鉴人类社会一切优秀文明成果,在'人类知识的总和'中汲取优秀思想文化资源来创新和发展党的理论,形成兼容并蓄、博采众长的理论大格局大气象。"[2]习近平总书记认为,只有相互交流、相互借鉴,一国文化文明才能充满生命力,才能增强本民族的文化自信。马克思主义是人类文明发展进步的结晶,要充分汲取和继承人类文明的优秀成果,科学辩证地对待西方文明成果,善于吸收其合理的、积极的成分。在此过程中,还要处理好政治原则与学术观点之间的关系。学术研究过程中难免会涉及政治问题,尤其是互联网的碎片性、分散性和分离性,会带来学术观点的异化,带来对主流意识形态的冲击甚至是消解。这就需要科学区分政治问题和学术问题的界限,不要把学术探讨的问题当作政治原则、搞"泛政治化",更不要把政治原则当作一般学术问题来讨

---

① 习近平:《在纪念孔子诞辰 2565 周年国际学术研讨会暨国际儒学联合会第五届会员大会开幕会上的讲话》,北京:人民出版社,2014 年,第 9 页。

② 《习近平在中共中央政治局第六次集体学习时强调 不断深化对党的理论创新的规律性认识 在新时代新征程上取得更为丰硕的理论创新成果》,《光明日报》2023 年 7 月 2 日。

论、搞"去意识形态化"。既要坚持"百花齐放、百家争鸣"的文化方针，同时要严防敌对势力、不法分子以学术交流、基金会等名义开展意识形态渗透。这就更加凸显了坚持马克思主义在意识形态领域指导地位的重要性，通过牢牢把握社会主义文化发展方向，在网络空间高扬马克思主义旗帜。

三、正面宣传和话语交锋相统一

正面宣传是中国共产党开展舆论宣传工作、领导意识形态工作的基本方针。党和国家的领导人邓小平、江泽民、胡锦涛等都在不同场合下对"正面宣传为主"的工作方针做过阐述和强调。习近平在任宁德地委书记期间就提出了："每个新闻工作者坚持正面宣传为主，把握新闻宣传的基调。"①党的十八大以来，习近平总书记更是在多个场合强调过"正面宣传"的工作方针。2013年8月19日，习近平总书记在全国宣传思想工作会议中指出："坚持团结稳定鼓劲、正面宣传为主，是宣传思想工作必须遵循的重要方针。"②2016年2月19日，习近平总书记在党的新闻舆论工作座谈会上强调："团结稳定鼓劲、正面宣传为主，是党的新闻舆论工作必须遵循的基本方针。"③2016年4月19日，习近平总书记在全国网络安全和信息化工作座谈会上提出："做强网上正面宣传，培育积极健康、向上向善的网络文化。"④2018年，习近平总书记进一步强调："要加强网上正面宣传，旗帜鲜明坚持正确政治方向、舆论导向、

---

① 许一鸣：《把握好新闻工作的基点——福建宁德地委书记习近平谈新闻工作》，《中国记者》1989年第7期。
② 习近平：《在全国宣传思想工作会议上的讲话》，《人民日报》2013年8月21日。
③ 习近平：《坚持正确方向创新方法手段 提高新闻舆论传播力引导力》，《人民日报》2016年2月20日。
④ 习近平：《在网络安全和信息化工作座谈会上的讲话》，《人民日报》2016年4月26日。

价值取向。"①习近平总书记在这一系列讲话中阐述了"正面宣传为主"的必要性、重要性以及正面宣传的方式方法。

网络空间构建马克思主义话语权需要风清气正的舆论氛围,正面宣传也成为网络空间意识形态工作和文化建设的重要方针。马克思主义只有占据网络空间的主阵地,正面宣传的内容数量上占据绝对优势,在网上竞相发声,才能有效应对各种错误思潮的攻击和渗透,让正确声音占领网络舆论高地,让歪风邪气、乌烟瘴气在网上没有立足之地。同时,改革开放四十多年来,我们取得了举世瞩目的伟大成就,人民生活水平日益提高。但是,随着改革进入深水区,我们也面临着前所未有的困难和挑战,攻坚克难的要求越来越高,更需要凝聚人心和力量,携手共筑中国梦。因此,网络意识形态工作必须坚持团结稳定鼓劲、正面宣传为主的方针,画出最大网上同心圆。

坚持正面宣传为主,要弘扬主旋律,通过网络积极宣传党的最新理论成果和路线方针政策,把宣传贯彻习近平新时代中国特色社会主义思想作为首要任务,用社会主义核心价值观引领社会思潮,实现党的理论成果入脑入心、落地生根;要举旗帜、聚民心,把网络宣传工作的重心放在以中国式现代化全面推进中华民族伟大复兴的使命任务上来,营造全面建设社会主义现代化国家的浓厚氛围;要多宣传人民群众的先进事迹和时代先锋,多宣传人民群众的火热生活和伟大成就,使人民群众在网络空间中做主角、发强音。同时,网络空间如同人群一样,如果宣传报道的是积极向上、充满阳光的信息,则会有正面的导向激励作用,传递给大家信心与正能量;反之,如果报道的都是负面消极阴暗的信息,则会产生相反的导向作用,不仅会解构网络空间意识形态话语权的环境,弱化马克思主义意识形态和社会主义核心价值观的影响力,也会给人们的价值观带来很大的负面影响。互联网是社会舆论的发源地

---

① 习近平:《敏锐抓住信息化发展历史机遇 自主创新推进网络强国建设》,《人民日报》2018 年 4 月 22 日。

和放大器,当前,我国已经建成了世界领先的互联网基础设施,移动互联已经渗透到人们生活的方方面面。网民发布的帖子、文章、博文、朋友圈等,都可能引发一场网络舆情事件。面对重大事件,网络谣言往往最有可能引发社会恐慌,带来舆论危机甚至引发社会危机。习近平总书记强调:"要旗帜鲜明坚持正确的政治方向、舆论导向、价值取向,通过理念、内容、形式、方法、手段等创新,使正面宣传质量和水平有一个明显提高。主流媒体要及时提供更多真实客观、观点鲜明的信息内容,掌握舆论场主动权和主导权。"①因此,要充分发挥互联网作为舆论正面宣传引导的重要功能。例如,在面对重大突发公共事件时,要利用各种信息化渠道和全媒体平台,围绕党和国家的重要指示精神、事件处理中的先进事迹,及时发布客观真实、积极向上的信息,引导网民不信谣、不传谣,营造凝聚力、共克时艰的良好舆论氛围。

马克思主义既是学术理论,也是改变中国历史进程的思想学说,具有鲜明的意识形态性、政治性和时代性。马克思主义研究宣传,一方面要开展基于文本、文献、概念、原理、范畴的学术研究;另一方面也要积极回答时代课题、社会热点难点问题、人民群众思想困惑,让马克思主义鲜活生动起来,加强正面宣传的吸引力和引导力。面对西方意识形态和各种错误思潮的挑战,要使马克思主义话语在网络空间"硬"起来,不逃避问题、不回避挑战,主动交锋、主动对话、有效发声、以理服人,理直气壮地批判各种错误思想思潮,坚决打击各类谣言,坚决开展意识形态斗争,有效解决马克思主义话语在网络空间上失声、失语的问题。

网络空间虽然人人都是话语主体,人人都有麦克风,网络舆论场的话语权日趋均等化,但这并不意味着互联网是法外之地,需要良法善治为马克思主义意识形态在网络空间保驾护航。要依法推进网络治理,

---

① 习近平:《推动媒体融合向纵深发展　巩固全党全国人民共同思想基础》,《人民日报》2019年1月26日。

加强互联网领域的法律法规建设,做好网络立法执法工作,规范网络空间主体的信息行为。各类网络平台、网络主体、网民的行为都要在法律规定的范围内,加强对网络信息言论的有效监管,对反马克思主义的网络言论要第一时间正面回击,并追究法律责任。近年来,我国相继出台实施了《中华人民共和国网络安全法》《国家网络空间安全战略》《互联网跟帖评论服务管理规定》等一系列网络治理规范性法规制度,为建设网络强国、保障网络安全、保障意识形态安全提供了法制保障。2020年3月1日起施行的《网络信息内容生态治理规定》,从网络信息内容的生产、服务平台、使用以及监督管理、法律责任等方面作出规定,为建立健全网络综合治理体系、营造清朗的网络空间、建设良好的网络生态提供了法律制度。为了保障这些法规的贯彻落实,需要调整政府管理部门的职能,健全地方法规、行业管理办法等网络安全法律体系框架,加强重点领域立法执法,加强法律监管。当然,我们在网络立法方面还有很漫长的道路要走。目前,我国有10亿多网民,是全球最大的互联网市场,2022年中国数字经济规模超过50万亿,占GDP比重超过40%,继续保持在10%的高位增长速度。根据腾讯研究院法律研究中心发布的《数字变革与治理创新——2019年全球互联网法律政策观察》,互联网监管从松到严是必然趋势。新技术、未来数字平台、国际治理带来了网络治理边界扩张的新挑战,例如利用深度学习等AI技术可以制作各种伪造音视频内容、假新闻来开展网络欺诈和网络攻击,这对网络监管就提出了新的要求。因此,必须创新互联网治理模式,积极应对新技术带来的新型法律、伦理和社会影响。此外,还需要通过立法来规定网络运营媒体应履行的信息安全、意识形态安全的法律责任,压实互联网企业的主体责任,严格落实责任追究制度,对发布、传播反马克思主义言论的网络媒体加大惩处力度,对于积极主动宣传马克思主义的网络平台企业予以奖励。在保护网民合法权益的基础上,增强网络意识形态工作话语权建设的约束力。加强网络法规的宣传教育,提升网民的主体意识、安全意识和责任意识,充分调动广大网民的积极性、主动性,让每个网民都成为网络意识形态安全的建设者、维护者和宣传者,引导网民严格遵守网络法律法规,自觉规范自己的网络言行,积极揭露举报网络不良信息,共同应对网络意识形态安全风险。

第三节 网络空间马克思主义话语权建构的基本策略

随着网络社会的不断发展,在全程媒体、全息媒体、全员媒体、全效媒体的推动下,传播主体、传播载体、媒体格局、舆论生态等发生了深刻变化,为马克思主义意识形态的话语传播提供了更多的可能性。党的十九届四中全会《决定》提出,要建立以内容建设为根本、先进技术为支撑、创新管理为保障的全媒体传播体系。党的二十大报告再次强调要加强全媒体传播体系,塑造主流舆论新格局。牢牢掌握马克思主义在网络空间的话语权,需要坚持多方共治并调整基本策略,具体包括:加强话语主体建设,构建主客体协同对话机制,提升话语主体综合素养,培养正面意见领袖;加强话语内容建设,实现话语内容的现实性转化、话语表达的时代性转化和话语形式的现代性转化;加强话语载体建设,运用融媒体、自媒体及传统互联网方式推进马克思主义话语传播。唯有如此,才能走出意识形态网络话语困境,提升马克思主义在网络空间的话语说服力、感染力和控制力,维护马克思主义在网络意识形态领域的主导地位。

一、培育话语主体,构建多元协同的话语格局

从意识形态话语权生成结构要素来看,话语主体是话语权构建的主要动力,在网络意识形态教育过程中发挥着主体引导的重要作用。在任何话语实践中,都需要具体的网络发话人,使用特定的话语媒介和

话语方式把具体的话语内容呈现出来。话语主体在网络空间中占有主导地位,既是网络话语的表达者,又是话语信息的制造者和传播者。作为话语信息内容的"守门人"和"发布人",话语主体要将主流意识形态的政治主张、价值取向、道德伦理、文化传统等通过网络传播给广大网民,使之得到大众的理解、认同和践行。这个过程就是话语主体说服力的彰显,决定着意识形态教育的成败,决定着话语权的权威性。网络意识形态教育话语主体的说服力,主要体现在主体对话语信息获取的准确性、信息舆论导向的正确性、信息媒介利用的科学性等方面。随着网络社会的快速发展,话语说服力需要全体网民的共同努力。通过构建主客体平等对话的协同机制,全面提升话语主体的综合素养,激发多元主体的能动性、积极性和创造性,实现最佳的网络宣传教育效果。

(一)构建主客体协同对话机制

互联网时代,意识形态话语权是话语主体与话语客体在网络空间的话语交往过程中逐渐形成确立的。在传统的封闭的意识形态传播环境中,话语交流方式是教育者单向度的自上而下的以宣传、动员为主的意识形态灌输,主要依靠权力机构、政治组织等权威力量,通过制度依靠强制的方式来实现,受教育者处于被动的接受的状态。这种环境下,话语主体与话语客体之间的界限非常明确,具有很强的不对等性和不公平性,往往会造成主体与客体之间的对立与冲突。

随着互联网发展,移动网络传播带来了话语主客体的深刻转变,改变了舆论的生成规则和运行规律。话语主体呈现出多元化、分众化、差异化的特点,每个网民都有可能成为舆论制造的中心和焦点。网络意识形态传播的话语主体不仅仅局限于教育者,受教育者拥有与教育者同等的话语表达空间,主客体之间的界限日益模糊,强制、命令、封闭、独享等方式原则已经不适于网络场域的话语逻辑。"网络的开放性空间、耗散式结构和多向度传播,导致了网络意识形态主客体的互动方式和相互关系的深刻变化。主客体之间呈现出一种平等交流、双向互动、交互作用的关系。"①平等、自由、互动、交互、对话成为网络空间人们表达意识形态话语权利的逻辑规则。每个网民不论身份、地位、年龄、文化之间有何差异,都有表达自己思想观点的平等权利,都有可能通过包含意识形态和价值观的话语表达对其他网民施加影响,形成具有一定影响力的网络意识形态话语权。伴随着大数据、人工智能、交互传播等信息技术的日益发展,加之网络媒体大多秉承对话、开放、匿名的交互原则,信息传播的在线参与、实时互动成为常态。随着话语主客体之间界限的模糊与相互转化,传统的意识形态话语主体能够根据客体的在线实时反馈,及时了解客体对于信息传播的接受状态,从而优化调整自己的传播内容和传播策略。同时,网络传播的多中心和交互性,为话语客体借助自媒体平台实现多向传播提供了可能。每个网民都能成为独立的"传播基站",将传统意识形态话语主体的思想向更广泛的网民群体和更广阔的网络空间进行传播,影响其他网民的思想观念和价值判断,甚至可能成为新的网络意见领袖。

互联网时代,对于传播马克思主义的话语主体而言,要实现话语主体与话语客体之间的平等对话,从传统的自上而下的独白型传播向现代的双向交流互动的对话型传播转变,建立基于主客体相互转化的多元互动话语传播模式。具体而言,就要尊重和保护广大网民的话语权,充分利用网络平台走进群众、了解群众,积极聆听、收集、梳理舆情民意,主动吸纳、反馈回应网络民意。习近平总书记指出:"各级党政机关和领导干部要学会通过网络走群众路线,经常上网看看,潜潜水、聊聊天、发发声,了解群众所思所愿,收集好想法好建议,积极回应网民关切、解疑释惑。"②为了真正实现网络话语主客体之间的平等交流、双向互动和深度交往,当前重点需要构建主客体协同对话机制:第一,建立健全网络民意的收集机制。马克思主义网络宣传要走群众路线,深入

---

① 赵春丽、王贤:《"互联网+"条件下主流意识形态话语权建设的新变化与新要求》,《中共天津市委党校学报》2018年第6期。

② 《习近平谈治国理政》(第二卷),北京:外文出版社,2017年,第336页。

网民群体,建立网络舆论调查研究机制,及时把握网民的思想脉搏,了解网民的心理需求,解答网民的思想困惑,使得网络成为民众发表个人意见和参与社会政治生活的重要渠道。通过搜集民情民意,善于从网民的意见中丰富宣传的内容和创新宣传的方式方法。切实把理论讲清楚,把政策讲透彻,把困惑解释清,激发网民对马克思主义理论的认同感和亲切感;第二,建立健全网络民意的分析机制。要加强网络舆情的汇总分析,分析网民的思想动态,对于网民反映比较集中的网络热点话题,要进行分析研究,提出对策措施,及时澄清事实真相,引导舆论走向。聚焦时代主题,对于改革发展过程中遇到的热点、难点和焦点问题,要善于运用马克思主义立场观点方法开展研究分析,积极回答改革发展过程中的重大问题、社会普遍关心的热点难题、网民普遍存在的思想认识问题,把道理讲清楚、讲明白,彰显马克思主义话语表达的强大战斗力;第三,建立健全网络民意的回应机制。各级党政机关和领导干部要通过网络走群众路线,善于运用网络开展工作。对于群众提出的好想法、好对策,要积极听取、调查研究、善于采纳,用于改进工作,并将改进的过程和结果通过网络公之于众。对于网上发布的反马克思主义的有害信息,要充分利用大数据技术和新媒介的技术优势,及时主动回击,发布权威信息,引导网民理性合理互动,发表正确的看法。尤其要发挥网络意见领袖的作用,引导网民在各种信息交流、交锋中逐渐形成正确的思想观念,增进对马克思主义的价值认同,并转化为线下认识世界和改造世界的具体行动,实现线上话语和线下行动的相统一。

(二)提升话语主体的综合素养

"思想本身根本不能实现什么东西。思想要得到实现,就要有使用实践力量的人。"[1]做好意识形态工作,关键在人。话语主体本身是否具有权威性,所表达的话语内容是否具有公信力,与话语主体自身的理

① 《马克思恩格斯文集》(第一卷),北京:人民出版社,2009年,第287页。

论知识、政治意识、大局观念、媒介素养、专业技能、人格魅力等密切相关。话语主体自身因其渊博的知识、独特的个人魅力、亲切的话语表达而在网民中树立威信,这种威信是基于内心认同和敬仰的。网络空间构建马克思主义话语权,必须有一支政治过硬、信念坚定、理论扎实、业务精湛、熟悉网络的意识形态工作队伍和网络宣传队伍,不断提升话语主体的综合素养,不断提升自身把握网络意识形态工作规律的能力,确保网络意识形态工作的领导权牢牢掌握在忠于马克思主义信仰、忠于党和人民事业的人手中。

提升网络话语主体的媒介素养。"媒介素养"概念源于二十世纪三十年代的英国。1992年,美国媒介素养研究中心将其定义为"人们面对媒介各种信息时的选择能力(ability to choose)、评估能力(ability to understand)、创造和生产能力(ability to create and produce)以及思辨的反应能力(ability to respond thoughtfully)"①。媒介素养主要包括知识和技能两种模式。其中,知识模式侧重于对媒介功能的认知,即人们通过教育学习,具有获得媒介信息和对信息意义价值独立判断的知识结构;技能模式侧重于对媒介能力的掌握,即人们具有获取、分析、理解、判断和传播各种形式的信息的能力。互联网时代,网络已经渗透到网民生活的方方面面。"传播媒介作为'人的延伸',已成为现代公民生存、发展的重要'伙伴'。"②大众既是话语客体,同时也是话语主体,是网络信息的制造者和传播者。面对海量的网络信息,迫切需要人们具有分辨是非的能力、正确运用话语权的能力以及网络信息交互的能力。这就需要通过媒介素养教育,帮助大众在面对纷繁复杂的网络信息时具备选择、理解、判断及理性思考的能力。通过加强媒介素养教育,使得话语主体坚定马克思主义的立场信仰,牢固树立"四个意识",牢牢把握正确政治方向,准确领会和把握党和国家的大政方针,不断提高理论

---

① 转引自张开:《媒介素养概论》,北京:中国传媒大学出版社,2006年,第94页。

② [美]尼葛洛庞帝:《数字化生存》,胡泳、范海燕译,海口:海南出版社,1997年,第15页。

水平,坚决抵制不良信息和错误思潮的侵蚀。同时,要吸引更多的网民加入马克思主义网络传播队伍中,通过媒介素养教育使他们掌握传播的方式方法,扩大马克思主义意识形态的覆盖面。

对于领导干部和意识形态工作者而言,媒介素养教育尤为重要,是维护主流意识形态公信力的重要渠道。在党的新闻舆论工作座谈会上,习近平总书记就强调指出,领导干部要增强同媒体打交道的能力,善于运用媒体开展工作。作为领导干部,不仅要善于管理媒体,还要自觉接受和善待媒体监督,主动发言、敢于担当,让媒体成为党群、干群联系的桥梁,及时发现网络热点舆情,妥善处理好意识形态领域的舆情危机。对于不同的受众群体,宣传工作者要深入基层,走进普通百姓,根据他们的个性特点和接受习惯,做好定制化宣传和传播工作。要提高意识形态工作者用网治网水平,努力掌握融媒体全媒体的基本知识和技能。要借鉴吸收发达国家网络媒介培养教育的先进经验,目前,美国、日本、英国、法国、澳大利亚、加拿大等国家已经将其纳入统一的国家教育体系。例如,澳大利亚是世界上第一个通过立法将媒介素养教育纳入国民教育体系的国家;美国已经全面启动了包括政府、新闻界、学校、教育组织等各方主体参与的数字媒介素养教育;加拿大不仅将媒介素养教育纳入学校教育的内容,而且通过"媒介意识网"、加拿大教师联盟、媒介素养协会等全国性非营利性组织,帮助公众了解和认知自媒体,提升青年的网络思辨能力。因此,必须掌握网络意识形态教育的方法、技术和艺术,切实提高马克思主义意识形态网络传播的实效性。

(三) 培养正面意见领袖

传统媒体时代,意识形态话语主要由体制内的政治精英和知识精英来主导。但是,新媒体时代,原先私人领域与公共领域之间的巨大鸿沟被无所不在的互联网所填平,传统的意识形态传播模式被解构,话语主体发生了深刻变化。除了前文已述的"人人皆是自媒体",还有就是网络"意见领袖"的诞生。在网络空间,每个人都有通过自媒体分享信息的权力。在不同的舆论场中,有的话语主体在信息传播中具有非常广泛而特殊的影响力,能够为不同阶层的人们提供独特且能够得到广泛认同、引发共鸣的信息。尤其网络空间的舆论场多样分散,体制内的话语主体不大可能及时介入。因而,一些网络"大 V"因其特殊的身份、新颖的话题、及时的互动及草根的气质而获得大众的推崇,有时比传统媒体的作用更大。"在网络空间中,那些掌握着话语权的意见领袖,往往能够利用网民的从众心理,或通过创造性的话语建构与充分论述并依凭特定的话语传播体系来表达自我的价值取向、思想观点等,或以深邃的见解、独特的视角、犀利的言辞对特定的社会公共问题进行理论性、专业性较强的事实分析和价值评判,形成信息传播的'沉默的螺旋'。事实上,活跃在网络空间中的意见领袖,往往能够轻易地引导个体网民参与到特定意识形态话语的论争中去,并旋即汇聚成强大的舆论风暴。"①然而,部分网络意见领袖由于自身素质的欠缺、博取眼球的需要、经济利益的驱动,常常会玩弄挑战主流意识形态话语权威的"小伎俩",制造一些哗众取宠的网络"杂音""噪声",扰乱人们的视听,冲击人们的价值观念。此外,西方敌对势力也会培植自己的各种代理人与意见领袖,炮制虚构各种负面信息,利用舆论热点事件抹黑中国、妖魔化马克思主义,不断攻击马克思主义意识形态。对于不明真相的"吃瓜群众"而言,很容易被煽动蛊惑。由此可见,这些网络意见领袖的存在,会在一定程度上对马克思主义话语权带来挑战,主流社会价值观和共同信仰就有可能被淡化甚至边缘化。

因此,牢牢掌握网络空间马克思主义话语权,迫切需要培养一大批政治可靠、立场坚定、勇于发言、善于引导的正面意见领袖。习近平总书记指出:"要加强和改善对新媒体中的代表性人士的工作,建立经常

---

① 史献芝:《网络意识形态的内涵、特征和生成机理》,《南京邮电大学学报(社会科学版)》2018 年第 5 期。

性联系渠道,加强线上互动、线下沟通,让他们在净化网络空间、弘扬主旋律等方面展现正能量。"①网络意见领袖就是属于新媒体中的代表性人士。要建立健全网络法律监管机制,强化对网络信息的监测监控和公众账号的管理,及时清除反马克思主义、反党和反国家的错误信息。实行严格的实名认证制度,建立类似银行信用体系的网络信用体系,制定网络黑名单制度,提高发表不良言论的违规成本,规范网络意见领袖的言行。加强对网络意见领袖的培训与教育,通过线上线下的专题培训与交流,强化他们的责任意识、大局意识、法治意识和道德意识,使他们自觉主动传播马克思主义主流意识形态和社会主义核心价值观,在弘扬主旋律、传播正能量方面发挥先锋示范作用。要加大对网络意见领袖的管理和支持力度,建立经常性联系沟通机制,为他们提供经济、政策、技术等各方面的支持和保障。通过评比、表彰等各种形式,调动他们开展工作的积极性、主动性。通过各种举措,引导网络意见领袖主动发声,引导社会舆论,讲好中国故事,传播主流意识形态,用健康向上的网络言行来影响广大网民,实现民间话语与主流意识形态话语的同向建构。

　　培养正面意见领袖,不能仅仅依靠现有的网络"大 V",要充分动员各方力量,发掘体制内外各种资源。党政领导干部和宣传工作者要身先示范,善于运用微信、微博等新媒体引导网络舆论,争当具有强大号召能力和带头作用的"意见领袖"。在这方面,美国政界意见领袖们走到了网络前沿。根据清研智库与凤凰网国际智库联合发布的《"一带一路"全球传播大数据报告》以及《美国政界意见领袖涉华舆情报告》中的数据,2018 年第一季度,美国政界意见领袖在 Twitter 上发布的国家话题推文共计 18 759 条,其中美国相关推文占到 51.4%。另外,这一季度的相关推文总互动量高达 1.2 亿次,美国相关推文互动量占 49.9%。

---

　　① 习近平:《巩固发展最广泛的爱国统一战线　为实现中国梦提供广泛力量支持》,《人民日报》2015 年 5 月 21 日。

美国话题以绝对性的优势撑起了 Twitter 时政话题的"半边天"。而特朗普自 2016 年当选美国总统以来,平均每天至少发布 10 条推文,发布自己的观点、评论,甚至一些重要决定。根据社交媒体热度统计机构 Brandwatch 发布的数据,特朗普名列 2019 年推特最具影响力的人物的第二名。虽然,特朗普的"推特治国"策略饱受各方批评,但不可否认,特朗普通过社群媒体向网络空间传递信息,对于美国国内舆论甚至世界舆论走向都产生了影响。

此外,要整合政府、媒体及各级社会组织的力量,培养加强与各界精英的联系,吸纳各类公众人物、学术大咖、文化名流等"意见领袖"为我所用。尤其要吸引培养一批马克思主义理论专家学者成为网络意见领袖,在网上开辟宣传专栏,设置议题,正面宣传马克思主义,带动舆论走向。同时加强对广大网民的媒介素养教育,提高网民的理性思考能力和对信息真假的辨别能力,减少对网络意见领袖的盲目跟风崇拜。壮大网络评论员队伍,发挥网络编辑、论坛版主、新闻记者等合力作用,及时发出正面理性的声音,有效疏导网民情绪,消除错误信息的负面影响。总之,通过培养各种领导型、专家型、学者型、名人型、草根型、技术型等意见领袖,使之承担传播马克思主义的时代重任,共同提高马克思主义意识形态在网络空间的活跃度和接受度。

二、活化话语内容,彰显体用兼修的话语优势

网络空间马克思主义话语权的力量除了话语主体的权威引导,主要还是源于网络意识形态话语内容的感染力。网络空间构建意识形态话语权,内容建设还是前提和根本。随着互联网的快速发展以及人们精神文化水平的不断提高,网络意识形态工作的主要矛盾已经成为网民日益增长的高质量正面宣传内容与网络宣传思想内容供给不足之间的矛盾。马克思主义话语权构建的关键是要根据受众的心理及现实需求,创新话语表达方式,立足思想和形式两个维度,构建通俗易懂、生动

鲜活、喜闻乐见、言之有理、富有时代气息的话语内容，做到神形统一、体用兼修，以切实增强话语内容的实效性和感染力。

（一）实现话语内容的现实性转化

当前，我们正处于信息爆炸的移动互联时代，粗放式疯狂增长的信息内容正在逐渐失去市场，新的舆论生态系统正在逐渐成形，网民对高品质内容的需求更为迫切。信息数量不再是关键要素，"内容为王"才是这个时代赢得话语权的重要法则。传统意识形态宣传教育工作内容的重复率比较高，口号标语往往千篇一律，对民间舆论的关注度不够，对普通民众的诉求回应较少，不能浸入人心。网络意识形态话语内容必须本着真实性、现实性的原则，话语客体才会相信进而接受话语内容。内容真实是主体与客体之间构建信任关系的前提，话语权威以及话语权的形成正是基于这种信任。如果内容失真、信任不在，权威与权力也会随之弱化乃至消失。这就要求我们善于运用现代信息技术，了解社情民意，把握网民的利益价值诉求，实现话语内容的现实性转化。紧紧抓住人民群众最现实、最关心、最直接的问题，把宣传内容与人民群众的思想实际、工作实际、生活实际紧密联系，在春风化雨中让话语内容入脑入心，使得多样多元的个体思想融聚到马克思主义意识形态的主导思想之下，绘出最大网络同心圆。

理论自信筑牢话语根基。话语权是理论自信和文化自信的直接体现。马克思主义理论是指导我国革命建设改革的强大思想武器，科学回答了中国的时代之问、实践之问。新中国成立七十多年来，中国共产党不断创新丰富发展马克思主义中国化理论成果，为中国特色社会主义伟大事业提供了科学理论指导。我们要加倍珍惜这集中全党全国各族人民智慧结晶的理论成果，坚定对马列主义、毛泽东思想、中国特色社会主义理论体系的高度自信。党的十八大以来，以习近平同志为核心的党中央，紧紧围绕坚持和发展中国特色社会主义这个主题，科学研判世情国情党情的新变化，全面深化对共产党执政规律、社会主义建设规律、人类社会发展规律的认识,发展创新马克思主义理论,形成了习近平新时代中国特色社会主义思想,提出了一系列重大决策方针,得到了人民群众的广泛认同。这就要求我们坚定对习近平新时代中国特色社会主义思想的高度自信,用习近平新时代中国特色社会主义思想引领话语自信。充分发挥网络新媒体作为宣传习近平新时代中国特色社会主义思想重要阵地的特殊作用,除了通过主流媒体设置专栏学习外,还要将习近平新时代中国特色社会主义思想博大精深的内容深入融合到高关注度的媒介平台,使广大网民随时随地能够通过移动端学习新思想,通过互联网推动习近平新时代中国特色社会主义思想深入人心、落地生根。

融入优秀传统文化。任何民族文化一旦形成,便具有一定的独立性、稳定性和连续性。中华民族五千多年文明史所孕育的优秀传统文化是国家的瑰宝,是我们文化自信的不竭源泉。习近平总书记多次强调传统文化的重要意义和时代价值,"中华优秀传统文化是中华民族的突出优势,是我们最深厚的文化软实力"①。优秀传统文化是中华民族在世界文化激荡中傲然屹立的坚实根基,也是意识形态话语内容的重要来源,能够为刚性意识形态话语内容赋予柔性的民族特色文化内容,为创新网络意识形态话语内容提供更多可能性。传统文化中的思想精髓对于中国特色社会主义事业、中国共产党人治国理政以及全球和平发展都有重要的借鉴意义。互联网时代,我们要坚持历史唯物主义和辩证唯物主义的世界观和方法论,对传统文化进行合理的扬弃、提炼和转化,积极发掘传统文化的精华,提炼文化精粹,使用传统文化中的生动话语,加快优秀传统文化的现代性转化,使其与马克思主义相适应,以符合新时代要求的方式予以呈现。习近平新时代中国特色社会主义思想就是二十一世纪中国马克思主义和中国优秀传统文化结合的典范。习近平总书记非常善于引用传统文化来阐述治国理政理念,在重

---

① 《习近平谈治国理政》(第一卷),北京:外文出版社,2018 年,第 155 页。

要讲话、署名文章中引用了大量古文典故。例如,论及领导干部加强自我修养,"见贤思齐,见不贤而内自省";论及领导干部在脱贫攻坚中履职尽责,"处事不以聪明为先,而以尽心为急";论及党员干部深入群众,"一语不能践,万卷徒空虚";论及国与国之间的合作,"合抱之木,生于毫末""相知无远近,万里尚为邻""君子务本,本立而道生";论及汇集人民力量,"大鹏之动,非一羽之轻也;骐骥之速,非一足之力也";论及青年人成长成才,"青春虚度无所成,白首衔悲亦何及";论及人才的培养,"宰相必起于州部,猛将必发于卒伍";论及全球化发展方向,"河海不择细流,故能就其深"。此外,习近平总书记还引用了大量古语诗词,是当代马克思主义融入优秀传统文化的生动阐释,使得马克思主义中国化、时代化的成果易于被广大人民群众所理解掌握。当前,要制作更多更好的与马克思主义、中华民族文化基因相一致的新时代文化作品,以各种网络媒介平台为宣传载体,以人民群众喜闻乐见的形式,宣传中国特色社会主义理论体系、习近平新时代中国特色社会主义思想与传统文化相契合的内容,弘扬爱国主义精神,繁荣社会主义文化,为实现中华民族伟大复兴提供强大精神动力。

合理设置话语议题。习近平总书记强调,"运用议题和议程设置主动权,打造亮点,突出特色,开出气势,形成声势"①。话语内容要有实效性,必须精准抓住意识形态教育话语主题,引导网络舆论的走向,形成舆论声势,这就涉及话语议题设置的问题。话语议题设置是指通过话语主体与客体之间的交流互动,提出精心策划的有目的、有意识的话题,并通过网络媒介进行广泛报道宣传,成为舆论焦点和公众讨论的热点,使人们沿着设置的特定议题方向思考和行动,从而凝聚共识和汇聚力量。网络空间舆论的形成非常迅速,往往一个热点事件被广大网民情绪化传播,就可能引起舆情事件。因此,在关键时刻、重大问题、热点话题上,要主动出击、不能失语,在尊重客观事实、实事求是的基础上抢

---

① 《习近平谈治国理政》(第二卷),北京:外文出版社,2017年,第449页。

先发声、表明态度、站定立场、积极造势,不能让消极负面言论占据网络空间。同时,要根据国家重大战略、国内国际社会重要事件、人民群众关心热点话题等不同类型的议题,审时度势,精准把握社会焦点、特殊时间点和网民群体动向,聚焦话语客体的关注点和兴奋点,主动寻找发现网民的兴趣点,充分利用重大活动、纪念日、重大事件开展网络宣传。通过有效议题设置作为突破口,将网民吸引聚集起来,发动网民参与到网络舆论的主动传播中,进而开展意识形态教育工作。例如,为庆祝中华人民共和国成立七十周年,围绕这一国家大事在网上营造主流舆论氛围,中央媒体精心策划推出了一大批高质量的网络报道。2019 年国庆节当天,新华社播发约 800 条中英文快讯和消息、约 6 300 张中英文图片图表、中英文视频直播总时长 1 100 分钟、全网总点击量超过 2 亿次,新华网和新华社客户端页面总浏览量超过 3 亿。中央广播电视总台 70 小时不间断大直播,多视角呈现庆祝大会、阅兵式、群众游行盛况,截至 10 月 2 日 12 时,央视新闻客户端各路直播总观看量超过 10 亿次,包括各合作平台账号总观看量超过 17 亿次。中国国际电视台新媒体在全平台发布国庆 70 周年庆祝活动相关报道,截至 10 月 7 日 24 时,共发布 1 994 条,获得全球阅读量 3.56 亿次,视频观看量达 2 288 万次。中国日报网的网端微全平台通过直播、长图、短视频、海报、九宫格、图组和长文等多种形式,在网站、客户端、微博、微信、脸书、推特等平台发稿超过 1 050 篇,总传播量突破 6.2 亿。各网站、新闻客户端等纷纷在首页首屏开设国庆 70 周年专区。"十一"当天,新浪微博相关话题阅读量超过 90 亿次,抖音平台关于国庆 70 周年的报道点击量超过 70 亿次。① 2019 年 9 月至 11 月,人民网全媒体系列报道"70 年 70 问",围绕我国经济、政治、文化、社会、生态五大主题,选取了 70 个社会热点话题进行了解答,讲好中国故事,发挥思想舆论引领作用。这些话

① 《高站位·广视角·融媒态——数说中央主要媒体新中国成立 70 周年报道亮点》,http://www.xinhuanet.com/politics/2019 - 10/11/c_1125093673.htm。

题如"马克思主义为什么是'活'的""中国的民营企业为什么要加强党的建设""中国为什么要牢牢端稳自己的饭碗""中国坚持对外援助为什么不是'穷大方'""中国的'小巷总理'为什么管用""中国人为什么重视外语学习""中国人为什么爱跳广场舞"等，把政治性、专业性与大众性、通俗性相结合，立足身边小事来阐述时代大势，小视角讲述大主题。此外，"圈粉"等亲切活泼的网络热词也出现在报道中，从而拉近了主流报道与网民之间的距离，引起了网民的强烈共鸣，加深了网民对报道内容的理解和认同。"70 年 70 问"以文字、图片、视频等多种方式，除了通过人民网手机端、人民日报客户端外，还在一系列自媒体平台上推送传播，其中新浪微博的"70 年 70 问"的话题就有 2.3 亿的阅读量和 4.5 万的讨论数。类似的主流媒体把握特殊时间节点，利用互联网平台提升宣传报道影响力、感染力的案例还有很多。互联网时代，为议题设置提供了先进的技术支撑和广阔的宣传空间。要主动设置内涵马克思主义价值诉求的宣传议题，不断拓展议题宣传的渠道和媒介，丰富传播形式，迅速占领网络舆论空间，最大限度和最大范围占据网民的信息空间，并加强互动交流，使议题在互动传播中探求价值共识，从而做大做强马克思主义意识形态宣传。

（二）实现话语表达的时代性转化

新时代呼唤新思想，新时代呼唤新话语。"理论与现实无缝对接，围绕时代性问题给出科学的解释和说明，这是理论转化为话语的关键。……解释时代性问题的能力是衡量一种学术话语合理性与价值的根本标准。"[①]增强话语内容感染力的关键在于把握不同历史时期与社会发展阶段意识形态话语表达的差异性，在理论创新的基础上实现话语表达的时代性转化，使之体现时代特色，反映时代潮流，紧跟时代步

---

① 陈曙光、陈雪雪：《话语哲学引论》，《中共中央党校（国家行政学院）学报》2019 年第 2 期。

伐。在此基础上,才能增强意识形态话语的感染力和解释力。由于传统马克思主义宣传话语大多以理论话语、政治话语、权力话语等形式为主,虽然在特定的历史时期确实起到了统一思想的作用,但随着网络社会发展,人们的思想观念和思维方式发生了深刻的转变,如果还囿于传统话语表达形式而不创新,就会脱离人们的思想实际和生活实际,不仅不会树立起话语权威,还有可能造成人们的逆反心理。这就要求我们将马克思主义政治话语转化为网民的日常话语,实现意识形态话语表达的时代性转化,使马克思主义意识形态所倡导的理想信念、价值规范、精神信仰为网民所认同并积极践行。

实现话语表达的通俗化。牢牢把握马克思主义在网络空间话语权的关键因素,是要提升马克思主义对于广大网民的亲和力。这种亲和力一方面来源于科学理论自身所内涵的价值和魅力,另一方面也要把握网络传播规律,推动意识形态的感性表达。作为揭示自然、人类社会和思维发展的普遍规律的学说,马克思主义大多是以概念、原理、规律、范畴等方式呈现出来的抽象性、概括性的理论。对于普通群众来说,要想通过单纯理论学习的方式来掌握其思想内涵和精神实质确实难度非常大。同时,马克思主义理论的政治性、意识形态性,使得马克思主义在网络传播过程中或多或少被披上"政治教化"的外衣,导致马克思主义缺乏亲和力。这就要求实现马克思主义话语表达的通俗化,多说老百姓想听、爱听、听得懂的民间话语,让理论走进人民群众的心坎上、生活中,重视意识形态传播的感性化、个性化,让理论传播生动起来、充满活力,有亲近感、吸引力、感召力。习近平总书记非常善于利用通俗易懂的大众话语来阐释深刻理论,"习式"语言的一个重要风格就是用"大白话"来讲述大道理,既"接地气"又妙趣横生。习近平总书记在调研基层、与老百姓交流的时候,经常"唠家常",如谈到脱贫攻坚时说"小康不小康,关键看老乡",谈到转变发展方式时说"不能捡进篮子都是菜",等等。民间谚语是我国民族文化的精髓,蕴含着深刻的道理。习近平总书记经常在各种场合加以引用,如在寄语广大青年学生时用"长江后浪推前浪",在形容各民族文化的多样性时用"萝卜青菜、各有所爱",在表达中国与发展中国家合作时用"路遥知马力,日久见人心",在讲述拼搏实干精神时用"天上不会掉馅饼,努力奋斗才能梦想成真",在要求领导干部面对困难时"明知山有虎,偏向虎山行",等等。这些独特的充满语言魅力的"大白话""家常话",语言质朴自然,道理浅显易懂,让人如沐春风,充满着亲和力,是善于讲"大白话"的典范和标本。只有真正站在老百姓立场上,多用老百姓耳熟能详的俗语、普遍认可的话语,与人民群众真心交流、真情互动,为群众解难题、办实事、办好事、谋幸福,才能使得"高大上"的理论成为百姓日常生产生活中看得见、摸得着、用得上的思想武器。

实现话语表达的艺术化。改革开放四十多年来,随着人民生活水平及受教育水平的不断提高,对于科学理论的需求以及理论的表现形式有了新的更高的要求。尤其在网络空间宣传马克思主义,更需要话语表达的艺术性,否则很容易湮没在信息汪洋大海之中。话语表达是联系马克思主义话语和受众的桥梁与纽带,话语表达的艺术效果会直接影响到人们对主流意识形态的接受程度。毛泽东同志就十分重视文风问题,强调要讲究文法和修辞,生动宣传马列主义和党的路线方针政策。针对当时文风出现的问题,他曾指出:"我们的许多同志,在写文章的时候,十分爱好党八股,不生动,不形象,使人看了头痛。也不讲究方法和修辞,爱好一种半文言半白话的体裁,有时废话连篇,有时又尽量简古,好像他们是立志要让读者受苦似的。"[1]网络空间构建马克思主义话语权的过程中,要实现意识形态话语内容的艺术性创造转化,实现理论价值与艺术形式的有机统一。以艺术化的语言和各种表现形式来生动诠释马克思主义,提升话语技巧,优化表达策略,升华思想情感,阐释马克思主义的时代价值。通过比拟、排比、形象等修辞方法和故事、诗文、歌谣、网络文体等形式,丰富马克思主义话语表达的风格和气派,

---

① 《毛泽东文集》(第六卷),北京:人民出版社,1999年,第467页。

增强马克思主义话语表达的艺术感染力,从而使广大网民更容易理解马克思主义。习近平总书记善于运用比拟、排比等艺术化表达方式,以富有感染力的特色话语来构建马克思主义话语权。习近平总书记在纪念马克思诞辰 200 周年大会上强调:"当代中国的伟大社会变革,不是简单延续我国历史文化的母版,不是简单套用马克思主义经典作家设想的模板,不是其他国家社会主义实践的再版,也不是国外现代化发展的翻版。"①"母版、模板、再版、翻版"四个词的连续使用恰到好处,形象生动,令人印象深刻。习近平总书记在莫斯科国际关系学院发表演讲时谈到一个国家发展道路,用"鞋子合不合脚,自己穿了才知道"来表述,指明各国要走适合本国国情的发展道路。在接受金砖国家媒体联合采访时,习近平总书记也谈到,正如一棵大树上没有完全一样的两片树叶,世界上也没有一成不变的发展模式,只有走适合中国国情的道路,才能走得通、走得好。在庆祝全国人民代表大会成立六十周年大会上,习近平总书记强调国家政治制度要从国情出发、从实际出发,不能想象突然搬来一座政治制度上的"飞来峰"。用"鞋子""树叶""飞来峰"等来比喻一国发展道路,用一种最朴实的比拟来表达我国的发展理念。习近平总书记把实现中华民族伟大复兴比喻为"中国梦",理想信念是全面从严治党的"总开关",让社会主义核心价值观像"空气"一样无所不在无处不有,用"蛋糕"比喻发展经济、分"蛋糕"比喻财富分配,用"牛栏关猫"来形容空洞乏力的制度会流于形式,城市政府应该从"划桨人"转变为"掌舵人"。习近平总书记高度重视生态环境建设,常常以生动的比喻来阐释。例如,"绿水青山就是金山银山";为子孙后代留下"绿色银行";"保护眼睛一样保护生态环境";生态环境修复如同中医治病,"通过祛风驱寒、舒筋活血和调理脏腑、通络经脉",才能"药到病除"。这些比喻形象生动,朗朗上口,立意深刻,耐人寻味,启迪智慧,广大民众都能听得进、听得懂,显示出强烈的话语智慧,使得主流意识形

---

① 习近平:《在纪念马克思诞辰 200 周年大会上的讲话》,《人民日报》2018 年 5 月 5 日。

态的话语表达彰显了强烈的实践旨向和理论魅力。

合理使用网络用语。伴随着互联网的快速发展，在网络交流中产生了一种有别于传统媒介的语言形式即网络用语。网络用语大多简洁生动、寓意明显，富有时代气息，一经诞生便得到网友的追捧和偏爱。网络热词尤其最能够打动年轻人，成为网络交往和日常交流的话语标识和身份象征，是新时代年轻人特有的新型语言体系。要适应时代发展的潮流，用网络话语不断创新充实马克思主义话语内容，实现由传统的官方的宣传语言向符合时代潮流、易于青年人理解的宣传语言转变，缩小话语差异，营造鲜活风趣的话语共境，提升马克思主义话语的吸引力和感染力。"网络话语作为网络技术与青年亚文化相结合的产物，不仅成为网络社群传递信息、表达情感的载体和工具，同时也是网络交往社会中的身份标识物和维系社群存在的重要纽带。"[1]这些年，习近平总书记带火的网络热词有很多，如"中国梦""一带一路""命运共同体""同心圆""向心力""拍苍蝇，打老虎""年轻人不要总熬夜""时间都去哪儿了""蛮拼的""点赞""朋友圈""追梦人""累并快乐着""我将无我，不负人民"，等等。这些热词在网上广泛传播，发挥了很好的宣传效果。国家语言资源检测与研究中心从 2012 年起每年发布"十大网络用语"，2021 年度十大网络流行用语依次为：觉醒年代；YYDS；双减；破防；元宇宙；绝绝子；躺平；伤害性不高，侮辱性极强；我看不懂，但我大受震撼；强国有我。这些网络用语感染力强、易于传播，很容易从小众走向大众，使得网络内部的话语体系扩展到网络之外，成为人与人之间交流、理解的语言工具。要主动研究新时代青年的语言偏好，掌握有别于传统平面媒介、被赋予特定时代意蕴的网络新兴词汇，合理有度使用依靠网络信息技术来实现传播功能的网络文体。如"人生的第一粒扣子"等网络热词，有利于引导青年群体形成正确的世界观、人生观和价值

---

① 张瑜等：《高校网络思想政治教育发展与创新研究》，北京：人民出版社，2014 年，第 11 页。

观,网络媒介、网络平台要加强对这些正面网络用语的宣传。积极推广更符合青年文化偏好、更符合青年心理期待、更有利于青年健康成长、更有利于青年学习理解主流意识形态的正面网络热词,借此传达马克思主义的理论精髓和价值取向,使青年自觉主动接受主流意识形态的话语熏陶,才有可能在青年群体中牢牢掌握马克思主义话语权。需要引起重视的是,网络热词纷繁复杂、层出不穷、良莠不齐,有正面积极的,也有消极负面的。通俗化不等于庸俗化,简约化不等于简单化。马克思主义理论的网络热词表达在传播过程中很有可能被附加上庸俗或者谐谑的符号,甚至带来负面的影响。要加强网络空间的监管和治理,规范审查网络热词,及时发现并删除负面网络热词。对于中性的网络热词,要将其向正确方向加以引导,赋予其积极向上的内涵。鼓励青年自觉传播健康向上的网络用语,自觉抵制消极负面的网络用语,营造风清气正的网络空间。在使用网络热词的过程中,要严谨慎重,在接地气、有活力的同时,坚持科学性、适度性、正当性的原则,保持理论的政治性和主导性。切莫为了拉近与个体的距离而过于迷恋网络热词,从而失去马克思主义话语的本有寓意和价值功能。

(三)实现话语形式的现代性转化

话语形式是话语内容的存在载体。网络话语形式是话语权表达的载体和体现话语力量的重要基础。传统的意识形态话语内容具有宣教性、政治性、严肃性、威权性等特点,但网络话语具有生活化、口语化、通俗化的特征,两者之间的对立往往会降低意识形态话语的实效性。"不管是思想政治教育话语内容的真实性还是实效性,都需要通过形式的有效性来体现。也就是说思想政治教育话语内容要表现在文本之中或实践之中,才能产生作用。"[①]话语内容要有感染力,必

---

① 邱仁富:《思想政治教育话语论》,上海:上海交通大学出版社,2013年,第196页。

须创新话语形式,将网络话语与马克思主义意识形态话语有效融合起来,及时消解马克思主义意识形态话语体系与网络话语体系之间的隔阂。既从传统意识形态话语中汲取精华,也从纷繁复杂的网络话语中进行筛选和整合。

新媒体时代也是信息爆炸的时代,网络信息呈现出海量化、立体化、碎片化、多样化等显著特征。网络信息表现形式除了传统的文字、声音、图片之外,还有动画、视频、H5、短视频、直播等多种新形式,尤其借助 VR、AR、AI 等现代技术,给广大网民提供了鲜活生动、交互性强的信息产品。同时,微信、微博、抖音、快手、今日头条等移动媒介的快速发展,为人们提供了内容庞大、分散而又精准的信息推送。信息烟尘化使得人们被浩如烟海的信息碎片所包围,搜索引擎则帮助网民能够平等便捷地获取各种信息,使得人们通过网络平台获取了丰富而适合自己阅读兴趣的信息,提升了人们的信息储量,拓展了人们的知识视野。各式各样的信息片段满足了现代人的生活节奏,使得人们能够在有限的时间内获得更多数量和更多种类的信息,造成了网民对网络信息碎片化的接受偏向,微阅读、浅阅读、碎片化阅读日益成为人们获取网络信息的主要方式。这就要求我们适应网民阅读习惯的变迁,整合互联网碎片化信息,不断提高马克思主义话语内容的质量和品质,将大道理变成小故事,将"硬内容"进行"软处理",实现马克思主义话语形式的现代性转化。

不同网民群体对于理论宣讲的接受形式和接受程度有着较大差别,要根据不同受众来设计不同的话语形式。例如年轻人比较喜欢视频、动画类的信息,而中老年人则更倾向于文字、图片;知识分子更倾向于专业评论式的信息,文化程度较低的人群更喜欢简单娱乐化的信息。这就要求我们利用大数据技术向不同的受众群体推送不同的信息内容,形成各具特色、形式多样、吸引力强、形象生动的话语形式,增强受众的接受度。在通过网络媒介宣传典型人物、典型事迹的时候,就可以采用图片、文字、动画、音视频等形式,把大道理融入一个个鲜活生动的小故事中,满足不同群体的阅读需要,在潜移默化中宣传正能量、弘扬主旋律。例如,由国家互联网信息办公室指导,中国互联网发展基金会、中国网络社会组织联合会主办,人民网、环球网、中国新闻网、光明网、中国青年网承办的全国"五个一百"网络正能量精品活动,就是网络宣传话语形式的创新之举。活动设置"百名网络正能量榜样""百篇网络正能量文字作品""百幅网络正能量图片""百部网络正能量动漫音视频作品""百项网络正能量专题活动"五个项目,旨在评选和集中展示一年来在重大政策、重大主题、重大活动、重大事件、热点问题和突发事件中发挥网上正面引导作用的优秀人物和作品,倡导广大网民自觉传播和弘扬正能量。从 2015 年开始启动,截至 2023 年,这项活动已经举办了六届。首届"五个一百"评选中,网民参与投票数就高达 1.2 亿人次,点击量突破 10 亿次。借助一篇篇文字、一幅幅图片、一部部音视频、一个个专题专栏、一项项主题活动,"五个一百"用正能量点亮"网络星河",聚焦、传递和传播正能量,凝聚网络空间最大公约数,聚合起亿万中华儿女追梦中国的磅礴伟力。

三、优化话语载体,锻造联动融合的话语矩阵

传播载体是意识形态话语权最直接、最活跃与最显著的标志,为开展意识形态工作提供了强大的动力和支撑。意识形态话语传播在我国具有坚实的理论基础和实践经验,传统媒体作为意识形态宣传的支撑载体和重要阵地,发挥着正面宣传、舆论引导、思想动员的政治功能。自从 1994 年我国正式全功能接入互联网,经过近三十年的发展,互联网已经深刻改变了中国,渗透到我国社会各领域,成为我国经济社会发展的重要支撑和不竭动力。在网络强国战略的推动下,我国已经从传统移动互联的学习者和模仿者,转变为全球移动互联的引领者和创新者。随着 5G 技术的应用以及人工智能的不断发展,从第一代的桌面办公互联网、第二代的娱乐移动互联网,已经演变到当下的数字互联网

时代。移动互联网终端已经成为信息传播的主阵地,必须围绕这个主阵地传播马克思主义话语声音,从而更好地引导舆论走向。因此,在继续发挥传统互联网宣传优势的基础上,要着力打造一批新型主流媒体,充分利用各种融媒体、自媒体、全媒体平台,形成立体多样、融合发展的网络传播体系,为马克思主义话语传播提供新的舆论场,拓展马克思主义话语传播的空间,营造网络传播马克思主义的强大话语态势,提升新时代马克思主义话语权建设的成效。

(一)运用传统互联网方式推进马克思主义话语传播

建设马克思主义大众化宣传网站,提升马克思主义话语影响力。网站是马克思主义话语传播的重要阵地。当前,马克思主义相关的网站不在少数,有的网站内容非常丰富,涵盖了马克思主义经典著作及其解读、马克思主义人物故事、马克思主义发展史、马克思主义中国化、国外马克思主义、马克思主义理论前沿、理论难点热点评析,等等。但是,这些网站内容往往偏重于学术性,以理论研究阐述为主,研究内容趋于小众化、经院化、哲学化。而以马克思主义通俗化、大众化为主题的理论普及学习网站偏少,现有的宣传往往也是存在大量同质化、说教化的内容,对于马克思主义话语权在大众群体的实现带来了一定的影响。这就要求我们一方面建设马克思主义大众化宣传的主题网站,以提升人们的理论素养、价值信仰和思想道德修养为落脚点。在内容的选择上加强优质网络内容供给,要立足于民众的实际需求和接受能力,倾听民众声音,呼应民众诉求,不断推出通俗易懂、喜闻乐见的高质量、高水平宣传文章,将理论话语转化成群众话语,增强马克思主义的吸引力和感染力,让老百姓看得懂、喜欢看、有共鸣,帮助人们澄清思想误区,发挥意识形态鼓舞人、激励人的作用;另一方面充分利用现有的大型综合门户网站,加大对其马克思主义大众化宣传的扶持力度,在其网站中设立马克思主义宣传专栏,用马克思主义基本原理来分析社会热点难点话题,提升马克思主义理论的关注度,让大众了解马克思主义的时代价值和现实意义。

利用网络社区宣传马克思主义,丰富马克思主义话语传播渠道。网络社区是指论坛、贴吧、公告栏等形式的网上交流空间。人们通过特定的网络社区平台,在一定的网络空间范围内,围绕某个主题进行交流讨论、分享观点、提出看法、宣泄情绪。网络社区的主导者大多是普通网民,容易被民众所接受和信赖,从而产生强大的草根网络舆论力量。尤其当下互联网蓬勃发展,新的网络社区平台层出不穷,百度贴吧、知乎、小红书、哔哩哔哩,吸引了大量年轻网民聚集于此,成为现实生活的空间扩展。青年是网络舆论的重要参与者和推动者,他们在网络社区中思想活跃、善于表达,很容易受到错误思想的影响,迫切需要正确的价值引导。要善于把握网络社区的思想舆论动态,充分利用大数据、算法技术,及时发现网络舆情风险点,优化传播效果。针对负面的与马克思主义相背离的错误观点,迅速研判、及时回应,有效防范并化解意识形态风险隐患,维护马克思主义主流意识形态的指导地位。切实发挥好网络社区版主、管理员的重要作用,使其承担起保持网络社区正确政治方向的主体责任,不给反马克思主义思潮以机会。充分利用好官方网络社区平台,例如人民网的"强国社区""人民时评",新华网的"发展论坛",中国共产党新闻网的"干部论坛"等,发挥涤荡思想、凝聚人心的作用。邀请马克思主义专家学者与网民在线互动,针对一些社会现象以马克思主义立场观点方法进行科学解读,帮助人们答疑解惑,把深刻的道理讲清、讲透,消除人们对马克思主义的片面理解。与网民交流的过程中要用心用情,怀揣深深的人民情怀,话语表达要接地气,考虑受众的心理和接受能力,以"网言网语"展开对话,把严肃的理论宣传变成趣味盎然的家常唠嗑,让论坛交流真正走进群众的内心深处。同时,要利用大数据的精准化特点判断网络社区的舆论热点和焦点,在社区讨论中找准切入点主动设置马克思主义话语议题,及时发出马克思主义的网络声音,凝聚社会共识。

（二）运用融媒体推进马克思主义话语传播

2014 年 8 月 18 日,中央全面深化改革领导小组第四次会议审议通过并发布了《关于推动传统媒体和新兴媒体融合发展的指导意见》,对新形势下媒体融合发展提出了明确要求,做出了总体部署。习近平总书记在中共中央政治局第十二次集体学习时指出:"要统筹处理好传统媒体和新兴媒体、中央媒体和地方媒体、主流媒体和商业平台、大众化媒体和专业性媒体的关系,形成资源集约、结构合理、差异发展、协同高效的全媒体传播体系。"①党的十九届四中全会提出建立以内容建设为根本、先进技术为支撑、创新管理为保障的全媒体传播体系。2014 年至今,我国融媒体发展经历了中央媒体尝试的萌芽期、省级媒体探索的发展期,再到从上到下相互融合的一体化加速期。当前我国的媒体融合已经进入深水区,全媒体传播体系开始全面构建。基于传播偏向新媒体以及融合发展的信息生产传播新态势,要求我们必须紧紧抓住融媒体、全媒体快速发展的大好契机,运用融媒体推进马克思主义话语传播,这是新时代应对媒介生态变迁和信息化发展新趋势的必然要求。

根据《中国新媒体研究报告 2019》,我国各类主要媒体中,手机的全国受众普及率最高,达到 96.16%,其次是电视(91.32%),第三是互联网(67.35%),随后依次是报纸(32.48%)、广播(29.52%)、杂志(28.18%)。传统媒体的影响力正在不断下降,全程、全员、全息、全效的媒体融合成为发展大趋势。移动互联具有充分利用网民碎片化时间的巨大优势,移动阅读已成为数字阅读的主渠道。融媒体是以大数据、云计算、人工智能、物联网、区块链等信息网络技术为基础,整合传统媒体与新媒体的功能与优势,实现数字应用价值和移动传播效果全面整合的一种运作模式。融媒体不是一个独立的实体媒体,也不是各种媒体功能的简单叠

---

① 习近平:《推动媒体融合向纵深发展　巩固全党全国人民共同思想基础》,《人民日报》2019 年 1 月 26 日。

加,而是各媒体功能的优势互补与优化升级,使单一媒体的竞争力转变为多媒体融合的共同竞争力,从而实现"资源通融、内容兼容、宣传互融、利益共融"。融媒体利用大数据算法、人工智能等先进技术向用户推送个性化、定制化、精准化的信息,扩大宣传内容的接触机会和接触面,具有高效性和互动性,满足用户的差异化需求,极大提高了信息传播的效率和效果,使得意识形态话语传播更具时效性和针对性。要充分利用融媒体受众面广、传播速度快、交互交流、体验感强等特点,创新数字移动终端技术、传媒云技术与人工智能技术,通过音频、视频、动画等多种形式在移动传播中实现情景感知,提高马克思主义的感染力和生动性,拓展网络马克思主义宣传阵地。如人民日报的"转写机器人"、新华社的"AI合成主播"、光明日报的多信道直播融合技术等,都值得借鉴与推广。随着5G新时代的到来,网民对高品质信息内容的需求会更强烈,更多的新技术也会投入使用,未来大众获取信息也将从手机端扩展到智能耳机、智能音箱、AR/VR眼镜等,这就需要我们利用先进技术满足多元化信息需求,开创全媒体时代马克思主义话语传播新格局。

融媒体载体的运用和创新,是经济社会发展和信息技术发展的必然要求,契合了新时代马克思主义话语传播的新要求,呈现出多元分众、双向互动、相互融合的发展态势。运用融媒体推进马克思主义话语传播,增强信息生产和服务能力,更好地传播主流意识形态,是马克思主义话语权应对媒体生态变迁的必然选择,已成为主流意识形态建设和宣传思想工作的重要战略任务。要坚持一体化传播的工作思路,打造出融合传统媒体与新媒体各自优势的马克思主义话语传播平台,扩大马克思主义的影响力。传统媒体要加强马克思主义话语内容的优势资源供给,为马克思主义传播提供更多更优质的话语资源。新媒体要依托传统媒体提供的权威资源,利用先进的信息技术对马克思主义话语内容进行二次加工,将权威话语信息以生动具体形象的方式予以呈现,从而使马克思主义话语在新媒体平台上广泛传播。新媒体通过对大众网络行为的分析,可以提供网民的马克思主义阅读偏好与阅读方式,从而为精准传播马克思主义提供科学路径。媒体融合背景下,传统新闻媒体还要积极应对转型,如人民日报、央视新闻、新华社等传统新闻媒体都推出了 APP,发挥其内容专业性与权威性优势,优化信息传播。通过积极推动传统主流媒体与新媒体的融合发展,实现内容创新、技术升级和平台拓展,为网络空间马克思主义话语权提供新的平台与空间。

2015 年 12 月 25 日,习近平总书记在视察解放军报社时指出:"读者在哪里,受众在哪里,宣传报道的触角就要伸向哪里,宣传思想工作的着力点和落脚点就要放在哪里。"①这就要求构建马克思主义话语内容生产的网络共同体,建设融媒体宣传集群。推进马克思主义话语传播,首先要看媒体宣传是否实现了全方位覆盖。要充分发挥中央媒体和党政部门政务新媒体的中枢作用,实现话语资源的统一部署、统一采集、多种生产、多道分发的网络宣传机制。例如以《人民日报》为代表的"中央厨房",统一集中采制信息,分别传送给网站、纸媒、"两微一端"等媒体再加工处理,并以多种形式、多种渠道传播给公众。人民日报中央厨房还打造出了侠客岛、智勇新闻＋、麻辣财经、学习大国、新地平线、国策说等四十多个融媒体项目。同时,要发挥地方媒体在马克思主义传播中的作用,加强区县级融媒体中心建设,实现中央媒体与地方媒体、自媒体的深度融合,构建全覆盖、广受众、多平台、体验佳的马克思主义传播生态体系,更好地适应新媒体、引领新媒体,从而为马克思主义话语权提供载体支撑。

"学习强国"是融媒体平台的最典型代表。"学习强国"是由中共中央宣传部主管,以习近平新时代中国特色社会主义思想为主要内容的融媒体平台。平台立足于全体党员、面向大众,目前用户已经超亿,已经成为一个全民互联网学习的平台。按照"高效、情怀、创意"的互联网特点,本着数据为王、资源整合、优势互补、互利共赢的互联网思维,"学习强国"联合全国多家厂商进行软硬件开发,力求提供最优质的内容、

---

① 中共中央党史和文献研究院编:《习近平关于网络强国论述摘编》,北京:中央文献出版社,2021 年,第 66—67 页。

最先进的技术、最强大的功能和最可靠的安全保障。"学习强国"内容非常丰富,不仅包括习近平新时代中国特色社会主义思想、马克思主义理论、时政报道,涵盖党的理论路线政策方针,还汇聚了各行各业的专业知识,涉及政治、经济、文化、历史、社会、科技、法律等方方面面,聚集了大量可免费阅读的期刊、古籍、公开课、歌曲、戏曲、电影、图书等资料,成为一座知识宝库。"学习强国"不只是个新闻网站,而是具备了聚合、融通、交互等功能,真正实现多内容生产、多媒体呈现、多渠道融合、多资源整合、多技术应用的融媒体平台。"学习强国"板块丰富,栏目多样,习近平总书记的重要讲话、重要活动、重要文章、现场录音、视频报道等分类,使人们可以全面深入学习习近平新时代中国特色社会主义思想的深刻内涵和精神实质。"学习强国"还整合了中央及各省区市党报党刊、中央及各地卫视广播台、各类新闻网站等。"学习强国"本地频道集中整合和展示省级内容,不仅有与地方特色紧密相关的丰富内容,还包含地方学习平台、地方报刊以及地方电视台和电台,形成了中央媒体与地方媒体协同推进的信息传播格局。作为新时期融媒体建设的最成功案例,"学习强国"实现传播载体的重大创新,开拓了马克思主义网络传播的新阵地,发挥了引领时代话语的重要作用,强化了马克思主义的价值影响力和辐射力,使马克思主义的声音传得更开、传得更广、传得更深入。

(三)运用自媒体推进马克思主义话语传播

传统媒体时代,报纸、广播、电视占据了舆论的主阵地。进入二十世纪九十年代,网络新媒体蜂拥而起,以新浪、腾讯、搜狐、网易等为代表的大型门户网站,以及以人民网、新华网等为代表的国家新闻网站,成为信息传播的主渠道。进入二十一世纪,自媒体时代逐渐到来。2003年7月,美国新闻学会媒体中心发布了"We Media"(自媒体)研究报告,对"We Media"做了定义:"We Media是普通大众经由数字科技强化、与全球知识体系相连之后,一种开始理解普通大众如何提供与分享他们自身的事实、新闻的途径。"伴随着现代信息技术及传播方式的发展,自媒体已经成为当今社会人们传播接受信息的主要方式。经过自媒体平台的不断演化发展及更新换代,目前主流自媒体平台包括微信公众号、微信朋友圈、新浪微博、腾讯微博、百家号、今日头条号、QQ空间等。根据《2019 微信数据报告》,2019 年微信月活跃账户数 11.51亿,2019 年第一季度,保持发文的公众号累计达 175.6 万个,累积发文量 3.22 亿篇,平均每月产出 1.07 亿篇内容。微信已经完全融入网民的日常生活,成为人们的一种日常生活方式。在朋友圈、公众号、微支付、小程序的助推下,微信成为信息传递与交流的重要平台。根据今日微博发布《2020 年微博用户发展报告》显示,微博在 2020 年 9 月月活用户5.11 亿,日活用户 2.24 亿,其中 90 后占比为 48%,00 后占比为 30%,两个年龄段总的占比接近 80%,微博用户呈现年轻化趋势。因为微博覆盖的用户面比较广,所以很多机构、企业都进驻微博平台。微博数据显示,2020 年蓝 V 认证账号超 3.8 万,全年阅读量超 24 000 亿,视频播放量约 4 000 亿,被互动量超 66.8 亿,视频发布同比增长 110%。微博成为我国具有重要影响力的社交媒体平台,为网民提供了多种信息表达方式。截至 2022 年 12 月,经过新浪平台认证的政务机构微博为14.5 万个。我国 31 个省(区、市)均已开通政务微博。其中,河南省各级政府共开通政务机构微博 10 017 个,居全国首位;其次为广东省,共开通政务机构微博 9 853 个。① 政务微博在民生服务、信息发布、舆情回应等方面发挥着越来越重要的作用。通过政务微博,信息传播者与受众之间的信息交互性更强,信息传递量更大,流动速度更快,打通了官方和民间两个舆论场,成为凝聚社会共识的重要载体。

近年来,伴随着直播、短视频行业的急速扩张,又出现了抖音、快手、西瓜视频、火山小视频、微视等短视频 APP。截至 2022 年 12 月,我

---

① 中国互联网络信息中心:《第 51 次中国互联网发展状况统计报告》,https://www.cnnic.net.cn/n4/2023/0303/c88 - 10757.html。

国网络视频(含短视频)用户规模达 10.31 亿,较 2021 年 12 月增长 5 586万,占网民整体的 96.5％。其中短视频用户规模为 10.12 亿,较 2021 年 12 月增长 7 770 万,占网民整体的 94.8％。自媒体作为一种媒介技术或者媒介平台,本身具有强烈的意识形态的属性,成为意识形态传播的重要载体。开放式、即时性、多中心、扁平化的自媒体传播方式,打破了传统的意识形态垄断,一条微博、一条朋友圈、一篇公众号文章都有可能带来舆论的广泛关注,每个人在每个节点都有可能成为信息传播的中心。通过自媒体,每个人都可以发表自己的观点看法,每个人都是思想的生产者和传播者,信息的产生、传递不再是由少数人所控制,而是被大众网民群体所集体共享。"信息时代给我们展现的是一幅由各种信息编码的宏观图景,被动、无意识成为个体接受信息的一个愈发显著的特征,同时也是这个宏观图景的一个标志性注解。"①强势发展的自媒体已经成为融入人们日常生活的方式,成为这个时代无所不在的媒体形式,从而为马克思主义意识形态话语传播提供了新的机遇和平台。

利用自媒体平台为马克思主义传播提供高质量的话语内容供给。"自媒体话语生产者通过自己发布信息、转载评论他人的信息进行话语生产,每一次话语生产行为都可能成为意识形态之争中的助推者或阻碍者,因此,自媒体话语承载着意识形态内容且成了意识形态物质载体的一种表达形式。基于这种认知,我们可以通过有效调控自媒体话语生产来实现自媒体话语的社会主义主流意识形态功能。"②目前,我国承担马克思主义理论宣传任务的自媒体平台主要由国家新闻媒体和国家机构来负责,如新华社、人民日报、学习小组、共产党员等微信公众号、微博。自媒体用户青年人居多且比较活跃,大部分人浏览主流自媒

① 邓国峰等:《网络传媒视角下的马克思主义大众化研究》,北京:人民日报出版社,2018 年,第 60 页。
② 高中建:《主流意识形态的自媒体话语研究——关系逻辑、矛盾冲突、生产调控》,《求索》2019 年第 5 期。

体主要为了看新闻。这就要求在通过官方自媒体开展理论宣传时,要根据青年受众的自身特点和接受能力,创新马克思主义话语表达,把马克思主义理论与青年群体的日常生活密切结合起来,用年轻人的网言网语来表达深邃思想,用现实生活案例来阐述深刻道理,用视频、动画、音乐等形式来宣扬核心价值观,从而增强马克思主义的话语感召力。例如为了纪念马克思诞辰 200 周年,国内知名的视频平台哔哩哔哩推出了国漫动画《领风者》,讲述了马克思一生的传奇故事。为吸引更多的青年,需要开发更多与马克思相关的动画、音乐、表情包、游戏等文化产品。再如《人民日报》海外版下设二级自媒体"侠客岛"微信公众号是主流意识形态话语的重要代表,受到国内外的广泛关注。"侠客岛"官方话语不同于传统表达,而是以一种深度说理、感性表达、情感交流的方式对国家大政方针进行解读,立足于社会热点话题对问题本质进行深入剖析和理性思考。"侠客岛"紧紧抓住议程设置关键环节,文风俏皮而犀利、深邃而直白,在宽容的网络表达空间和大白话的表达语态中,提供时效性强、话题关注性高、内容优质的中国声音,引导网民理性认识舆情事件。通过平等协商对话来实现网络亚文化向主流意识形态的靠拢,从而赢得受众的价值认可和情感共鸣,成为权威的主流意识形态自媒体。同时,网络大 V、意见领袖拥有大量的粉丝,其民间个体、草根平民的身份很容易拉近与网民的距离,获得受众的青睐。因此,我们必须充分利用民间力量壮大自媒体宣传马克思主义的力量,利用其民间"话语权"来壮大主流意识形态的话语权。

利用自媒体的技术优势来推动实现马克思主义话语传播的升级。随着大数据、人工智能、算法等新技术的应有发展,新的自媒体平台不断涌现,自媒体上发布的每条信息、每个图片、每个短视频都具有巨大的传播潜力,有可能引发其他用户对其转发,带来信息话语的再生产。微信、微博突破了传统媒体信息发布的限制,赋予了网民自主发表的权利。微信朋友圈、微博的信息传播功能日趋强大,每个人都可以通过微信、微博等自媒体平台去发布消息、转发消息、评论消息,人人都可以是记者和评论员。网民也可以从个人的视角出发，来记录、发现身边发生的点点滴滴，分享自己的生活经历和感悟。微信朋友圈、微博成为社会的"晴雨表"，民情民生、民心民意都在网上集中反映。不同的网民群体基于年龄、性别、职业、兴趣爱好等方面相似，会经常关注同类话题，互动交流频繁，形成一定的价值认同，然后人际交往的圈子会不断扩大，为信息传播提供了新的模式。因此，可以利用大数据对这些不同的网民群体进行分析，了解他们的思想状况、价值取向、关注重点等，利用其思想特点，有针对性地开展马克思主义话语传播，提高话语传播的实效性。自媒体平台上发布的信息量巨大，传播速度极快，但也存在一些不良的、负面的、虚假的信息。尤其是形形色色的自媒体平台发布的信息影响面非常广。有的自媒体运营者为了吸引眼球、博得关注，谋求短期经济利益，无所不用其极。他们编造案例、数据、图文、音像，标题党、低俗文、炮制文、毒鸡汤层出不穷，不负责任地编造了大量的虚假、不良和欺诈信息，令人难以辨别真伪，蛊惑人心，对互联网信息安全和网络舆论生态带来了挑战。因此，要加强对自媒体平台的监管，加大对自媒体乱象的治理力度，提高自媒体的准入门槛和运营成本。健全相关法律法规，对于其话语内容、运营方式的规范做出细化界定，对于其信息传销行为予以严厉问责和惩治，以强制性的方式来约束自媒体人的言行。鼓励自媒体运营者积极推送包含主流意识形态内容的信息，把正能量传播给粉丝受众，使其正确合理行使拥有的民间网络话语权。

第四节　网络空间马克思主义话语权建构的战略保障

建构网络空间马克思主义话语权是一项长期的系统的任务，受到经济、政治、文化、科技、军事等各种因素的影响和制约。随着中国特色社会主义进入新时代，我国综合国力不断增强，在全球互联网关键领域迅速崛起,我国马克思主义的话语传播具备了更加坚实的条件保障。当前,需要在更开阔的视野、更广阔的空间、更有力的举措中探寻马克思主义实现自身话语权力的战略支撑。通过健全我国网络空间舆论生态治理体系,夯实马克思主义话语权的物质基础,拓展中国马克思主义国际话语权,从而为全方位、深层次地掌控网络空间马克思主义话语主动权提供战略保障。

一、健全网络空间舆论生态的治理体系

伴随着网络空间的蓬勃发展,网络正在重新定义人类的生产生活交往方式,重新塑造社会既有形态。构建马克思主义话语权,从网络话语逻辑来看,需要加强网络空间舆论生态治理,从技术、规则、制度等层面综合考虑多元力量和多种要素在网络空间话语权生成中的作用。习近平总书记在全国网络安全和信息化工作会议上强调:"要提高网络综合治理能力,形成党委领导、政府管理、企业履责、社会监督、网民自律等多主体参与,经济、法律、技术等多种手段相结合的综合治网格局。"[①]据此来看,朝着网络空间舆论生态综合治理的方向进行总体设计、调整和优化,是当前构建网络空间马克思主义话语权的必然选择,也契合了当前互联网治理的总体趋势。

构建现代网络安全体系,为马克思主义话语网络传播提供技术保障。营造网络清朗空间,建设良好网络舆论生态,需要健全现代网络安全保障体系。互联网在给我们提供了一个全新的生活空间的同时,由于网络空间的复杂性、深层性和隐蔽性,也给网络安全包括话语安全带来了巨大挑战。随着步入万物互联的"互联网+"时代,在网络空间中,人们的任何一种网络行为都能以数据的形式保存下来,任何私人网络空

---

① 习近平:《敏锐抓住信息化发展历史机遇　自主创新推进网络强国建设》,《人民日报》2018 年 4 月 22 日。

间或者公共网络空间都有可能被入侵,这就给一些不法分子以机会,衍生出各种新型网络犯罪,威胁到网络舆情的主动权和话语权。这就要求我们加强网络信息安全基础设施建设,加大网络信息安全技术的研发,努力在网络核心技术上取得突破,提高网络信息的保护力度和防护水平,为网络空间马克思主义话语传播提供强大的技术支撑。通过建立网络安全技术防范体系和网络安全检测系统,及时收集、研判网络空间中各种信息,科学预测网络舆情可能会产生的影响。建立网络舆情监控和管控机制,利用网络技术手段对负面的不良的网络信息及时予以屏蔽、管控和惩治,挤压各类反马克思主义思潮的蔓延空间。加大意识形态主管部门与网络信息技术机构的交流与合作,拓展监管和治理的空间,共建新媒体平台,推动实现新媒体技术的产学研用协同运作。通过创新网络信息技术,整合信息产业资源,构建良性循环的马克思主义话语传播生态模式。加大对云计算、大数据、区块链、人工智能等网络新技术的研发投入力度,整合各行各业各领域的信息资源,为营造良好的马克思主义网络话语环境提供坚实的技术支撑。同时,还要加强网络安全知识普及,加强网民素质教育,提高全民网络安全意识,引导网民认清各种网络意识形态渗透活动的本质。通过不断完善网络数据基础设施,提高网络主体运用新技术的能力,从而提高网络治理和话语传播的效率。

推进网络空间治理法治化,为马克思主义话语网络传播提供法治保障。党的二十大报告指出,全民依法治国是国家治理的一场深刻革命,关系党执政兴国,关系人民幸福安康,关系党和国家长治久安。必须更好发挥法治固根本、稳预期、利长远的保障作用,在法制轨道上全面建设社会主义现代化国家。法治是现代社会的基本框架和原则,网络空间不是"法外之地",无论是现实生活空间还是虚拟网络空间都必须在法治的框架和范畴中运行。网络空间治理法治化是在建设中国特色社会主义法治体系的背景下,通过立法、法律的全面公正实施、法律的监督来治理网络社会问题及规范网络主体行为。这需要政府监管、行业自律,还需要社会自治,将网络主体包括政府、网络运营者、媒体、网民等的一切网络行为都纳入法治化轨道上进行，用法律来衡量、规范、引导网络空间的人际行为和人际关系，实现网络空间的健康有序发展。目前，《中华人民共和国计算机信息系统安全保护条例》《中华人民共和国网络安全法》《网络信息内容生态治理规定》等法律法规的出台，明确了我国网络的基本法律法规秩序。除此之外，我国公安、通信、宣传、文化、广电等部门也都出台了一系列相关法规制度，如《互联网安全保护技术措施规定》《互联网视听节目服务管理规定》《互联网跟帖评论服务管理规定》《互联网论坛社区服务管理规定》《互联网新闻信息服务管理规定》《公安机关互联网安全监督检查规定》《公共互联网网络安全威胁监测与处置办法》等。随着这些法律法规及政策文件的出台实施，政府加大对网络空间信息监管整顿清理的力度，维护了网络信息安全，有利于营造健康有序的网络舆论生态环境。但是，目前我国网络立法体系也存在部门各自立法、"碎片化"立法的问题，缺乏顶层统筹设计，网络执法效率也有待提高。要牢牢占领网络空间马克思主义话语权高地，必须大力推进网络空间法治化进程，加强网络立法工作，尤其构建全方位的网络意识形态教育法律法规，使网络空间不再有任何的"法外之地"。政府、社会组织等多元治理主体要严格按照法律法规开展网络治理工作。企业、媒体人等参与主体要严格按照网络法律法规规范自身行为，推进各类媒体沿着法治化、规范化、制度化的方向运营。要引导广大网民深入学习互联网管理规定，不在网络上发表非法言论和有损马克思主义意识形态的言论，主动与各类网络违法违规行为作斗争。

实现网络多元主体合作共治，为马克思主义话语网络传播提供组织保障。网络舆论生态治理需要调动各类网络主体参与治理的积极性，发挥各自的主体性作用。首先，坚持党对一切工作的领导，也包括对网络空间的全面领导，实现对网络空间治理的现代化。党的十八大以来，党中央全面加强了对网信工作的统一领导。2014年，成立中央网络安全和信息化领导小组。2018年，将中央网络安全和信息化领导小组改为中国共产党中央网络安全和信息化委员会，负责网信工作的顶层设计、战略部署、统筹协调、整体推进、督促落实,这对我国网络空间治理现代化产生了积极而深远的影响。加强党对网络综合治理的领导,需要在依法治理、发展规划、实施策略等方面加强顶层设计,统筹各个领域、各个部门关于网络信息安全和话语安全的实施举措,加强各部门之间的协调。同时,各级党委也要建立相应的网络信息治理部门及网络舆情中心,逐步完善网络舆情监控、研判、引导与化解机制;其次,建立健全党领导下的企业参与的网络治理体系,尤其是重点企业要切实履行好网络舆论生态治理的主体责任。互联网企业是网络治理体系中比较活跃的治理主体,要承担相应的社会责任。正如习近平总书记多次强调的:"要压实互联网企业的主体责任,决不能让互联网成为传播有害信息、造谣生事的平台。"①互联网企业的主体责任包括平台责任和社会责任,在大是大非面前要旗帜鲜明,坚持正确的政治方向、舆论导向和价值取向,在重大原则问题上要敢于发声、勇于斗争,弘扬主旋律、传播正能量。严格规范企业自身行为,企业不能一味追求商业利润,要把经济效益与社会效益有机统一起来。主动承担意识形态责任和道德责任,努力提供主流、优质的网络文化产品和内容服务。各类互联网企业要打破产业壁垒,秉承共治共享的理念,共享网络安全信息,共研网络安全风险,共建信息安全生态链。互联网企业要提高自主创新能力,在网络治理上投入更多的研发力量,革新网络平台的检测、监管和防范技术,提高对网络空间中各种低俗信息、反马克思主义思潮的过滤能力,有效遏制网络上错误思想的传播;再次,充分发挥各类社会组织的自身优势,通过有效监督来推动网络综合治理。社会组织主要是指非官方背景的各类民间性组织,又称民间组织或非政府组织。与网络治理相关的社会组织主要包括各类互联网行业协会、网络基金会、学会、促进会、网络社区组织、民办非企业单位等社会团体,具有自愿性、自治性、中立性、公益性、非营利性的特征,能有效弥补政府在网络治理中的不足和缺失。

---

① 《习近平谈治国理政》(第三卷),北京:外文出版社,2020 年,第 306 页。

我国在 2015 年、2018 年分别成立了中国互联网发展基金会、中国网络社会组织联合会。江苏、山东、天津、内蒙古、山西、吉林等地也成立了省级网络社会组织联合会。在网络舆论和信息安全治理工作中,社会组织可以发挥自身的特殊功能。网络社会组织具有桥梁纽带作用,可以统筹各方资源和智慧力量,开展行业自律相关工作,推动企业认真履行意识形态责任,引导网络参与主体认真学习贯彻党的宣传方针政策。针对网络意识形态领域中的热点、难点和重点问题开展调研,了解公众思想状况及诉求,发布研究报告,提出建设性意见,为马克思主义话语权的构建提供政策建议。社会组织要做好技术服务工作,为马克思主义话语传播提供数据支撑。积极吸纳高校、科研院所、民间团体等社会组织参与到网络意识形态话语传播的研究、宣传、教育和引导工作中,探索社会组织网络公益传播马克思主义的新模式。通过社会组织的积极参与倡导,让马克思主义话语传播更加有效、更加贴近民心,形成最大公约数,凝聚最强同心圆,营造风清气正的网络舆论生态环境。

二、夯实马克思主义话语权的物质基础

网络意识形态话语还是属于思想体系范畴,但这不意味着其是空中楼阁,它有着自身的生成根源和物质基础。意识形态话语体系的形成并不意味着自然就拥有了话语权。如果只有理论话语而没有话语权,就会陷入"有理说不清""道理讲不明""说了没人听"的尴尬境地。任何一种话语或者思想体系都来源于社会存在,正如马克思所言:"物质生活的生产方式制约着整个社会生活、政治生活和精神生活的过程。不是人们的意识决定人们的存在,相反,是人们的社会存在决定人们的意识。"①网络意识形态话语权同样也有自身的生成根源,通过经济社会发展,满足人民群众切身利益需求,从而为马克思主义话语权在网络

---

① 《马克思恩格斯选集》(第二卷),北京:人民出版社,2012 年,第 2 页。

空间的确立提供根本保障和物质基础。

经济是社会发展的根本动力和决定性因素,网络空间意识形态话语权作为一种软实力,要以硬实力作为基石,以经济社会发展作为坚强后盾。一个国家只有在综合国力、经济实力达到较高水平之后,其主流意识形态才有可能拥有较强的话语权。马克思主义话语权在网络空间的确立和巩固,关键要有广大网民的支持和拥护。有了民众的广泛支持和坚决拥护,马克思主义才会有旺盛的生命力,马克思主义在网络空间才会有话语主导力。虽然网络空间是虚拟的,但话语受众却是生活在现实社会之中。当国家经济持续快速健康发展,社会稳定和谐,人们物质生活不断改善,精神文化生活水平不断提高,对主流意识形态就会有比较强的认同感,网络空间意识形态话语权随之也会提升。反之,如果一个国家发展出现问题,经济停滞甚至后退,社会矛盾尖锐,人们生活水平长期停留在较低水平,这时人们会把在现实生活中的愤懑与不满发泄到网络上。而且,网络谣言此时也有了滋生的现实土壤,人们往往会推波助澜,成为网络谣言的传播者和参与者,从而宣泄自己的不满情绪。因此,要在网络空间树立意识形态话语权,首先要厚植话语产生的现实土壤。

马克思主义意识形态话语权是一种软实力,这种软实力的基础就是改革开放以来我国综合国力的大幅提升。在马列主义、毛泽东思想和中国特色社会主义理论体系的指导下,我们坚持中国特色社会主义制度、深化改革、扩大开放,走出了一条独具特色的现代化道路,取得了举世瞩目的伟大成就。从总量看,新时代十年来,我国国内生产总值相继跨越 60 万亿、70 万亿、80 万亿、90 万亿、100 万亿、110 万亿元大关,从 2012 年的 54 万亿元增长到 2021 年的 114 万亿元,按不变价计算增长了 1.8 倍,我国经济总量占世界经济的比重达到 18.5%,提高 7.2 个百分点,稳居世界第二位。从人均看,我国人均国内生产总值从 2012 年的 6 300 美元上升到 2021 年的 12 551 美元,2022 年,我国国内生产总值达到 121 万亿元人民币,人均达 1.27 万美元,接近高收入国家门槛,人民生活水平大幅提升。2012 到 2021 年,我国国内生产总值年均实际增长约 6.6%,大大高于同期世界和发展中经济体平均增长水平;居民消费价格指数始终保持在 3% 以下,物价水平保持稳定;城镇登记失业率保持在 4.2% 以下,城镇新增就业年均 1300 万人以上;国际收支状况良好,外汇储备稳定在 3 万亿美元以上,稳居世界第一,是全球国际收支状况最健康的国家之一。科技是第一生产力,正是由于科技创新的进步,我国经济发展才会如此迅猛。目前,我国已经步入全球科技第一阵营。党的十八大以来的十年,是科技进步最大、科技实力提升最快的十年,我国科技事业发生了历史性、整体性、格局性重大变化。十年来,全社会研发经费支出从 1 万亿元增至 2.8 万亿元,研发投入强度从 1.91% 提升至 2.44%;中国在全球创新指数中的排名从第 34 位上升到第 11 位,成功进入创新型国家行列。十年来,"嫦娥"探月、"神舟"飞天、"夸父"逐日、中国空间站圆梦,我们不断刷新浩瀚太空的"中国高度";全球最长跨海大桥、全球最快智能高铁、全球最大单口径球面射电望远镜,这些"最"展现中国科技的硬实力;北斗组网、复兴号驰骋在祖国大江南北,新能源汽车产销量连续 7 年位居全球首位,"华龙一号"示范工程全面建成投运,科技自立自强支撑高质量发展交出精彩答卷。历史和实践无可争议地表明,中国共产党领导和马克思主义指导是中国不断走向繁荣富强的根本保证。随着我国综合国力的大幅提升和硬实力的不断增强,为赢得网络空间马克思主义话语权提供了坚强的物质基础,马克思主义在网络空间的感召力、影响力和说服力不断提升。

人们不会接受一种完全脱离现实生活的意识形态话语体系,网络空间构建马克思主义话语权,关键还是要使马克思主义话语内容所体现的价值追求与人们的现实生活相契合。"人类今后不应该再通过强制即政治的手段,而应该通过利益即社会的手段联合起来。它以这个新原则为社会的运动奠定了基础。"①这就为我们通过利益手段而不是

---

① 《马克思恩格斯文集》(第二卷),北京:人民出版社,2009 年,第 94 页。

通过灌输手段来实现网络空间意识形态话语权指明了方向。从本质上看,网络意识形态话语权是话语对象的思想认识问题,这种思想认识来源于理论与现实是否相一致。马克思主义是为人民大众谋求利益的思想体系,满足人民群众切身利益需求是马克思主义话语权生成的源泉。互联网建构了人的新的生存状态、主体意识和交往方式,意识形态教育的环境已经发生了深刻的改变,衍生出网络意识形态话语教育新形态。网民是现实个体和虚拟个体的有机统一,广大网民对马克思主义的接受,不仅仅是因为马克思主义在立场上是谋求人民幸福的科学理论,关键还是因为其在实践上是真正来满足人民群众利益需求的学说。我国在经济持续快速健康发展的同时,更加注重改善民生和提高人们生活水平,使人民群众公平地享受到经济社会发展带来的成果。新时代十年,我国居民人均可支配收入从 16 500 元增加到 36 883 元,形成超 4 亿人口的世界最大规模中等收入群体,随着脱贫攻坚各项政策和乡村振兴战略纵深推进,农村居民人均可支配收入增速持续快于城镇居民,城乡居民人均可支配收入比由 2.88：1 降至 2.45：1;建成世界上规模最大的教育体系、社会保障体系、医疗卫生体系,截至 2021 年底,全国基本养老保险、基本医疗保险覆盖人数分别达 10.3 亿人、13.6 亿人,参加失业、工伤、生育保险人数比 2012 年分别增加 7 733 万人、9 277 万人和 8 323 万人;人类发展指数大幅提高,在 1990 年处于低人类发展水平组别的 47 个国家中,截至目前,中国是唯一跻身高人类发展水平组的国家。

马克思恩格斯在《共产党宣言》指出:"过去的一切运动都是少数人的,或者为少数人谋利益的运动。无产阶级的运动是绝大多数人的,为绝大多数人谋利益的独立的运动。"①马克思主义是解放全人类的科学理论,目标是要全体劳动人民摆脱受剥削、受压迫的地位,使全体人民都过上美好幸福的生活。消除贫困,实现共同富裕,这与中国特色社会

---

① 《马克思恩格斯文集》(第二卷),北京:人民出版社,2009 年,第 42 页。

主义伟大事业是高度一致的。对于一个拥有如此众多人口的国家而言,我国消除贫困面临的困难和挑战非常巨大,这也是中国特色社会主义事业最伟大的成就之一。按照现行农村贫困标准计算,1978 年,中国农村贫困人口有 7.7 亿人。在过去 40 多年里,中国实现的减贫人数超过全球脱贫人口总数的 70％,成为首个实现联合国减贫目标的发展中国,成为全球减贫事业的典范。人类学家杰森·希克尔在英国《卫报》网站撰文指出,如果把中国排除在外,自 1981 年以来的 40 年间,世界范围内的贫困情况没有变好而是变得更糟,贫困人口数量增加,贫困人口比例也一直停滞在 60％左右。新时代十年,我们打赢脱贫攻坚战,现行标准下 9 899 万农村贫困人口全部脱贫,平均每年减贫 1 000 多万人,相当于一个中等国家的人口数量。我们提前 10 年实现联合国 2030 年可持续发展议程减贫目标,创造了人类减贫史上的奇迹。习近平总书记指出,让老百姓过上好日子是我们一切工作的出发点和落脚点。他反复强调,消灭贫困、实现共同富裕,是社会主义本质要求;全面建成小康社会,一个不能少,共同富裕路上,一个不能掉队。中国特色社会主义进入新时代,我国社会主要矛盾已经转变为人民日益增长的美好生活需要和不平衡不充分的发展之间的矛盾。党的十八大以来,以习近平同志为核心的党中央坚持以人民为中心的发展思想,统筹推进"五位一体"总体布局,协调推进"四个全面"战略布局,提出精准扶贫、精准脱贫基本方略,全面打响脱贫攻坚战,让改革发展成果更多更公平惠及全体人民。在庆祝中国共产党成立 100 周年大会上,习近平总书记代表党和人民庄严宣告:"经过全党全国各族人民持续奋斗,我们实现了第一个百年奋斗目标,在中华大地上全面建成了小康社会,历史性地解决了绝对贫困问题,正在意气风发向着全面建成社会主义现代化强国的第二个百年奋斗目标迈进。"①我国消除贫困所取得的伟大

---

① 习近平:《在庆祝中国共产党成立 100 周年大会上的讲话》,北京:人民出版社,2021 年,第 2 页。

成就,体现了马克思主义的根本立场和社会主义的本质要求。伴随着广大人民群众切身利益的实现和实际问题的解决,马克思主义意识形态在网络空间有了更深厚的群众基础,马克思主义话语权在广大网民利益共享、情感共鸣的具体实践中得到进一步提升。

三、拓展中国马克思主义的国际话语权

伴随着全球化的发展,尤其是互联网助推下的信息全球化,马克思主义意识形态必然面临国内和国际话语权的双重任务。相比国内话语权,意识形态国际话语权面临的环境、形势、因素、条件等更为复杂。意识形态国际话语权不仅反映了一国的综合国力,而且还反映了本国意识形态、价值观念、文化传统在世界上的影响力、认同力。强大的国际话语权不仅能够在世界范围内推广本国的意识形态和价值观,而且有利于巩固意识形态国内话语权。尤其在"西强东弱"、中西方意识形态对立的背景下,意识形态国际话语权对我国具有极其特殊的重要意义。

网络空间马克思主义话语权面临的外部最大威胁是西方资本主义国家持续对我国意识形态领域的渗透,挤压我国马克思主义意识形态话语的传播空间。互联网时代,话语空间呈现出全球化、一体化、网络化的特点和趋势,话语主体所能影响和控制话语内容的范围无限扩大。根据法国后结构主义主要代表人物米歇尔·福柯的"话语即权力"理论,以美国为代表的西方国家为了实现对世界秩序的掌控,利用其经济、科技、军事尤其是互联网领域的巨大优势推行全球话语霸权。从1969年10月29日,互联网在美国加州大学洛杉矶分校正式诞生,到1983年在加利福尼亚伯克利分校诞生了真正的"Internet"。在过去的五十多年中,美国不仅是互联网的诞生地,也是全球互联网规则的制定者和主导者。在互联网诞生后相当长的时间里,全球仅有13台负责管理互联网主目录的根服务器,包括1台主根服务器和12台辅根服务器。其中美国放置了1台主根服务器和9台辅根服务器,共10台。另

外 3 台辅根服务器英国、瑞典、日本各有 1 台。而这些域名根服务器共同负责全球互联网域名根服务器、域名体系和 IP 地址等管理。根服务器相当于互联网的中枢神经系统,因此,在实际运营中,互联网通信中使用的地址最终由处于网络顶端的 13 台域名根服务器来决定。"话语权才是真正意义上的大规模杀伤性武器。"①美国以其强大的国家实力作为后盾,推行网络霸权主义政策,利用其互联网霸主地位将其意识形态和思想文化植入网络信息中,在全球网络空间中大肆传播。从中国接入互联网开始,美国就通过各种手段对我国进行意识形态渗透和攻击,围猎中国马克思主义在国内外的话语权。美国政府在《国家安全战略报告》中将中国明确为头号战略竞争者,指出互联网必须充分体现美国的价值观与核心利益。而美国政府的《国家网络战略》则进一步强调"进攻优先"的网络战略。美国在意识形态输出时考虑到网络文化的特征,将所谓的"普世价值""民主自由""新自由主义""历史终结论""历史虚无主义""意识形态多元"等非马克思主义、反马克思主义思潮渗透于电影、电视剧、音乐、新闻、评论等各类网络文化产品中。同时,美国通过收买网络水军和所谓的"大 V""意见领袖",培植网络舆论代理人,在网络上兴风作浪、发布谣言,恶意攻击社会主义和马克思主义。另外,美国还与我国境内反动势力相互勾结,破坏我国网络安全体系,突破网络监管,企图通过技术手段摧毁我国的信息安全防线。在西方意识形态攻击下,网络空间的西方"杂音"不断,各种争论此起彼伏,各种错误思潮时有发声,不断消解着网民对马克思主义意识形态的认知认同,马克思主义意识形态在网络领域的话语权和控制力受到了冲击。

面对西方意识形态攻势,习近平总书记指出,落后就要挨打,贫穷就要挨饿,失语就要挨骂。"现在国际舆论格局总体是西强我弱,我们

---

①　张国庆:《话语权:美国为什么总是赢得主动》,南京:江苏人民出版社,2010 年,第 209 页。

往往有理说不出,或者说了传不开,这表明我国发展优势和综合实力还没有转化为话语优势。"①党的十八大以来,以习近平同志为核心的党中央面对新形势新任务,精心构建具有中国特色、中国气派、中国风格的对外话语体系,打造融通中外的新概念新范畴新表述,努力阐释马克思主义在中国为什么"行"和中国特色社会主义为什么"好",提高中华文化的国际影响力,拓展国际话语权。"一带一路""人类命运共同体""中国梦""全球发展倡议""全球安全倡议""全球文明倡议"等为我国提供了丰富的话语议题,丰富了我国对外话语内容,在世界范围内获得了广泛认可,提升了中国马克思主义意识形态的国际影响力。习近平总书记不仅发表了一系列关于对外话语传播和塑造国际话语权的重要论述,而且自己也是亲力亲为、率先垂范,利用各种场合来阐述中国理念、中国道路、中国文化和中国方案。习近平总书记在演讲中用极具感染力、亲和力且通俗易懂的语言,讲述中国故事和身边生活,引发强烈共鸣,彰显了中国话语的独特魅力。通过内政外交一系列重大举措,我国的国际地位和国际形象不断提高,中国马克思主义的国际话语权得到了显著提升。根据中国与世界研究院发布的《中国国家形象全球调查报告 2018》显示,中国整体形象保持稳定,在科技、经济和文化领域的全球治理表现认可度高。在中国参与全球治理的领域中,科技(63%)、经济(60%)、文化(53%)是海外受访者最为认可的三个领域,认可度均超过五成。"人类命运共同体"理念对个人、国家、全球治理的积极意义获关注,六成左右的海外受访者认为"人类命运共同体"理念对个人、国家、全球治理具有积极意义;"一带一路"的海外认知度不断提升,海外发展中国家受访者对于"一带一路"倡议对个人、国家、地区和全球经济的积极意义更认可。2019 年,中国海外领事馆和大使馆、办事处数量首次超过了美国成为全球第一,这表明世界上正有越来越多的国家在

---

① 中共中央宣传部:《习近平新时代中国特色社会主义思想三十讲》,北京:学习出版社,2018 年,第 210 页。

了解中国、认可中国、与中国开展合作,这也是中国在国际社会上的话语权提高的必然结果。"诚然,我们不能断然认为,失语挨骂问题会随着挨饿挨打历史的终结而终结,主流意识形态的国际传播力、国际话语权与我国的综合实力成正比,但中国意识形态国际话语权日益趋好,意识形态国际影响力日益得到国际认同则是不争的事实。"①

　　新时代,面对日趋复杂的国际环境,迫切需要拓展网络空间中国马克思主义意识形态的国际话语权。在不断增强我国经济、科技、军事等硬实力的基础上,在国际舆论中要敢于发声、善于发声、主动发声,在涉及国家核心利益问题上坚持原则不动摇。尤其面对西方的意识形态渗透和话语攻击,要予以坚决回击,绝不能示弱和失声。我国要积极参与到全球治理中,发出中国声音,提供中国方案,贡献中国智慧,体现一个大国应有的责任和担当,也为拓展国际话语权创造有利条件。创新马克思主义意识形态的理论内容,强化马克思主义对现实世界的解释力、指导力,科学回答时代课题和现实问题,凝聚国际社会广泛共识,凝练人类共同价值,为拓展国际话语权提供思想内核。创新马克思主义意识形态的话语表达体系,积极吸收借鉴各国文化文明的优秀成果,吸收反映时代潮流、网络潮流的话语概念,在中国优秀传统文化和世界文明成果的融合中实现马克思主义意识形态话语表达的创造性转化,赋予其中国内涵、时代内涵和国际内涵。加强对外学术交流,把当代中国马克思主义研究成果推向世界。目前,我国在与西方关于马克思主义研究成果的交流上,存在着信息流进流出的"逆差",大量西方对马克思主义解读的理论成果被译介和引进至我国,相反,我国国内关于马克思主义研究的高水平成果却很难进入全球理论学术视野。要跳出这个话语的怪圈,就必须大力支持中国的优秀学者通过国际性的学术会议等学术交流平台,通过对中国最新马克思主义研究成果外译等方式参与到全球学术研究的交流交锋中去。"关键是要用中国马克思主义的话语

---

① 张志丹:《意识形态功能提升新论》,北京:人民出版社,2017年,第23页。

讲述中国感人的故事，让人在听故事中感受中国马克思主义的理论魅力和语言魅力，潜移默化地提升中国马克思主义话语体系国际影响力。"①核心技术是国之重器，要加强互联网核心技术的投入研发，实现关键领域的突破，努力成为未来互联网发展的领导者。目前，由中国主导并联合国际互联网 WIDE 机构所开展的"雪人计划"（一个基于全新技术架构的全球下一代互联网 IPV6 根服务器测试和运营实验项目，旨在打破现有的根服务器困局，为下一代互联网提供更多的根服务器解决方案），在 2016 年就与全球 16 个国家完成了 25 台 IPV6 根服务器的架设，其中 1 台主根和 3 台辅根部署在中国，实际上也形成了 13 台原有根服务器和 25 台 IPV6 根的新格局，为建立多边、民主、透明的国际互联网治理体系打下坚实基础。截至 2022 年，我国 IPV6 活跃用户数超 6 亿，占全部互联网网民的比例近 62%，技术创新水平不断提升、地址储备全球领先、基础设施基本就绪，IPV6"高速公路"全面建成。由此，我国将打破美国对互联网根服务器的垄断，设立属于自己的域名根服务器。只有掌握了核心网络技术，成为网络强国，才有可能真正掌握网络空间的话语权。

拓展网络空间中国马克思主义的国际话语权，平台和阵地建设是基础。我国缺少具备国际影响力的重量级媒体，对外发声的能力不足，影响范围有限，这是制约话语权构建的重要因素。我们要推进国际传播能力建设，优化对外传播媒体布局，构建立体多元的海外传播体系，提高对外传播的覆盖面，形成国际传播强大合力；要着力打造具有较强国际影响力的网络新媒体，实施差异化传播策略，提高对外传播的针对性；要充分利用大数据、人工智能等新技术，加强对国外媒体网站、社交媒体账户的数据获取与分析，探索网络时代对外精准传播的新格局。成立于 2016 年底的中国国际电视台（CGTN），加强与各国媒体合作，

---

① 张青卫：《关于提升中国马克思主义话语体系国际影响力的战略思考》，《重庆社会科学》2019 年第 4 期。

拥有全球资源采编网络，利用融媒体中心将分散的网下资源拓展到网上，实现了"移动端优先、一体化发展"，不断提升对外传播能力。在纪念马克思诞辰 200 年之际，《对话世界》便推出了 CGTN 与德国 NDR 电视台联合制作的特别节目《对话世界——马克思再发现》。通过中外主持人在马克思故地参观对话的形式，重现马克思的人生历程和马克思主义的发展脉络。中国日报英文客户端成为我国首款下载量超过千万级的英语新闻客户端，用户涵盖 140 余个国度和地区，中国日报脸谱粉丝数突破 5 300 万，位列全球主流媒体第二位。当前，我国正进一步推进媒体融合，着力打造全媒体格局，重塑国际传播格局。2018 年 3 月 21 日，中共中央印发了《深化党和国家机构改革方案》，组建中央广播电视总台。依托"国际视通"的平台，总台与全球 131 个国家和地区的 336 个媒体机构建立合作关系，覆盖全球 1 974 个电视频道和 1 188 个新媒体平台。通过建立全媒体国际传播格局，依托强大的内容制作能力和先进信息技术，总台以精品节目、纪录片等为突破口，通过高品位、高品质、高品格的文化产品将中国文化传播到世界各地。拓展我国马克思主义的国际话语权，还要充分利用国外网络媒体。要与具有国际影响力的国外网络媒体建立良好沟通机制，使其了解中国发展的巨大成就和中国文化文明的独特魅力，感受到中国特色社会主义的生机活力和马克思主义对中国的引领力，使这些国外媒体主动向国际社会传递中国声音。通过国内外网络媒体讲好中国故事，润物无声地做好中国马克思主义尤其是习近平新时代中国特色社会主义思想的对外传播，增进习近平新时代中国特色社会主义思想的国际话语认同，拓展中国马克思主义的网络空间国际话语权。

参考文献

马克思主义经典著作、重要文献：

1.《马克思恩格斯文集》第一、二、四、八、九、十卷，北京：人民出版社，2009 年。

2.《马克思恩格斯全集》第一、三十卷，北京：人民出版社，1995 年。

3.《马克思恩格斯选集》第一、二、三卷，北京：人民出版社，2012 年。

4.《列宁全集》第一、六、七卷，北京：人民出版社，2013 年。

5.《列宁全集》第十二、十七、二十、二十八、三十二、三十九、四十六卷，北京：人民出版社，2017 年。

6.《列宁选集》第一卷，北京：人民出版社，2012 年。

7.《毛泽东文集》第二卷，北京：人民出版社，1993 年。

8.《毛泽东文集》第六、七卷，北京：人民出版社，1999 年。

9.《毛泽东选集》第二、四卷，北京：人民出版社，1991 年。

10.《邓小平文选》第二卷，北京：人民出版社，1994 年。

11.《邓小平文选》第三卷，北京：人民出版社，1993 年。

12.《江泽民文选》第一、二、三卷，北京：人民出版社，2006 年。

13.《胡锦涛文选》第一、二、三卷，北京：人民出版社，2016 年。

14.《习近平著作选读》第一、二卷,北京:人民出版社,2023 年。

15.《习近平谈治国理政》第一卷,北京:外文出版社,2018 年。

16.《习近平谈治国理政》第二卷,北京:外文出版社,2017 年。

17.《习近平谈治国理政》第三卷,北京:外文出版社,2020 年。

18.《习近平谈治国理政》第四卷,北京:外文出版社,2022 年。

19. 习近平:《论党的宣传思想工作》,北京:中央文献出版社,2020 年。

20. 习近平:《高举中国特色社会主义伟大旗帜 为全面建设社会主义现代化国家而团结奋斗——在中国共产党第二十次全国代表大会上的报告》,北京:人民出版社,2022 年。

21 习近平:《在庆祝中国共产党成立 100 周年大会上的讲话》,北京:人民出版社,2021 年。

22. 习近平:《在文艺工作座谈会上的讲话》,北京:人民出版社,2014 年。

23. 习近平:《在纪念孔子诞辰 2565 周年国际学术研讨会暨国际儒学联合会第五届会员大会开幕会上的讲话》,北京:人民出版社,2014 年。

24. 习近平:《做焦裕禄式的县委书记》,北京:中央文献出版社,2015 年。

25. 习近平:《在哲学社会科学工作座谈会上的讲话》,北京:人民出版社,2016 年。

26. 习近平:《在全国党校工作会议上的讲话》,北京:人民出版社,2016 年。

27. 习近平:《在网络安全和信息化工作座谈会上的讲话》,北京:人民出版社,2016 年。

28. 习近平:《决胜全面建成小康社会 夺取新时代中国特色社会主义伟大胜利——在中国共产党第十九次全国代表大会上的报告》,北京:人民出版社,2017 年。

29. 习近平:《在纪念马克思诞辰 200 周年大会上的讲话》,北京:人民出版社,2018 年。

30. 习近平:《敏锐抓住信息化发展历史机遇 自主创新推进网络强国建设》,《人民日报》2018 年 4 月 22 日。

31. 习近平:《在中央全面深化改革领导小组第四次会议上的讲话》,《人民日报》2014 年 8 月 19 日。

32. 习近平:《学习马克思主义基本理论是共产党人的必修课》,《求是》2019 年第 22 期。

33. 习近平:《推动媒体融合向纵深发展 巩固全党全国人民共同思想基础》,《人民日报》2019 年 1 月 26 日。

34. 习近平:《巩固发展最广泛的爱国统一战线 为实现中国梦提供广泛力量支持》,《人民日报》2015 年 5 月 21 日。

35. 习近平:《在第十三届全国人民代表大会第一次会议上的讲话》,《人民日报》2018 年 3 月 20 日。

36. 习近平:《坚持正确方向 创新方法手段 提高新闻舆论传播力引导力》,《人民日报》2016 年 2 月 20 日。

37. 习近平:《举旗帜聚民心育新人兴文化展形象、更好完成新形势下宣传思想工作使命任务》,《人民日报》,2018 年 8 月 23 日。

38. 习近平:《在全国宣传思想工作会议上的讲话》,《人民日报》2013 年 8 月 21 日。

39. 习近平:《坚持正确方向创新方法手段 提高新闻舆论传播力引导力》,《人民日报》2016 年 2 月 20 日。

40. 习近平:《敏锐抓住信息化发展历史机遇 自主创新推进网络强国建设》,《人民日报》2018 年 4 月 22 日。

41. 习近平:《加快推动媒体融合发展 构建全媒体传播格局》,《求是》,2019 年第 6 期。

42. 中共中央文献研究室编:《建国以来重要文献选编》第 5 册,北京:中央文献出版社,1993 年。

43. 中共中央文献研究室编：《建国以来重要文献选编》第 10 册，北京：中央文献出版社，1994 年。

44. 中共中央文献研究室编：《建党以来重要文献选编（1921—1949）》第 14 册，北京：中央文献出版社，2011 年。

45. 中共中央文献研究室编：《改革开放三十年重要文献选编》下，北京：人民出版社，2008 年。

46. 中共中央文献研究室编：《十六大以来重要文献选编》上，北京：中央文献出版社，2005 年。

47. 中共中央文献研究室编：《十六大以来重要文献选编》下，北京：中央文献出版社，2008 年。

48. 中共中央文献研究室编：《十八大以来重要文献选编》上，北京：中央文献出版社，2014 年。

49. 中共中央党史和文献研究院编：《十八大以来重要文献选编》下，北京：中央文献出版社，2018 年。

50. 中共中央文献研究室编：《习近平关于社会主义文化建设论述摘编》，北京：中央文献出版社，2017 年。

51. 中共中央文献研究室编：《习近平关于全面深化改革论述摘编》，北京：中央文献出版社，2014 年。

52. 中共中央宣传部编：《习近平新时代中国特色社会主义思想三十讲》，北京：学习出版社，2018 年。

53. 《中共中央关于坚持和完善中国特色社会主义制度、推进国家治理体系和治理能力现代化若干重大问题的决定》，北京：人民出版社，2019 年。

54. 国家互联网应急中心：《2019 年上半年我国互联网网络安全态势》，http://www.cac.gov.cn/2019 - 08/13/c_1124871596.htm。

55. 中国互联网络信息中心：《第 44 次中国互联网发展状况统计报告》，http://www.cac.gov.cn/2019 - 08/30/c_1124938750.htm。

56. 中国互联网络信息中心：《第 51 次中国互联网发展状况统计报

告》,https://www.cnnic.net.cn/n4/2023/0303/c88-10757.html。

57. 国家统计局:《沧桑巨变七十载 民族复兴铸辉煌——新中国成立 70 周年经济社会发展成就系列报告之一》,http://www.stats.gov.cn/tjsj/zxfb/201907/t20190701_1673407.html。

中文专著或译著:

1. 宋慧昌:《当代意识形态研究》,北京:中共中央党校出版社,1993 年。

2. 郑永廷:《社会主义意识形态》,广州:中山大学出版社,1999 年。

3. 张耀灿:《思想政治教育学前沿》,北京:人民出版社,2006 年。

4. 袁贵仁等:《马克思主义哲学》,北京:人民出版社,2009 年。

5. 侯惠勤:《马克思的意识形态批判与当代中国》,北京:中国社会科学出版社,2009 年。

6. 俞吾金:《意识形态论》,北京:人民出版社,2009 年。

7. 王永贵等:《意识形态领域新变化与坚持马克思主义指导地位研究》,北京:人民出版社,2015 年。

8. 王永贵等:《马克思主义意识形态理论与实践研究》,北京:人民出版社,2013 年。

9. 王永贵:《经济全球化与社会主义意识形态研究》,北京:人民出版社,2005 年。

10. 汪行福等:《西方马克思主义的意识形态理论及其最新发展态势》,人民出版社,2017 年。

11. 陈锡喜:《马克思主义:意识形态和话语体系》,上海:华东师范大学出版社,2011 年。

12. 陈锡喜:《意识形态当代中国的理论与实践》,北京:中国人民大学出版社,2018 年。

13. 梅荣政:《用马克思主义引领社会思潮》,武汉:武汉大学出版社,2008 年。

14. 俞良早:《马克思主义东方学》,北京:人民出版社,2011 年。

15. 童世骏:《意识形态新论》,上海:上海人民出版社,2006 年。

16. 张秀琴:《马克思意识形态概念理解史》,北京:人民出版社, 2018 年。

17. 吴满意、黄冬霞、苗国厚:《网络意识形态相关问题初探》,北京: 人民出版社,2019 年。

18. 范树成:《国外意识形态新变化对中国的影响极其对策研究》, 北京:社会科学文献出版社,2017 年。

19. 申文杰:《马克思主义意识形态话语权理论阐释与实践探索》, 北京:人民出版社,2017 年。

20. 孟宪平:《嬗变与重组:转型期社会主义文化建设机制研究》,北京:人民出版社,2014 年。

21. 胡伯项:《我国现代化进程中意识形态安全问题研究》,北京:人民出版社,2017 年。

22. 敖带芽:《改革开放以来中国共产党执政话语体系创新研究》, 北京:人民出版社,2017 年。

23. 朱继东:《新时代党的意识形态思想研究》,北京:人民出版社, 2018 年。

24. 胡百精:《说服与认同》,北京:中国传媒大学出版社,2014 年。

25. 李艳艳:《互联网意识形态建设研究》,北京:人民出版社, 2019 年。

26. 张荣:《互联网时代的社会认同整合机制研究》,北京:人民出版社,2018 年。

27. 杨昕:《中国共产党意识形态话语权研究》,北京:社会科学文献出版社,2015 年。

28. 张荣军:《马克思主义空间理论及其当代价值研究》,北京:中国社会科学出版社,2016 年。

29. 任志锋:《当代中国社会主义意识形态主导性研究》,北京:中国书籍出版社,2015 年。

30. 韩同友等:《大学生社会主义核心价值观培育机制创新研究》,北京:中国社会科学出版社,2019年。

31. 张志丹:《意识形态功能提升新论》,北京:人民出版社,2017年。

32. 邱仁福:《思想政治教育话语论》,上海:上海交通大学出版社,2013年。

33. 何理:《思想政治理论课话语体系生成和发展研究》,北京:人民出版社,2015年。

34. 汪民安、陈永国:《后身体、文化、权力和生命政治学》,长春:吉林人民出版社,2003年。

35. 王治河:《福柯》,长沙:湖南教育出版社,1999年。

36. 王晓升:《西方马克思主义意识形态理论》,北京:社会科学文献出版社,2009年。

37. 卢永欣:《语言维度的意识形态分析》,北京:社会科学文献出版社,2013年。

38. 杨立英、曾盛聪:《全球化、网络化境遇与社会主义意识形态建设研究》,北京:人民出版社,2007年。

39. 杨善华:《当代西方社会学理论》,北京:北京大学出版社,2001年。

40. 张开:《媒介素养概论》,北京:中国传媒大学出版社,2006年。

41. 陈力丹:《马克思主义新闻观教程》,北京:中国人民大学出版社,2015年。

42. 张瑜等:《高校网络思想政治教育发展与创新研究》,北京:人民出版社,2014年。

43. 邓国峰等:《网络传媒视角下的马克思主义大众化研究》,北京:人民日报出版社,2018年。

44. 张国庆:《话语权:美国为什么总是赢得主动》,南京:江苏人民出版社,2010年。

45.［英］约翰・B.汤普森:《意识形态与现代文化》,高铦等译,南京:译林出版社,2005 年。

46.［美］克利福德・格尔茨:《文化的解释》,韩莉译,南京:译林出版社,2008 年。

47.［美］弗雷德里克・詹姆逊:《政治无意识》,王逢振、陈永国译,北京:中国社会科学出版社,1999 年。

48.［英］大卫・麦克里兰:《意识形态》,孔兆政、蒋龙翔译,长春:吉林人民出版社,2005 年。

49.［美］赫伯特・马尔库塞:《单向度的人》,刘继译,上海:上海译文出版社,2006 年。

50.［美］曼纽尔・卡斯特:《认同的力量》,夏铸九等译,北京:社会科学文献出版社,2003 年。

51.［美］埃瑟・戴森:《2.0 版:数字化时代的生活设计》,胡泳等译,海口:海南出版社,1998 年。

52.［意］葛兰西:《狱中书简》,田国良译,北京:求实出版社,1990 年。

53.［意］葛兰西:《狱中札记》,曹雷雨等译,北京:中国社会科学出版社,2000 年。

54.［德］霍克海默:《批判理论》,李小兵等译,重庆:重庆出版社,1989 年。

55.［德］哈贝马斯:《作为"意识形态"的技术与科学》,李黎、郭官义译,上海:学林出版社,1999 年。

56.［德］哈贝马斯:《交往与社会进化》,张博树译,重庆:重庆出版社,1989 年。

57.［英］安德鲁・海伍德:《政治学核心概念》,吴勇译,天津:天津人民出版社,2008 年。

58.［英］特里・伊格尔顿:《审美意识形态》,王杰等译,桂林:广西师范大学出版社,2001 年。

59. ［美］曼纽尔·卡斯特：《网络社会的崛起》，夏铸九等译，北京：社会科学文献出版社，2001年。

60. ［美］阿尔温·托夫勒：《权力的转移》，刘红译，北京：中国中央党校出版社，1991年。

61. ［美］凯斯·桑斯坦：《网络共和国：网络中的民主问题》，黄维明译，上海：上海人民出版社，2003年。

62. ［美］塞缪尔·P.亨廷顿：《变化社会中的政治秩序》，王冠华、刘为等译，上海：生活·读书·新知三联书店，1989年。

63. ［美］塞缪尔·亨廷顿：《文明的冲突与世界秩序的重建》，周琪等译，北京：新华出版社，2009年。

64. ［美］尼葛洛庞帝：《数字化生存》，胡泳、范海燕译，海口：海南出版社，1997年。

65. ［俄］巴赫金：《巴赫金全集》第二卷，周边集等译，石家庄：河北教育出版社，1998年。

66. ［美］欧文·戈夫曼：《日常生活中的自我呈现》，冯钢译，北京：北京大学出版社，2008年。

学术论文：

1. 郑元景：《当代我国网络意识形态话语权的变迁与重构》，《社会科学辑刊》2015年第6期。

2. 李江静：《网络空间主流意识形态话语权的国际挑战探微》，《思想教育研究》2018年第1期。

3. 陈娜：《论提升网络意识形态话语权的四重维度》，《思想理论教育》2017年第6期。

4. 王永贵、刘泰来：《打造中国特色的对外话语体系——学习习近平关于构建中国特色对外话语体系的重要论述》，《马克思主义研究》2015年第11期。

5. 王永贵：《新时代意识形态建设的创新逻辑》，《马克思主义与现实》2019年第3期。

6. 王永贵、王建龙:《微时代背景下提升社会主义主流文化引领力探析》,《探索》2018 年第 4 期。

7. 王永贵、岳爱武:《着力打造清朗的网络空间——学习习近平总书记网络意识形态治理思想的重要论述》,《中南民族大学学报》(人文社会科学版)2017 年第 4 期。

8. 王永贵:《全球化背景下冲击我国主流意识形态的西方思潮分析》,《中共云南省委党校学报》2006 年第 1 期。

9. 廖鹏辉、王永贵:《新时代意识形态话语权建设践行群众路线的理与路》,《中国矿业大学学报(社会科学版)》2019 年第 6 期。

10. 路媛、王永贵:《网络空间意识形态边界及其安全治理》,《南京师范大学学报(社会科学版)》2019 年第 1 期。

11. 吕峰、王永贵:《新时代我国主流意识形态话语权建构的多重维度》,《社会主义研究》2018 年第 4 期。

12. 吕峰:《新时代中国主流意识形态话语权生成的现实境遇探析》,《思想政治教育研究》2018 年第 1 期。

13. 吕峰:《习近平意识形态话语表达的鲜明特色》,《党的文献》2019 年第 6 期。

14. 吕峰:《论中国共产党推进马克思主义意识形态话语转换的三重维度》,《理论探讨》2018 年第 6 期。

15. 吕峰、路媛:《"三大规律"视阈下习近平新时代意识形态思想探析》,《广西社会科学》2018 年第 8 期。

16. 冯茜、黄明理:《中国网络主流意识形态面临的挑战与应对》,《华南师范大学学报》2017 年第 4 期。

17. 谭九生、杨建武:《国家政治安全视角下网络意识形态话语权建构研究》,《广东行政学院学报》2018 年第 1 期。

18. 史姗姗、骆郁廷:《国际话语权的生成逻辑》,《马克思主义与现实》2017 年第 5 期。

19. 陈建波:《作为意识形态技术的互联网:执政党的视角》,《新闻与传播研究》2016 年第 11 期。

　　20. 奉鼎哲等:《网络意识形态博弈的力量分析》,《新闻界》2017 年第 5 期。

　　21. 朱效梅:《网络意识形态话语权建构研究》,《社会主义核心价值观研究》2016 年第 3 期。

　　22. 赵丽涛:《我国主流意识形态网络话语权研究》,《马克思主义研究》2017 年第 10 期。

　　23. 张振、郝凤:《新媒体时代中国共产党强化意识形态话语权的多维路径》,《江苏社会科学》2016 年第 5 期。

　　24. 陈联俊:《网络空间中马克思主义认同的挑战与应对》,《马克思主义研究》2017 年第 6 期。

　　25. 侯天佐:《网络空间中提升马克思主义意识形态话语权的对策》,《思想理论教育导刊》2018 年第 1 期。

　　26. 赵丽涛:《我国主流意识形态网络话语权研究》,《马克思主义研究》2017 年第 10 期。

　　27. 卢黎歌、李英豪:《论增强网络空间意识形态凝聚力引领力机制建构》,《学术论坛》2018 年第 6 期。

　　28. 储著源:《互联网时代意识形态建设社会化:机制、结构与对策》,《学术论坛》2019 年第 2 期。

　　29. 刘力波:《网络无政府主义对我国意识形态安全的威胁及我们的应对》,《马克思主义研究》2019 年第 2 期。

　　30. 齐俊斌:《高校网络意识形态话语权构建的难题及应对策略》,《社会科学家》2017 年第 8 期。

　　31. 陈丽荣、吴家庆:《大数据时代党的意识形态话语权探析》,《思想理论教育导刊》2018 年第 6 期。

　　32. 周宪:《福柯话语理论批判》,《文艺理论研究》2013 年第 1 期。

　　33. 成其圣:《意识形态工作一刻也不能放松和削弱》,《求是》2013 年第 23 期。

34. 郑洁:《牢牢掌握网络意识形态工作主动权》,《红旗文稿》2019年第 3 期。

35. 崔士鑫:《建设"全媒体",推动媒体融合向纵深发展》,《传媒》2019 年第 2 期(上)。

36. 左菊:《语境与话语含义》,《荆楚理工学院学报》2009 年第 8 期。

37. 匡文波:《关于新媒体核心概念厘析》,《新闻爱好者》2012 年第 10 期。

38. 刘少杰:《中国网络社会的发展历程与时空扩展》,《江苏社会科学》2018 年第 6 期。

39. 彭兰:《个性化与社会化:Web2.0 时代信息消费的双重旋律》,《国际新闻界》2008 年第 3 期。

40. 张志丹:《人类命运共同体视阈中的中国意识形态国际话语权》,《河海大学学报(哲学社会科学版)》2018 年第 2 期。

41. 时伟:《努力推动我国网络社会精神文明建设》,《红旗文稿》2014 年第 23 期。

42. 曹劲松:《论拟态环境的主体建构》,《南京社会科学》2009 年第 2 期。

43. 黄明理:《马克思主义的理论自觉、自信与信仰研究》,《南京政治学院学报》2013 年第 1 期。

44. 夏忠敏:《转型中国的网络民粹主义:话语形态与风险治理》,《湖北社会科学》2018 年第 6 期。

45. 高鹏程、张恩:《网民公民化与共意提取:网络利益表达理性秩序的构建》,《新视野》2019 年第 3 期。

46. 魏鹏举:《着力提升主流文化供给能力》,《人民日报》2018 年 3 月 30 日。

47. 侯惠勤:《意识形态的变革与话语权——再论马克思主义在当代的话语权》,《中国社会科学》2006 年第 2 期。

48. 佘双好:《当代社会思潮的内涵、特征及意义研究》,《学校党建与思想教育》2011 年第 7 期。

49. 俞可平:《现代化进程中的民粹主义》,《战略与管理》1997 年第 1 期。

50. 刘小龙:《多元动因与网络聚合:当前中国网络民粹主义的生成机制》,《理论改革》2019 年第 4 期。

51. 王岩:《新自由主义的中国样态及其批判》,《探索》2018 年第 1 期。

52. 刘波亚、李金玉:《网络空间中主流意识形态的认同逻辑》,《教学与研究》2019 年第 4 期。

53. 杨光斌:《思想话语权事关国家安全》,《人民日报》2018 年 3 月 8 日。

54. 许一鸣:《把握好新闻工作的基点——福建宁德地委书记习近平谈新闻工作》,《中国记者》1989 年第 7 期。

55. 赵春丽、王贤:《"互联网+"条件下主流意识形态话语权建设的新变化与新要求》,《中共天津市委党校学报》2018 年第 6 期。

56. 孟宪平:《马克思恩格斯意识形态思想的话语叙事分析》,《当代世界与社会主义》2020 年第 1 期。

57. 史献芝:《网络治理:防范与化解社会矛盾的一种新视角》,《理论探讨》2017 年第 6 期。

58. 史献芝:《网络意识形态的内涵、特征和生成机理》,《南京邮电大学学报(社会科学版)》2018 年第 5 期。

59. 陈曙光、陈雪雪:《话语哲学引论》,《中共中央党校(国家行政学院)学报》2019 第 2 期。

60. 高中建:《主流意识形态的自媒体话语研究——关系逻辑、矛盾冲突、生产调控》,《求索》2019 年第 5 期。

61. 张青卫:《关于提升中国马克思主义话语体系国际影响力的战略思考》,《重庆社会科学》2019 年第 4 期。

62. 刘伟：《意识形态生产的三中形态：知识、话语和权力》，《马克思主义与现实》2018 年第 1 期。

63. 赵欢春：《论网络意识形态话语权的当代挑战》，《河海大学学报》2017 年第 11 期。

64. 周彬：《网络场域：网络语言、符号暴力与话语权掌控》，《东岳论丛》2018 年第 8 期。

65. 杨荣刚：《主流意识形态对民间社会思潮的正向引领和实现路径》，《湖湘论坛》2017 年第 3 期。

66. 杨洋：《学习习近平关于构建网络意识形态话语权的重要论述》，《党的文献》2018 年第 5 期。

67. 蒋建国：《技术与文化的变奏：中国网络文化发展的历史考察》，《社会科学战线》2017 年 11 期。

68. 何茜：《西方文化渗透下我国网络意识形态安全发展态势与对策研究》，《中国社会科学院研究生院学报》2018 年第 5 期。

69. 王丽鸽、李炳毅：《网络空间主流意识形态建构的理路探析》，《中国社会科学院研究生院学报》2016 年第 5 期。

70. 杜仕菊、刘林：《"微时代"主导意识形态的场域定位与话语转型》，《思想理论教育》2018 年第 10 期。

71. 白毅：《网络环境下意识形态话语权的争夺与掌控》，《安徽师范大学学报（人文社会科学版）》2016 年第 5 期。

72. 李智：《从权力话语到话语权力——兼对福柯话语理论的一种哲学批判》，《新视野》2017 年第 2 期。

73. 何杨、李洪心、杨毅：《新媒体环境下网络群体极化动力机理与引导策略研究》，《情报科学》2019 年第 3 期。

74. 田艳芳：《转型期中国社会冲突的经济制度肇因与风险化解》，《当代世界与社会主义》2014 年第 1 期。

75. 刘旺旺、俞良早：《网络文化发展中的边界症候及其矫正策略》，《探索》2019 年第 5 期。

76. 王永友、史君:《新媒体环境下西方意识形态渗透的实质、方式与应对策略》,《马克思主义研究》2017 年第 2 期。

77. 徐强:《增强中国网络文化软实力》,《红旗文稿》2018 年第 1 期。

78. 陈联俊:《警惕资本逻辑影响网络舆论导向》,《红旗文稿》2018 年第 9 期。

79. 蒋建国、许珍:《美国利益集团对媒体话语权的影响与控制》,《马克思主义研究》2016 年第 5 期。

80. 刘建华:《美国对华网络意识形态输出的新变化及我们的应对》,《马克思主义研究》2019 年第 1 期。

81. 蔡万焕、王生升:《新自由主义、资本话语权与意识形态斗争》,《马克思主义与现实》2017 年第 5 期。

82. 肖唤元、戴玉琴:《改革开放 40 年马克思主义意识形态话语权的演进》,《当代世界与社会主义》2019 年第 1 期。

83. 杨静娴:《网络负面情绪对马克思主义意识形态认同的消解及战略应对》,《毛泽东邓小平理论研究》2019 年第 6 期。

84. 任贵祥:《习近平建设网络强国战略研究》,《中共党史研究》2019 年第 8 期。

85. 岳爱武:《网络意识形态供给侧结构性改革的逻辑理路及其实践路径》,《南京师范大学学报(社会科学版)》2019 年第 1 期。

86. 谢玉进:《近十年来网络意识形态研究的现状及其展望》,《科学社会主义》2018 年第 5 期。

87. 李艳艳:《2018 年度网络思想状况分析》,《红旗文稿》2019 年第 1 期。

88. 刘永志:《西方意识形态网络渗透新态势及我国的对策研究》,《马克思主义研究》2017 年第 12 期。

89. 栗蕊蕊、闫方洁:《历史虚无主义的网络话语表征与逻辑陷阱》,《思想教育研究》2018 年第 10 期。

90. 郭亮:《网络流行语对主流意识形态话语的四维消解论析》,《南京社会科学》2019 年第 12 期。